U0583693

吴 乐 著

粮食主产区农业全要素生产率研究

Research on Agricultural
Total Factor Productivity
of Major Grain Production Areas

社会科学文献出版社
SOCIAL SCIENCES ACADEMIC PRESS (CHINA)

目　录

绪　论

一　研究背景及意义

近两年来，新冠疫情的持续蔓延给世界粮食供应链带来重大冲击，引起人们对世界粮食安全的担忧：粮食出口国防控措施升级给全球粮食供应链带来消极影响，使粮食进口依存度较高的国家保障国内粮食供给的压力增大（吴乐、王思语，2020）。继 2008 年国际粮食危机之后，我国农业又一次有效应对了全球突发事件的考验：国内粮食市场保持平稳，粮食供应充足有序，粮食消费理性从容。这一切得益于我国政府一贯以来对粮食安全问题的高度关注，"谷物基本自给、口粮绝对安全"是我国粮食安全战略的底线，粮食主产区是保障我国粮食安全的核心区域，在国家粮食安全战略中有着举足轻重的地位，一方面要保证稳定的粮食产量，另一方面要努力解决农产品供求结构失衡、农民收入增长乏力、农产品品质亟待提升等一系列问题，粮食主产区的供给侧结构性改革具有特殊性（陈锡文，2017）。

我国政府高度重视"三农"问题和粮食安全问题，目前已经形成了较为完善的粮食安全政策体系（崔焕金、曾蓓，2021）。从 2004 年开始，中央一号文件持续 18 年聚焦"三农"，通过采取不断提高农业支持水平、实施最严格的耕地保护制度、改造农业基础设施条件、大力推广农业科技等一系列有效措施，我国粮食生产能力稳步提升，粮食连续 17 年获得了丰收，2020 年粮食总产量首次突破了 6.69 亿吨（国家统计局，2021），人均粮食占有量超过 940 斤，人均谷物占有量超过了 880 斤，谷物自给率约为 95%，小麦和水稻库存量接近全年消费量，库存消费比远高于联合国粮食及农业组织（FAO）提出的安全水平。我国每年从国际市场进口大豆、植物油、肉类等非主粮品种，有效调剂了粮油品种的余缺，缓解了我国农业资源不足的压力。我国已经建成运转高效的粮食储运系统，能够有效应对各种突发事件对粮食市场的冲击，维护粮食市场的稳定。农业科技进步为我国粮食总产量稳中有升提供了源源不断的动力，我国处在历史上粮食安全形势最好的时期。

长期以来，我国为保障粮食等重要农产品的有效供给，一方面坚持底线意识，另一方面也拥有全球视野（姜长云、李俊茹，2021），有效利用了国内国际两个市场、两种资源。我国政府持续加大对保障粮食安全的政策倾斜力度，引导大量资源要素投入粮食生产，保证了谷物基本自给，通过开放高效的全球粮食安全体系，为国家粮食安全提供了有效支撑。对于一个拥有 14 亿多人口的发展中大国来说，粮食安全在国家战略中处于重中之重的地位，必须清醒地认识到我国付出了巨大的资源环境代价，调动了国内外可以调动的各种资源要素，才形成如今的粮食安全局面。随着我国进入后工业化时代，城乡居民收入水平持续上升，消费需求不断扩大和升级，人们对高品质粮油有了更加细分化、精细化的需求（张亨明等，2021），我国粮食供需将长期保持紧平衡状态。中长期内，我国粮食需求刚性增长的趋势不可逆转，粮食生产资源环境约束增强的趋势不可逆转，粮食增产难度增大的趋势不可逆转。此外，我国大豆、植物油等大宗农产品自给率偏低，存在进口依赖风险，粮食产销区利益失衡，粮食主产区地方政府和粮农积极性不高等。这些问题也引起了社会各界的高度重视，提高粮食生产的质量和效率、实现粮食安全可持续发展是解决这些问题的重要途径。

　　全要素生产率（Total Factor Productivity，TFP）[①] 是分析经济增长源泉的重要工具，用来识别经济是投入型增长还是效率型增长，分析体制、效率以及技术进步对经济增长的贡献，是政府制定经济长期可持续增长政策的重要依据。我国经济增长中 TFP 的贡献只有 30% ~ 40%，与发达国家相比还有很大差距，提升 TFP 是实现经济高质量发展的关键途径（宁吉喆，2020）。在当前农业生产由过度依赖资源消耗、主要满足"量"的需求，向绿色生态可持续、更加注重满足"质"的需求转变的关键时期，农业产出增长必须实现从主要依靠资本、劳动、土地的投入，向主要依靠技术进步、要素配置效率、体质机制的转变。目前粮食主产区贡献了全国约 75% 的粮食和约 80% 的商品粮，粮食生产向主产区集中的趋势越来越明显。粮食主产区粮食生产的质量和效益，关系到我国粮食安全大局。科学测度粮食主产区 TFP，并分析影响粮食主产区农业 TFP 增长的因素，为提高粮食生产资源配置效率提供了依据，是实现粮食主产区农业转型发展的逻辑起点，具有重要的现实意义。

二　国内外研究现状

　　近半个世纪以来，农业生产效率的提升推动了全球粮食总产量快速增长，确保了绝大多数人口能够以较低的成本获取充足的粮食。但已有学者的研究发现，世界粮食产量增长趋缓（许世卫等，2018），粮食产量增长与土地、劳动力、农业技术、化肥农药等各种资源要素的投入密不可分。我国经济进入高质量发展阶段，经济发展方式转型升级，经济增长由过度依靠资源投入转向依靠科技进步、劳动力素质提升以及农业资源的合理配置和管理。对于农业发展来说也是如此。在新的形势下，农业 TFP 具有较高的研究价值，也是众多学者关注的领域。农业 TFP 成为考察我国农业增长质量和效益的重要工具。以下主要对 TFP 本身及与

　　[①]　为方便论述，下文中除标题外均以 TFP 代替全要素生产率。

之高度相关的理论与实证研究文献进行回顾。

1. 农业全要素生产率的由来与演变

经济增长理论认为，经济增长来自要素投入增加和生产率提高。随着要素投入的增加，资源的稀缺性使得要素成本以及生产成本不断提高，此时众多学者倾向于将目光转移到如何通过提高生产率，确保在资源约束逐步增强的趋势下实现经济长期增长。

最早对生产率问题展开研究的学者是"现代经济学之父"亚当·斯密（Adam Smith），他认为机器可以简化劳动，劳动生产率的提高能够促进经济增长。20 世纪 20 年代，Cobb 和 Douglas（1928）开始对生产率进行定量研究，提出了著名的柯布 - 道格拉斯生产函数。Tinbergen（1942）将时间因素纳入柯布 - 道格拉斯生产函数，首次提出了 TFP 的概念，但在他的定义中投入变量仅包括资本和劳动，而没有包括研究、教育等无形要素的投入。随着对 TFP 认识的深化，一些学者发现，对于产出增长的贡献，除了生产要素的投入，还包括其他要素。Solow（1957）将技术进步因素纳入经济增长模型，从而确定了产出增长率、TFP 增长率和各种投入要素之间的数量关系，即索洛模型。他认为仅投入要素不能解释所有的产出增长，除了投入要素之外，规模经济、R&D、技术进步等因素也会影响产出增长，未被投入要素增长所解释的部分就是 TFP，即 TFP 增长率为生产率增长与劳动生产率增长和资本生产率增长之间的差值，即"索洛残差"或"索洛余值"。

索洛模型提出后，TFP 及相关研究引起学术界高度关注，TFP 核算框架被广泛应用于宏观经济，并逐步扩展到农业、制造业和金融服务业等领域。20 世纪 60 年代，美国经济学家 Q. T. Baonon 等人首先提出了农业 TFP 这一概念，并被美国农业部（USDA）作为衡量农业经济效率的重要统计指标。众多学者开始利用 TFP 核算框架测度各种因素对农业经济增长的贡献。我国最早对农业 TFP 展开研究的是林毅夫（Lin，1992）。由于我国是一个拥有巨量人口的发展中大国，农业在国民经济中占据重要的战略性地位，而农业发展所面临的资源约束是无法改变的客观现实。从 20 世纪 90 年代开始，国内学者开始注意到农业 TFP 对农业产出和农业发展的重要作用（刘建国等，2011），农业 TFP 研究也成为我国学者探讨的热点。一些学者从不同角度对农业 TFP 的基本内涵进行了分析和阐释。石慧和孟令杰（2007）认为，TFP 能够反映投入要素以外的技术因素和制度因素对农业产出的影响；应瑞瑶和潘丹（2012）提出农业 TFP 衡量的是农业总产量和全部要素投入量的比值。还有学者认为全要素生产率衡量的是生产单位在生产过程中单位总投入（加权后）的总产量的生产率指标（范丽霞、李谷成，2012；谢晓霞，2012）。近年来，我国学者对农业绿色 TFP 展开的研究进一步丰富了农业 TFP 的内涵（吕娜、朱立志，2019；马国群、谭砚文，2021）。

2. 中国农业全要素生产率的历史变迁

通过对现有文献的梳理可以发现，我国农业 TFP 的变化具有阶段性波动特征。改革开放后，国内外学者对我国农业 TFP 开展了持续的研究。一些学者研究了我国农业 TFP 变化和制度变迁的关系，1952～1978 年我国农业 TFP 指数下降了 25%（Tang，1984；Wen，1993），表明在推行农业合作化运动之后，人民公社体制下的农业生产效率处于较低水平。改革开放初期，我国实行了家庭联产承包责任制（HRS），大大调动了农民的生产积极性，成为短期内我国农业 TFP 快速增长的动力源泉（Fan，1991；Lin，1992；Xu，1999）。McMillan 等（1989）发现，改革开放初期（1978～1984 年），我国农业增长的 78% 来自实施 HRS 的制度变迁，Lin（1992）和 Wen（1993）的研究也得到了相似的结论。Kalirajan 等（1996）认为，从开始实施家庭联产承包责任制到 20 世纪 80 年代中期，我国农业 TFP 增长主要来源于农业技术效率改善，而非农业技术进步。从 20 世纪 80 年代中期开始，随着我国乡镇企业和城镇化的快速发展，农村劳动力等各种要素开始向非农领域转移，农业 TFP 增速减缓，甚至开始下降（Lin，1992；Fan，1997；Colby et al.，2000；Jin et al.，2002；

Mead，2003）。1992 年，社会主义市场经济体制在我国开始确立，农业市场化改革以及土地承包制度的改革，提高了农民的积极性。顾海和孟令杰（2002）的研究发现，1980～1995 年我国农业 TFP 的增长呈"U"形趋势，实施市场化改革后，我国农业 TFP 恢复快速上升趋势。

进入 21 世纪以来，我国农业 TFP 增长主要来源于技术进步（李谷成，2009a；全炯振，2009；田红宇、祝志勇，2018），技术效率的作用相对有限，甚至处于恶化状态（王珏等，2010；方福前、张艳丽，2010）。众多学者对我国农业 TFP 的研究主要集中在两个领域。一是农业 TFP 的时空演变和区域差异。杜江（2015）的研究发现，生产率增长的地区差异与省际分化明显，东部地区增长最快且多数东部省份增速较快，中部地区增长最慢且多数中西部省份增速较慢。葛静芳等（2016）的研究结果表明，1985～2013 年我国农业 TFP 地区差距呈现扩大趋势。李欠男等（2019）发现，农业 TFP 增长呈现较为明显的地区非均衡性特征。杨刚和杨孟禹（2013）、张帆等（2020）发现，中国农业 TFP 具有十分明显的空间关联和溢出效应。胡晨沛等（2021）认为，东部、中部、西部区域间差异是造成全国农业 TFP 增速时空异质性的主要原因，区域间、区域内协同均衡发展格局亟待完善和转变。二是资源环境约束下的农业绿色 TFP 测度与时空演化。随着社会对环境问题的关注，农业面源污染以及农业活动产生的碳排放等环境要素逐渐被纳入测算体系中（钱丽等，2013；叶初升、惠利，2016）。一些学者的研究发现，中国农业绿色 TFP 增长较快（吕娜、朱立志，2019；刘亦文等，2021），绿色 TFP 增长的动力主要源于绿色技术进步（吕娜、朱立志，2019；郭海红、刘新民，2020）。杨骞等（2019）认为中国农业绿色 TFP 区域差距呈现先扩大后缩小的空间分异特征，而郭海红和刘新民（2020）提出了不同的观点，即长期内区域差距不会缩小。

3. 中国农业全要素生产率的影响因素

影响农业 TFP 的因素纷繁复杂，我国学者从不同的角度进行了深入研究，得到了众多有价值的研究成果，对影响因素的研究主要包括以下几个方面。一是制度变迁。制度变迁被视为我国 TFP 增长阶段性波动的根本原因，国内外学者主要围绕以 HRS 为代表的农业改革（McMillan et al.，1989；Fan，1991；Lin，1992）、财税制度变迁、农村税费改革、农村工业化、农业开放程度和价格体制改革等制度变量对 TFP 的影响效应（乔榛等，2006；郑晶、温思美，2007；杨正林，2007；李谷成，2009c）、农地产权管制放松（何一鸣等，2014）、制度创新（李谷成等，2014；石自忠、王明利，2018；刘守英，2019；朱晓哲等，2021）被视为我国农业增长的重要动力以及农业 TFP 阶段性波动的根源。二是气候变化。自然因素如气候变化会给农业 TFP 带来影响（Zhang and Carter，1997；You et al.，2005；尹朝静等，2016）。金怀玉和菅利荣（2013）的研究发现，造成农业 TFP 波动的主要原因是气候变化所造成的自然灾害频发；易福金等（2021）在分析气候变化对农业 TFP 作用的基础上，进一步探讨了农业投入在气候变化影响农业 TFP 方面发挥的潜在作用。三是人力资本和 R&D 投入。人力资本、科研投入等要素对农业 TFP 的影响引起了学者们的广泛重视（李谷成，2009b；尹朝静，2017；李士梅、尹希文，2017；杨钧等，2019）。四是农村金融发展。尹雷和沈毅（2014）发现，农村金融发展对农业 TFP 具有正向促进作用。农村金融发展促进 TFP 增长主要来源于农业技术进步效应，农村正规与非正规金融发展对农业 TFP 增长均具有显著促进作用，但作用渠道各异，正规金融主要通过技术进步渠道，而非正规金融主要通过技术效率渠道（井深、肖龙铎，2017）。谢沂芹和胡士华（2021）对信贷配置效率对农业 TFP 的影响机制进行了研究，发现农业信贷规模对农业 TFP 能够起到一定的促进作用，但是作用效率不高。五是其他因素。随着对农业 TFP 研究的深入，越来越多的农业 TFP 影响因素进入研究者的视野，包括环境规制、农业生产性服务、农村劳动力老龄化、农业产业结构变迁等。李谷成等（2011）认为，环境规制条件下农业 TFP 取得的增长主要由前沿技术进步贡献；是否考虑环境污染成本对农业 TFP 核算会产生较大影响，并可能导致政策偏误。马国群和谭砚文（2021）的研究发现，环境规制对农业绿色 TFP 的影响存在显著的双重门槛效应，随着阈值区间的扩大，环境规制的负向影响呈逐渐减弱的趋势。张恒和郭翔宇（2021）的研究发现，农业生产性服务业发展对农业 TFP 的提升表现出促进作用，主要通过促进技术进步来提高农业 TFP。张丽和李容（2021）也发现农机作业服务对粮食 TFP 的提升具有促进作用，但存在地区差异。王淑红和杨志海（2020）对农村劳动力老龄化与我国粮食绿色 TFP 之间的关系进行了研究，发现二者呈现显著的"U"形关系，随着农村劳动力老龄化程度的加深，粮食绿色 TFP 呈现先降后增的趋势。金芳和金荣学（2020）研究了农业产业结构变迁对绿色全要素生产率增长的空间效应。

4. 农业全要素生产率测度方法

农业 TFP 被用于测量农业产出中扣除传统要素投入之后，无形生产要素对农业产出增长的贡献，是衡量农业经济效率的重要统计指标。TFP 的测度方法在实证研究中受到极大关注，国内外学者采用多种方法对农业 TFP 进行测度。一是随机前沿生产函数法（Stochastic Frontier Analysis，SFA）。全炯振（2009）将 SFA 模型和非参数 Malmquist 生产率指数模型结合起来，形成 SFA-Malmquist 生产率指数模型，对我国东、中、西部及各省份的 TFP 变化指数进行了测算；而王奇等（2012）利用 SFA 方法对我国农业绿色 TFP 与传统的 TFP 进行了比较分析；张乐和曹静（2013）、李翔和杨柳（2018）均采用 SFA 方法对我国农业 TFP 进行了测算和分解。二是 DEA-Malmquist 指数方法。曾先峰和李国平（2008）利用 Malmquist 指数方法对我国各地的农业生产效率进行了测算；石慧和吴方卫（2011）采用非参数 Malmquist 方法，发现地区工业化和城镇化能够显著促进农业 TFP 水平的提高；金怀玉和菅利荣（2013）采用非参数的 DEA-Malmquist 方法，以实物量对农业生产的投入产出进行统计，对我国 TFP 进行了测算；杨刚和杨孟禹（2013）利用 DEA-Malmquist 方法测算了 TFP，并对各省份间的空间关联效应进行考察。周鹏飞等（2019）采用 DEA-Malmquist 指数法和两步系统 GMM 模型对 2007～2016 年我国 30 个省份农业 TFP 的变动轨迹及驱动因素进行研究；龙少波和张梦雪（2021）将非径向非角度方向性距离函数引入 DEA 模型，采用 Malmquist-Luenberger 生产率指数对高质量发展下农业 TFP 增长率进行再测算。三是 Färe-Primont 生产率指数方法。郭萍等（2013）采用此方法对中国 TFP 进行了测算，并采用夏普利值不平等分解法对地区差异进行了测度与分解。四是索洛余值法和 Tornqvist-Theil 指数法。赵文和程杰（2011）采用这两种方法，利用经过修正的投入产出数据，测算了中国农业 TFP。五是其他测度方法。胡晨沛等（2021）对时变参数柯布-道格拉斯生产函数进行拓展，试图在发挥以生产函数为基础的计量模型通过随机项控制生产过程中不确定因素的优势的同时，解决 DEA-Malmquist 方法中可能存在的先进生产技术被无成本、无时滞应用的问题。李展和崔雪（2021）采用基于总产区生产函数的 KLEMS 方法对中国农业 TFP 在 1980～2016 年的变动情况进行了测算。

5. 研究现状评述

提升全要素增长率是增强经济增长动力、实现高质量发展的动力源泉（蔡昉，2013；蔡跃洲、付一夫，2017；刘志彪、凌永辉，2020）。近年来，国内外学者就 TFP 测算、分解、提升以及影响因素等进行了大量的实证分析，这些文献中关于我国农业 TFP 的研究尤为丰富。这些文献科学研判了我国不同时期、不同主体农业 TFP 的发展状况，为我国政府部门提供了决策建议，也是本书开拓研究思路、形成研究框架的重要参考。总的来讲，这些研究在内容方面具有以下特征：一是多从国家层面对我国农业 TFP 进行测算和分解，研究其短期波动规律和长期变化趋势；二是紧密追踪我国经济社会发展的不同阶段，围绕制度变迁、自然环境和经济社会环境变化对农业 TFP 增长的影响因素开展实证研究，探索提升农业 TFP 的有效途径；三是研究数据多选用宏观经济统计数据。

学者们针对特定的研究对象、研究问题和数据，选择了相应的研究方法和模型，目前已经形成了相对成熟完备的研究体系。

但是随着我国经济社会高质量发展的加速推进，资源环境约束不断增强，对农业增长质量有了更高的要求，对农业 TFP 的研究也需要进一步深化。

第一，在研究内容方面。众多学者使用全国农业加总时间序列数据，在国家层面对我国农业 TFP 进行了研究。针对特定区域农业 TFP 的研究还较为少见，尤其是针对粮食主产区 TFP 开展研究，探讨我国粮食主产区 TFP 的时空演变，对比我国不同粮食主产区 TFP、技术效率和技术进步的演变特征，以及对我国粮食主产区省际农业 TFP 收敛性进行检验的文献更为少见。

第二，在测度方法方面。DEA-Malmquist 生产率指数是测算 TFP 的重要工具。这种方法作为非参数方法，不需要设定具体的函数形式，没有严格的假定，无须进行假设检验。众多学者在对农业 TFP 进行测度时均选择了这种方法，但 DEA-Malmquist 生产率指数法将随机因素的影响归入农业生产效率中，导致计算结果准确性受到影响。本书对经典的 DEA-Malmquist 指数模型进行了相应的改进，采用 SBM-Global Malmquist 生产率指数法（即 SBM-GML 指数法）对粮食主产区农业 TFP 进行测算，与此同时，利用参数法中的 SFA 方法进行相互印证。

第三，在研究视角方面。长期以来，考虑到研究数据的可获得性，为了研究的便利，我国在进行农业 TFP 研究时采用总量数据，研究总投入、总产出。从农业增长的全局来看，这样的研究结论较为可信，但采用加总方法得到的宏观数据会弱化农户农业经营的异质性。目前研究中国农业 TFP 的文献多集中在利用宏观加总数据对农业 TFP 进行测算与演变分析，或基于对 TFP 的测算研究要素扭曲和资源错配问题（朱喜等，2011；盖庆恩等，2017；Adamopoulos et al.，2018）。利用微观数据，从微观农户层面对农业 TFP 进行测度的研究文献较为少见，研究设计、数据收集与处理方法都还没有统一的标准，有必要进行深入的探讨。从宏观区域层面和微观农户视角系统考察研究对象的农业 TFP 增长，能够更加全面地认识与理解其增长绩效，提出提升农业 TFP 的有效政策建议。

综上所述，已有文献对中国农业 TFP 的研究具有重要价值，但在客观上仍然存在拓展和深化的空间。本书拟针对我国粮食主产区农业 TFP 进行测度和分解，研究粮食主产区农业 TFP 的时空演变趋势及收敛性，利用面板数据模型探究 TFP 增长的影响因素，并从农户家庭经营的微观视角开展实证研究，以期为政府制定相关政策提供借鉴与参考。

三　研究思路、研究方法及创新之处

1. 研究思路

2015 年，习近平总书记首次提出供给侧结构性改革，指出要"着力提高供给体系的质量和效率"；党的十九大报告强调，以供给侧结构性改革为主线，推动经济发展质量变革、效率变革、动力变革，提高全要素生产率；2018 年中央一号文件指出，要提高农业创新力、竞争力和全要素生产率，深化农业供给侧结构性改革。经济社会发展对农业发展有了新的要求，而我国农业发展长期受到资源环境的刚性约束，实现这些目标必须进一步提高全要素生产率对农业增长的贡献。粮食主产区在我国农业发展中占有重要地位，为国民经济发展做出了重要的贡献。本书拟利用 21 世纪以来我国粮食主产区省级投入产出数据，对我国粮食主产区及各省份农业 TFP 进行测度，探讨农业 TFP、技术进步以及技术效率的历史变迁和区域分异，对农业 TFP 的敛散性和影响因素进行检验，并基于农户家庭经营的微观视角，对农户经营效率及影响因素进行分析，最后提出提升我国粮食主产区农业 TFP 的政策建议（见图 0 - 1）。

2. 研究方法

根据本书的研究思路和数据特点，本书采用以下方法开展研究。

第一，定性分析与定量分析相结合的方法。本书将对我国粮食主产

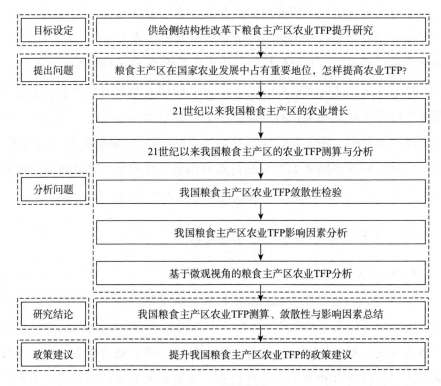

图 0 - 1　研究思路

区的发展和演变规律、投入和产出情况进行梳理和分析，以定量分析方法为核心，在对经典的 DEA-Malmquist 指数模型进行改进的基础上，利用 SBM-GML 指数法对我国粮食主产区农业 TFP 进行测度和分解，同时，利用随机前沿生产函数方法对我国粮食主产区农业 TFP 进行测度，利用经济计量方法对我国粮食主产区农业 TFP 的收敛趋势分别进行 σ 收敛检验、绝对 β 收敛检验以及条件 β 收敛检验，并采用面板数据回归模型对我国粮食主产区农业 TFP 的影响因素进行分析，拟采用 Tobit 模型对影响我国农业生产效率的因素进行检验。

第二，文献收集归纳法。作为分析经济增长源泉的重要工具，国内外众多学者针对不同研究对象的 TFP 及其增长进行了深入研究，相关文献浩如烟海。本书将系统梳理经济增长理论、农业 TFP 的测度方法、

TFP 的影响因素，同时通过文献收集归纳，研究投入产出变量以及影响因素变量的选择，并确定本书的研究方法和研究框架。

第三，对比分析法。对比分析法在本书中的应用主要体现在两个方面：一是分别采用 SBM-GML 指数法和随机前沿生产函数方法对我国粮食主产区农业 TFP 进行测度，以便进行对比分析；二是分别从宏观视角和微观视角对我国粮食主产区的农业 TFP 及其影响因素进行分析，从而将从农户微观视角和利用宏观数据得到的研究结论相互佐证，也避免了由宏观数据加总导致的农户之间异质性的弱化。

3. 创新之处

第一，在实证研究方面，对经典的 DEA-Malmquist 指数模型进行改进，构造 SBM-GML 指数法对我国粮食主产区农业 TFP 进行测度和分解。SBM-GML 指数法是一种非参数方法，其将随机因素的影响归入农业生产效率中，导致计算结果准确性受到影响。本书尝试同时利用参数法中的随机前沿生产函数方法对我国农业 TFP 进行实证分析，以便相互对比印证，并对我国粮食主产区农业 TFP 进行检验。从现有研究来看，对于农业 TFP 的测算，绝大多数研究仅限于使用非参数法或参数法中的一种，并且多数研究未对研究结果进行深入的收敛性分析。

第二，从宏观和微观两个视角对我国粮食主产区的农业 TFP 及其影响因素进行了研究。从宏观视角来看，采用 SBM-Global Malmquist 生产率指数法和随机前沿生产函数方法对我国粮食主产区 2001～2020 年的农业 TFP 增长进行测算和分解。从微观视角来看，采用问卷调查的方法，开展实地调研，对样本农户的投入、产出和农业生产效率以及影响因素进行了考察，得到了较有价值的结论。同时从宏观和微观两个视角对我国粮食主产区农业 TFP 问题进行研究，相互佐证结论，这在目前的文献中还不多见。

四 研究内容

本书的研究内容具体包括以下几个方面。

第一，我国粮食主产区的演变与农业增长。梳理我国粮食主产区的历史演变进程、农业及粮食生产的发展现状，是深入研究粮食主产区农业 TFP 提升问题的起点。这部分内容主要包括三个方面：一是对新中国成立以来我国粮食主产区的历史演变，以及我国粮食生产格局变迁的原因进行探讨；二是对 21 世纪以来我国粮食主产区农业投入和产出状况进行汇总整理，并总结一般规律；三是厘清我国粮食主产区农业供给侧结构性改革与提升农业 TFP 之间的关系。

第二，我国粮食主产区农业 TFP 测算与分解。利用 2000～2020 年我国 13 个粮食主产省（区）的面板数据，采用非参数法中的 SBM-GML 指数法以及参数法中的 SFA 方法对 2001～2020 年我国粮食主产区 TFP 增长进行测度和分解，并研究农业 TFP、技术效率和技术进步的变化趋势，对 21 世纪以来我国粮食主产区 TFP 时空分异进行深入探讨，并对比两种不同测度方法下研究结论的差异。

第三，我国粮食主产区省际农业 TFP 的收敛性分析。基于采用两种测度方法得到的我国粮食主产区的农业 TFP 指数，利用经济计量方法对我国粮食主产区农业 TFP 的收敛趋势分别进行 σ 收敛检验、绝对 β 收敛检验以及条件 β 收敛检验，以明确我国粮食主产区以及三大粮食主产区域[①]农业发展是否存在统一的稳态水平，或我国粮食主产区农业 TFP 是否会向着各自的稳态水平进行收敛。

第四，我国粮食主产区农业 TFP 的影响因素分析。基于前人对农业 TFP 增长影响因素的研究，本书根据研究目标以及数据的可获得性，选取相关变量，利用面板数据回归模型探讨我国农业 TFP 增长的内在机理，分析各因素对粮食主产区农业 TFP 增长的影响，为提升我国粮食主产区农业 TFP 提供实证依据。

第五，基于微观视角的粮食主产区农户农业生产效率分析。从农户

---

① 对于三大粮食主产区域的划分，在后文中会进行明确论述。

的视角对我国粮食主产区农业综合效率及影响因素进行考察。设计调查问卷，从粮食主产区选择样本农户，通过实地调研获取农户的农业投入、产出数据进行农业综合效率测算，并利用 Tobit 回归模型测度农户兼业类型、农户及家庭特征变量、农地特征变量、地区特征变量以及农业政策变量等对农业综合效率的影响。

第一章　理论基础与测算方法

TFP 的概念、理论和方法之间存在着密切的关系，归根到底均源于经济增长理论。本章首先对经济增长理论的演变及内容进行梳理，其次对农业 TFP 的内涵进行界定，最后对相关研究中 TFP 测度方法的原理、优缺点进行对比分析，为后续研究的开展奠定理论基础。

第一节　经济增长理论

要素投入增加和生产效率提高被视为经济增长的主要原因，由于边际报酬递减，仅仅依靠增加要素投入难以保证经济可持续增长，因此提高 TFP 成为经济持续增长的不竭动力。因此，研究粮食主产区的农业 TFP 提升问题首先需要对经济增长理论进行回顾。经济增长理论可以分为古典经济增长理论、新古典经济增长理论、新经济增长理论和现代经济增长理论四个发展阶段。

一　古典经济增长理论

伴随第一次工业革命，以英国为代表的欧洲各国经济快速增长，经济增长理论在欧洲发达国家开始萌芽发展。17 世纪，英国重商主义学说认为经济增长等同于货币财富的积累，是反映商业资本利益的资产阶级的早期学说。而 18 世纪，以法国经济学家弗朗斯瓦·魁奈（Francois

Quesnay）为创始人的重农学派则认为农业是所有财富的来源。虽然重商主义学说和重农学派的观点都具有历史局限性，但二者为古典经济增长理论的开创和发展奠定了坚实基础。古典经济增长理论是现代经济增长理论的思想渊源，其研究的是资本、劳动和产出之间的关系，在对重商主义学说和重农学派的观点进行批判的基础上，将研究重心转向实际物质生产领域。古典经济学家开始探索影响经济长期增长的因素和机制，形成了较为科学和系统的经济增长思想，代表人物是经济学家亚当·斯密、大卫·李嘉图（David Ricardo）、托马斯·罗伯特·马尔萨斯（Thomas Robert Malthus）和卡尔·马克思（Karl Heinrich Marx）。

亚当·斯密是古典经济增长理论的创始人，在其代表作《国富论》①中对国民财富增加（经济增长）的原因进行了深入研究，他将劳动区分为生产性劳动和非生产性劳动，生产性劳动可以创造价值，而非生产性劳动则不能产生价值，经济增长来源于实际生产领域。亚当·斯密认为，提高劳动生产率和增加生产性劳动是实现经济增长的两个主要途径。他在《国富论》中系统地阐述了劳动分工和资本积累对提高劳动生产率和增加生产性劳动的作用，从而开创了建立在劳动分工和资本积累理论基础上的古典经济增长理论。亚当·斯密通过考察制造业的运作方式，探讨了劳动分工对劳动效率的提升作用：分工带来了劳动专业化，通过重复劳动，劳动者熟练程度得到提高，单位时间内能够生产更多的产品；分工可以避免劳动者在不同岗位转换所造成的效率损失，由于分工可以使工作程序化，有利于推进能够提高劳动效率的新机器的发明。此外，劳动分工源于交换，市场越大，交换商品种类越多，也越充分，劳动分工程度也越深化，因此，市场越大，劳动分工程度越深，劳动生产率也越高，从而推动经济增长。亚当·斯密认为，资本积累能够提高资本存量，从而扩大生产性劳动规模，实现再生产，增加社会财富，实现经济

---

① 《国富论》即《国民财富的性质和原因的研究》，是亚当·斯密用了近10年时间创作的经济学著作，首次出版于1776年。

增长。劳动分工理论和资本积累理论为经济增长理论的发展奠定了基础。

大卫·李嘉图的经济增长理论主要围绕对收入分配的研究展开，更加注重资本积累对经济增长的作用，在其提出的边际生产力递减的基础上建立了经济增长的理论体系。他认为资本积累状况由利润决定，而长期内由于利润下降，资本积累会相应减少，因而经济也增长趋势会逐步停止。大卫·李嘉图在其代表作《政治经济学及赋税原理》中深入考察了工资、利润和地租的关系：土地资源是有限的，与之相对应的是有限的农产品产出，由于人口的增长，农产品需求增加，农业生产不得不扩展到贫瘠的土地上，从而出现土地资源投入增加、农业产出却相对减少的现象，即边际产量递减，从而导致农产品价格相对于工业品的价格上升，而工资必须不低于维持劳动力再生产的必要水平，也就是说工资水平要相应提高，使生产成本提高、利润降低、资本积累也相应降低，从而使经济增长趋于停滞。大卫·李嘉图认为经济增长具有阶段性，长期来看将会收敛于某一稳态水平，他对经济增长持相对悲观的态度。

英国人口学家和经济学家马尔萨斯从人口理论的角度对经济增长问题开展了研究。马尔萨斯认为，土地产出是人类维持基本生存的物质资料来源。随着世界人口的不断增长，必须投入越来越多的土地以增加产出，而当土地投入量达到较高水平时，根据边际收益递减规律，土地产出增加量逐渐减少，人口增长有超过土地产出增长的趋势。人口过快增长，势必导致人均产出降低，那么以人均产出衡量的经济增长将出现停滞或倒退现象，与此同时，人均产出下降，人民生活水平下降，出生率下降，死亡率上升。马尔萨斯在1798年发表的《人口原理》中指出人口按几何级数增长，生活资料按算术级数增长，将会导致饥饿、战争和疾病，呼吁要限制人口增长。

马克思认为经济增长就是生产力逐步提高、经济结构不断演化的过程。他从不同的角度对经济增长的内涵进行了阐述：从生产的一般规律来看，经济增长是物质财富的增长；从商品生产来看，经济增长是实用价值和价值总量的增长；从生产过程来看，经济增长是生产过程和价值增值过程的统一。除了资本积累以外，生产要素投入的增加和要素使用效率的提升也是提高劳动生产率的途径。优胜劣汰的竞争机制促进了技术进步，资本家为了追逐相对剩余价值和超额剩余价值，会努力改进技术从而提高劳动生产率。他认为提高生产力是"资本的内在的冲动和经常的趋势"。

综上所述，古典经济增长理论着重研究了资本积累、劳动分工、人口增长等因素对经济增长的影响，认识到土地等自然资源对经济增长作用的有限性，并注意到劳动分工、技术进步能够提高劳动生产率。但古典经济增长理论的局限性主要在于，片面夸大了资本积累对经济增长的作用，对于技术进步对经济增长的作用没有引起足够的重视，甚至得出了经济不可能持续增长的结论。

二　新古典经济增长理论

从 19 世纪中期到 20 世纪中期，第一次工业革命后资本主义国家经济快速增长，并没有遭遇马尔萨斯的"人口陷阱"，李嘉图对经济增长的悲观预测也未能得到证实。在近一个世纪的时间里，由于技术进步和对自然资源的开发速度大大超过人口增长速度，人均收入水平也持续提高，古典经济增长理论所预言的经济增长停滞并未出现，经济学家逐渐对古典经济增长理论提出质疑。20 世纪 30 年代，哈罗德和多马为研究经济增长，基于凯恩斯的有效需求理论建立了"哈罗德－多马模型"（Harrod-Domar Model），该模型成为发展经济学中第一个广为流行的经济增长模型。新古典经济增长理论源于对这个模型的修正，代表人物为罗伯特·默顿·索洛（Robert Merton Solow）和阿尔弗雷德·马歇尔（Alfred Marshall）等。

哈罗德－多马模型从储蓄与投资的关系出发，分析了实现经济长期增长的条件。由于受到亚当·斯密等古典经济学家思想的影响，该模型强调资本积累的作用，将经济增长率分为实际增长率、均衡增长率和自然增长率。均衡增长率又称有保证的增长率，是指储蓄率和资本产出比确定的情况下，能够使储蓄全部转化为投资所需要的产出增长率。自然增长率是在人口和技术都不发生变动的情况下，社会所允许达到的最大增长率。哈罗德认为，实际增长率、均衡增长率和自然增长率同时相等几乎是不可能的，因此经济发展会出现短期波动和长期波动。由于均衡增长率随着储蓄率的增加而提高，随着资本产出比的扩大而降低，所以经济增长与一个国家的储蓄水平密切相关，提高储蓄水平、增加资本积累是实现经济长期增长的途径。由于假设条件过于严格，资本和劳动不可替代，并忽视了技术进步的作用，哈罗德－多马模型具有局限性，索洛等人提出了新古典经济增长模型对其进行修正。

1956 年索洛在其发表的《对经济增长理论的一个贡献》中，基于新古典生产函数，建立了长期均衡增长模型，这标志着新古典经济学的诞生。索洛模型中以 $Y(t) = F[K(t), A(t)L(t)]$ 表示总生产函数，其中 $Y(t)$ 为产出，$K(t)$、$L(t)$、$A(t)$ 分别为资本、劳动和技术生产投入要素，$A(t)L(t)$ 代表哈罗德中性技术进步[①]的有效劳动。若储蓄率为 s，资本折旧率为 δ，资本积累的变化 $\Delta K(t)$ 为：

$$\Delta K(t) = sY(t) - \delta K(t) \tag{1-1}$$

以 $y(t)$ 代表有效劳动平均产出，则 $y(t) = Y(t)/[A(t) \times L(t)]$，根据索洛模型规模报酬不变的假定，将总生产函数代入可得：

$$y(t) = F[K(t), A(t)L(t)]/[A(t)L(t)] = F\left[\frac{K(t)}{A(t)L(t)}, 1\right] = f[k(t)] \tag{1-2}$$

其中 $k(t) = K(t)/[A(t)L(t)]$，表示有效劳动平均资本，两边同时取对数，并对自变量 t 求导数，令 $n = \Delta L(t)/L(t)$，$g = \Delta A(t)/$

---

① 哈罗德中性技术进步，是指在资本产出比不变的条件下，使利润和工资在国民收入中的分配比例不发生变化的技术进步。

$A(t)$，可得：

$$\Delta k(t) = [\Delta K(t)/K(t) - n - g]k(t) \qquad (1-3)$$

将式（1-1）、式（1-2）代入式（1-3），可得：

$$\Delta k(t) = sf[k(t)] - (n + g + \delta)k(t) \qquad (1-4)$$

式（1-4）即索洛模型的稳态公式，$\Delta k(t)$ 为用于资本深化①的有效劳动平均投资增量，$sf[k(t)]$ 为实际投资的有效劳动平均储蓄，$(n + g + \delta)k(t)$ 为用于资本广化②的持平投资。根据这个等式，当 $sf[k(t)]$（实际投资）大于 $(n + g + \delta)k(t)$（资本广化）时，$\Delta k(t)$（资本深化）增加；当 $sf[k(t)]$（实际投资）小于 $(n + g + \delta)k(t)$（资本广化）时，$\Delta k(t)$（资本深化）减少；当 $sf[k(t)]$（实际投资）等于 $(n + g + \delta)k(t)$（资本广化）时，$\Delta k(t)$（资本深化）为零，经济增长达到稳态水平。

在索洛模型中，假定生产函数遵循稻田条件③，即：

$$f(0) = 0, f'(k) > 0, f''(k) < 0 \qquad (1-5)$$

生产函数 $f[k(t)]$ 是边际报酬递减的上凹函数，也就是说在同一坐标系中，实际投资曲线 $sf[k(t)]$ 和持平投资曲线 $(n + g + \delta)k(t)$ 必定相交，从而保证索洛模型稳态方程均衡解一定存在，且为内点解。为追求产出最大化，理性厂商会对资本深化进行调整，使经济回到均衡增长状态，长期来看，人均产出增长率和技术进步率相等。因此，在索洛模型中，经济增长的主要动力是资本积累和技术进步，但由于资本边际报酬递减，技术进步成为长期内推动经济增长的唯一因素。

---

① 资本深化指在经济增长过程中，资本积累速度快于劳动力增加速度，从而使得资本劳动比或人均资本量提高。
② 资本广化指实际资本的增长率与劳动力（或人口）的增长率相等，从而使总资本和总劳动的比值保持不变。
③ 稻田条件是关于生产函数的假设，以日本经济学家稻田献一的名字命名，满足稻田条件，可以保证内点解的存在。

马歇尔是英国著名的经济学家、局部均衡分析的创始人，也是新古典经济学派代表人物之一，他擅长运用边际分析和均衡分析工具来分析社会经济现象。他在1890年发表的《经济学原理》被视为与《国富论》齐名的经济学著作。马歇尔将经济增长与社会微观个体厂商的收益递增相联系，认为劳动力增长、资本增加、技术水平提升等因素均可以使厂商收益递增，从而促进经济增长。他还分析了行业扩大对厂商收益的影响：行业扩大可以使厂商的成本降低，出现规模收益递增现象，同时也会产生外部经济，使厂商实现外部规模经济，实现规模收益递增。虽然马歇尔注意到了规模收益递增现象，但作为新古典经济学派的代表人物，他更强调和认同规模经济递减。

由于在生产函数中引入了技术进步因素，新古典经济增长理论能够较好地解释经济增长现象，引起了学术界的高度重视。这一理论假定技术是外生变量，且保持固定的增长速度，即技术进步率。由于技术进步，即使资本劳动比不变，资本的边际收益也会不断提高，技术进步抵消了资本边际收益随人均收入增长而递减的倾向，使得资本边际收益能够维持在一定水平，长期内人均收入就会持续增长。索洛在其模型中将技术进步作为外生变量，仅仅提出技术进步是影响经济增长的重要因素，但并未对技术进步做出合理解释，因而具有一定的局限性。

三　新经济增长理论

新古典经济增长理论认为技术进步是长期内经济增长的唯一原因，但没有解释技术进步的来源。此外，在理论假设中，将技术进步作为外生变量。根据这一假设，长期内各国经济增长率和技术进步率相等，技术进步作为外生变量，因而各国获取技术的机会是均等的。也就是说，按照新古典经济增长理论中的"收敛定理"，各国的长期经济增长速度将最终相同，但事实上，各国的经济增长一直存在较大差异。这就说明，新古典经济增长理论仍然存在一定的缺陷。从20世纪80年代中期开始，以戴维·罗默（David Romer）、罗伯特·卢卡斯（Robert E. Lucas）为代表的新经济增长理论开始出现，经济增长理论的研究进入内生增长理论阶段，认为技术进步是内生的，并且技术进步能够提升生产率，从而使边际收益递增，推动经济增长。

美国经济学家肯尼斯·约瑟夫·阿罗（Kenneth J. Arrow）在其提出的"干中学"模型中试图将技术进步内生化，他认为人们通过实践获取知识，技术进步是知识的产物、学习的结果，可通过"干中学"获得。阿罗模型假定资本积累不仅带来生产率的提高，还可以带来技术进步，厂商可以通过向参与投资的厂商学习而不断积累生产经验，从而推动技术进步和生产率提升，也就是说，投资会产生溢出效应，因此可以认为技术进步是由经济系统决定的内生变量。阿罗模型是第一个内生增长模型，为新经济增长理论的产生奠定了基础，但该模型得到的重要结论是，经济增长源于外生的人口增长，也就是说，当人口增长率为零时，经济增长率也为零（Arrow，1962）。这显然与现实不符。

罗默是新经济增长理论的最重要的创建者，他在 1986 年发表《收益递增与长期增长》一文，并提出了自己的内生增长模型，成为新经济增长理论的研究起点。该模型假定完全竞争，并从技术外部性和收益递增角度解释经济增长。由于完全竞争的假设条件过于严苛，限制了模型的实用性和解释力，同时无法合理描述商品所具有的非竞争性和部分排他性特点，罗默尝试在垄断竞争的假设下研究经济增长问题，并于 1990 年在发表的《内生技术进步》中提出了新的内生增长模型。在这个模型中假定条件包括：经济增长源于技术进步，技术进步源于市场激励所致的有意识的投资行为。因此，技术是内生的，创新能使知识成为商品。他得到了两个重要结论：一是生产过程中新投入品[1]的不断引入保证了经济持续增长，并能够克服资本积累过程中的收益递减问题；二是知识导

---

[1] 罗默认为新投入品源于知识创新。

致新技术产生，且知识可以积累，能够提高人力资本，而人力资本是经济增长的主要决定因素（Romer，1996）。

罗默认为知识和人力资本除形成自身递增收益之外，还可以使资本和劳动力等要素也产生递增收益，从而有力地解释了各国经济增长的非收敛性以及长期增长的原因。他指出投资可以促进知识积累，知识可以刺激投资，因此持续的投资能不断提高增长率。新古典经济增长理论认为技术进步是外生变量，而罗默认为知识（技术进步）是一个生产要素，可以像投资机器一样对知识进行投资。因此，罗默强调了垄断竞争和产权保护的重要性，如果缺乏对专利的保护，将会损害创新的积极性，不利于经济增长。由于人力资本规模对经济增长具有决定性作用，政府要注意对人力资本的投资，加大科技投入，大力发展教育，重视激励和保护创新。

卢卡斯是新经济增长理论的另一重要代表人物，他提出的经济增长模型和罗默的有所区别。卢卡斯将资本分为物质资本和人力资本，认为对人力资本进行投资可以产生溢出效应，即人力资本具有外部性，将人力资本的外部性作为其增长模型的核心。单位人力资本产出增加会带来总产出增加以及人均收入水平提高，从而提高整个社会的经济效率。人力资本反映的是劳动者的技能水平，劳动者的技能水平提高会提高劳动者自身的生产率，人力资本的外部效应会在不同的劳动者之间传递、在不同的产品之间传递，并作用于不同生产要素，使产出具有递增收益，从而使人力资本成为增长的"发动机"。

卢卡斯经济增长模型的价值体现在三个方面。一是明确了经济持续增长是由人力资本积累的正外部性实现的，而非通过资本积累实现的。二是对于资本和劳动力从低收入国家流向高收入国家的现象给出了有力解释。按照新古典经济增长理论，资本和劳动力应从相对充裕的国家流向相对稀缺的国家，这正好与现实状况相反。根据卢卡斯的经济增长模型，由于发达国家人力资本水平高于发展中国家，所以发达国家资本和劳动力边际收益大于发展中国家，因而资本和劳动力会从人力资本相对较低的发展中国家流向发达国家。三是在卢卡斯的模型中，经济增长与劳动增长率相关，但与新古典经济增长模型相比已有很大不同，即使劳动增长率为零，经济增长仍是有可能的，从而避免出现"干中学"等模型中人口增长率为零时经济增长率也为零这种与现实明显不符的情况。

新经济增长理论将技术进步内生化，合理地解释了经济的长期增长，引发了经济增长理论研究的又一次高潮。新经济增长理论认为，知识和人力资本通过溢出效应使得规模收益增加。由于利益的驱动，微观主体会增加知识和人力资本存量，从而使技术进步得以延续，并成为经济长期增长的决定因素，即经济可以不依赖外力推动实现持续增长。通过技术进步内生化，新经济增长理论将要素投入与 TFP 紧密联系在一起。由于该理论相对于古典经济增长理论和新古典经济增长理论拥有较强的解释能力，对研究中国粮食主产区 TFP 提升问题具有启示和借鉴意义。但新经济增长理论仍存在一些不足：一是没有建立一个更加有效的生产函数；二是没有考虑需求的约束以及相应国家的资源禀赋条件，对于一个国家经济的长期可持续增长问题，利用该理论可能会提出不切实际的对策建议；三是对于 TFP 影响因素考虑得不够全面，没有将技术进步之外的其他因素考虑在内。

四　现代经济增长理论

琼斯（C. Jones）、艾钦（T. Eicher）、托洛夫斯基（S. Turnovsky）和阿尔文·杨（Alwyn Young）等经济学家是现代经济增长理论的代表。新经济增长理论将"知识"的跨时扩散效应引入增长模型，从而得到了经济内生增长的研究结论。与此同时，对内生增长模型的分析也带来了规模效应，但现实中基于时间序列数据的检验却否认了规模效应的存在。现代经济增长理论是基于新经济增长核心理论，围绕消除规模效应进行深入研究而形成的一种理论。Jones（1995，1999）、Eicher 和 Turnovsky

（1999）将模型进行一般化处理，构建了一个包括"知识"生产部门和最终产出部门的无规模效应模型，保留了知识跨时扩散特征，但将内生可积累要素规模收益不变的强假定条件舍弃，最终得到了无规模效应的结论。在琼斯的模型中，将知识存量的产出弹性假定为一个小于1的数①，人口或知识存量对于自身积累的贡献与内生增长模型相比有很大差异，因此，琼斯的模型消除了经济增长中的规模效应，均衡经济增长率由生产要素的产出弹性决定而非人口或人力资本规模。艾钦和托洛夫斯基认为琼斯的模型依然具有特殊性，他们建立了一个涵盖罗默模型、琼斯模型的更为一般的两部门无规模效应模型。在这个模型中，他们假定全部内生要素在两部门的总产出弹性不同，经济长期增长率将由总产出弹性最小的相应部门决定，而和经济规模没有直接关系。虽然琼斯等人的模型消除了规模效应，但无法解释不存在规模效应的原因，琼斯对于产出弹性的假定以及艾钦和托洛夫斯基对于不同部门总产出弹性不同的假定，均未探讨原因或者依据，这些模型往往只具有理论意义。

相对于琼斯等经济学家提出的两部门无规模效应模型，一些新熊彼特②经济学家在对"偷生意效应"进行分析的基础上，提出了消除规模效应的新思路。在 Young（1995）的模型中，他人可以通过垂直方向和水平方向的创新活动"偷去"创新者的创新利润，也就是说，他人可以从产品质量创新和产品模仿两个途径实现对创新者垄断利益的分割。经济规模越大，对创新者利益进行分割的人就越多，"偷生意效应"就越强。在"偷生意效应"中如果主要采取产品模仿形式，就会出现负的规模效应，从而得出了与内生增长理论不同的结论。此外，博扬·约法诺维克（Jovanovic，1997）认为学习是有成本的，学习成本会减弱或消除

---

① 罗默模型中将知识存量的产出弹性设定为1。

② 20世纪50年代以来，现代科学技术日新月异，推动经济持续增长，经济学家日益注重对技术变迁问题的研究，熊彼特的创新理论再次引发学术界的关注，学者们从技术创新和制度创新两个角度研究创新对经济增长的决定作用，从而形成了"新熊彼特主义"。

规模效应。他认为在罗默的两部门模型中，"知识"可以无成本地进入最终产出函数，实际上工人对"知识"的掌握必将耗费成本，这些成本抵消规模效应，使规模效应弱化或消失。

现代经济增长理论发现了无规模效应的增长路径，并证实了其存在性。在现代经济增长理论的模型中，长期经济增长率由生产函数的结构参数决定，由于放弃了传统经济增长模型中一些过于严苛的假设，经济增长模型更具有一般性，能够更加有力地解释全球经济增长现象，现代经济增长理论研究结论具有更加明确的政策含义。例如，阿尔文·杨的"偷生意效应"模型的政策含义在于：政府应注重对产品的质量创新，并进行重点或专项资助，促进经济的长期增长，如果采取对产品模仿的激励政策，将会对经济长期增长产生不利影响。

第二节　全要素生产率理论

TFP是宏观经济学中的一个重要概念，也是分析经济增长源泉和增长质量的重要工具，因此，对于TFP的研究成为经济学领域的重要课题。经济增长理论对要素投入推动经济增长的机制进行了研究，但难以解释除去各种要素贡献后的剩余产出。为深入探讨这个问题，经济增长理论中生产率及效率分析理论得以持续发展，其理论和方法逐步从单要素生产率发展到TFP。单要素生产率指某一要素的产出投入比，用来反映此种要素的产出效率。但由于单要素生产率中包含了其他要素对总产出的贡献，所以利用单要素生产率指标难以科学评估整体生产效率。TFP则可以弥补单要素生产率的这一缺陷。在对经济效益进行评价时，通过对TFP及其增长进行测度，科学评估各种因素对经济增长的贡献，为政府制定长期可持续增长政策提供了重要依据。

一　全要素生产率的概念界定

TFP是本书最基本、最核心的概念，其内涵的清晰界定是开展后续理论分析和实证研究的基础。一直以来，学术界对于 TFP 内涵的界定存在较大分歧，未能形成统一的认识。最早提出生产率概念的学者是亚当·斯密，他认为在生产过程中通过社会分工和使用机器可以提高劳动生产率。萨伊（Jean-Baptiste Say）于 1803 年在其《政治经济学概论》中提出商品价值是由劳动、资本和土地这三种要素协同创造的，对应的单要素生产率分别为劳动生产率、资本生产率以及土地生产率。阿尔弗雷德·马歇尔于 1890 年在其《经济学原理》中提出了边际生产率理论，为研究 TFP 奠定了基础。虽然单要素生产率计算简便，但是其只能局部、孤立地反映某一要素的生产效率，难免与实际情况不符。能否以一个新的指标来测度所有要素投入组合的产出效率？

1942 年，丁伯根（Jan Tinbergen）首先提出了 TFP 概念，他提出的 TFP 概念中投入要素只有劳动和资本。1954 年，希朗·戴维斯（Hiam Davis）在《生产率核算》一书中明确了 TFP 的内涵，认为 TFP 包括所有投入要素，其中既包括劳动力、资本、原材料等传统投入要素，也包括技术和信息等"新"要素。根据生产率的含义，可以将 TFP 定义为，一国或某个地区在一定时期内生产的总产出与总投入之比。对于单要素生产率来讲，产出、投入均有明确的量纲，易于处理。但对于 TFP 来讲，由于投入要素涉及变量较多，各个要素往往具有不同的量纲，总投入难以测度，因此难以采用此公式来测度 TFP，经济学家更加注重分析 TFP 的增长。

Solow（1957）在其经济增长理论中对 TFP 的开创性研究工作引发了学术界的广泛关注，他提出了具有规模报酬不变特性的总量生产函数和增长方程，明确了产出增长率、投入增长率和 TFP 增长率之间的数量关系，以资本和劳动力两要素为例，以 L 代表劳动力，K 代表资本，加权后的综合要素可以表示为：

$$X = L^{\alpha} K^{\beta} \tag{1-6}$$

其中，α 和 β 分别表示标准化之后产出对资本投入和劳动投入的弹性，且 $\alpha + \beta = 1$。

若以 Y 代表总产出，TFP 可以定义为：

$$TFP = Y/X = Y/(L^{\alpha}K^{\beta}) \qquad (1-7)$$

对式（1-7）求全微分，可得：

$$\frac{\mathrm{d}(TFP)}{TFP} = \frac{\mathrm{d}Y}{Y} - \frac{\mathrm{d}X}{X} = \frac{\mathrm{d}Y}{Y} - \alpha\frac{\mathrm{d}L}{L} - \beta\frac{\mathrm{d}K}{K} \qquad (1-8)$$

其中 $\dfrac{\mathrm{d}(TFP)}{TFP}$ 代表 TFP 增长率，式（1-8）表明 TFP 增长是产出增长超出投入要素增长率加权平均数的部分，即投入要素带来的增长以外的增长，不能用要素投入增长解释的那部分增长，被称为"索洛余值"或"索洛残差"。由于索洛认为技术进步是产生索洛余值的原因，所以索洛余值一度被视为技术进步及其贡献率的精确测度。Kumbhakar 和 Lovell（2000）利用随机前沿生产函数对 TFP 增长进行了分解：

$$Y_t = F(x_{jt}, t)\exp(-u_t) \qquad (1-9)$$

$$\frac{\mathrm{d}(TFP)}{TFP} = \frac{\mathrm{d}Y}{Y} - \frac{\mathrm{d}X}{X} = \frac{\mathrm{d}Y}{Y} - \sum_j S_j\frac{\mathrm{d}x_j}{x_j}$$

$$= \frac{\mathrm{d}\ln F(x_{jt}, t)}{\mathrm{d}t} + \left(-\frac{\mathrm{d}u}{\mathrm{d}t}\right) + (RTS - 1)\sum_j \lambda_j\frac{\mathrm{d}x_j}{x_j} - \sum_j (\lambda_j - S_j)\frac{\mathrm{d}x_j}{x_j} \qquad (1-10)$$

其中，S_j 表示要素 j 在总投入要素中的比重，对所有要素对应的 S_j 求和，即 $\sum_j S_j = 1$；$RTS = \sum_j \varepsilon_j = \sum_j \dfrac{\partial\ln F(x_{jt}, t)}{\partial\ln x_j}$ 是各要素投入生产弹性之和，用于测度规模报酬；$\lambda_j = \dfrac{\varepsilon_j}{\sum_j \varepsilon_j} = \dfrac{\varepsilon_j}{RTS}$，$\sum_j \lambda_j = 1$，$\lambda_j$ 用于测量相应要素的产出弹性；u 表示实际生产点相对于生产前沿面的技术非效率指数，用于衡量技术效率。因此，TFP 增长可以分解为四个部分，即技术进步、技术效率变化、规模经济和资源配置效率，分别为 $\dfrac{\mathrm{d}\ln F(x_{jt}, t)}{\mathrm{d}t}$、

$-\dfrac{\mathrm{d}u}{\mathrm{d}t}$、$(RTS-1)\sum_{j}\lambda_{j}\dfrac{\mathrm{d}x_{j}}{x_{j}}$、$\sum_{j}(\lambda_{j}-S_{j})\dfrac{\mathrm{d}x_{j}}{x_{j}}$，从而有力地纠正了将 TFP 增长直接等同于技术进步率的错误认识。

随着研究的深入，人们逐步认识到除了技术进步之外，TFP 增长包括制度变革、规模经济、要素质量提高、专业化分工等更多内容，因此索洛余值又被称为索洛黑箱（Black Box）。

本书中的 TFP 仍然定义为，一国或地区在一定时期内生产的总产出与总投入之比，即所有要素投入在特定规模和结构下有机组合的综合产出效率（董逢谷，2001）。而 TFP 增长率为产出增长率超出各要素投入增长率线性组合后的部分，即索洛余值。从概念内涵来看，TFP 及其增长具有绝对性，对其测度要涵盖所有投入要素。但在实践过程中，由于研究者存在学术观点和研究目标的差异，并且不同研究者对于生产方式和过程有着不同的认知，即便是对于同一研究对象的 TFP，投入要素范围的认定和选择也存在差异，因此对 TFP 及其增长率的测度具有相对性，不同研究者往往会得出不同的研究结论。此外，对 TFP 及其增长率的研究具有复杂性。一方面，各种复杂因素会影响生产要素的投入，从而影响 TFP 及其增长，生产部门的管理水平、要素配置效率以及技术水平等因素也会给 TFP 及其增长带来直接影响；另一方面，对 TFP 及其增长率的测度，还可能受到方法选择、数据误差、模型偏误、变量遗漏和经济周期波动等一系列复杂因素的影响。

二 全要素生产率的理论发展

由于生产率和经济增长问题紧密关联，以生产率为分析工具对经济社会问题进行研究由来已久，古希腊哲学家柏拉图和其学生亚里士多德提出的经济理论[①]都曾涉及生产率思想。1766 年，法国重农学派的创始

---

① 指的是柏拉图的劳动分工理论、亚里士多德的使用价值和交换价值理论。

人弗朗斯瓦·魁奈在《关于手工业劳动》中首先提出了"生产率"概念，亚当·斯密将生产率概念扩展到整个生产领域。魁奈和斯密提出的生产率概念主要指的是劳动生产率，即总产出和劳动投入量的比值。劳动生产率只能衡量一段时间内劳动投入量的节约，不能反映生产效率的全部变化。随着研究的逐步深入，作为测度经济增长的重要工具，对生产率的理论和实证研究的深化伴随经济增长理论的不同发展阶段，也经历了从单要素生产率到 TFP 的过程。

作为古典经济学派重要代表人物，亚当·斯密认为技术进步带来了要素生产效率的提高，而要素生产效率的提高会推动经济增长。在社会分工基础上，通过在生产过程中使用机器从而简化和减少劳动，也促进了技术进步。他认为社会分工状况取决于市场容量大小，而市场容量又受到资本积累和国内外贸易条件的影响。虽然当时 TFP 的概念还未出现，但斯密对经济增长的分析已经涉及资源优化配置、规模经济、技术进步等与 TFP 紧密关联的因素。由于斯密对要素生产率的研究侧重于劳动生产率这一单要素生产率，同时对技术进步的理解局限于机械的发明和使用，所以他对要素生产率以及技术进步的认识不够全面，对 TFP 的研究也缺乏广度和深度。德国的古典经济学家弗里德里希·李斯特（Friedrich List）认为，提高生产率是一国经济发展的根本，比价值创造更重要，对落后国家来说，通过对幼稚产业进行保护以提高产业生产率非常重要。

19 世纪 70 年代至 20 世纪初，经济学的边际革命使经济学从古典经济学强调的生产、供给和成本转向现代经济学关注的消费、需求和效用，边际革命主要包括边际效用价值论和边际分析方法的广泛运用两项重要内容，代表人物包括边际效用学派创始人、英国经济学家威廉姆·斯坦利·杰文斯（William Stanley Jevons），奥地利经济学派的卡尔·门格尔（Carl Menger），法国经济学家、洛桑学派创始人里昂·瓦尔拉斯（Léon Walras）等新古典经济学家。进入新古典经济学时代后，更加强调效用的使用价值理论成为新古典经济学的价值理论基础，经济学研究也逐步从思辨论证转向逻辑实证分析。维尔弗雷多·帕累托（Vilfredo Pareto）认为最优效率的社会资源配置状态是，"如果经济中没有任何一个人可以在不使他人境况变坏的同时使自己的情况变得更好"。帕累托最优成为"最优效率"的明确界定，并得到了保罗·萨缪尔森（Paul A. Samuelson）和 N. 格里高利·曼昆（N. Gregory Mankiw）等经济学家的推广。萨缪尔森奠定了系统的数理化体系，并推动了计量经济学的发展，使得经济学家们越来越关注对生产效率的量化研究。在丁伯根、索洛等经济学家提出 TFP 的概念，并建立核算方程后，对生产效率的研究重心从古典经济学时代的定性分析逐步转向定量测度等技术性问题。

Solow（1957）构造了一个投入要素可相互替代的生产函数，在规模报酬不变、生产者均衡和技术中性的假定条件下，他发现产出增长不能完全用要素投入增长进行解释，认为不能解释的部分为 TFP 增长率，并且是由技术进步带来的，在数值上表现为产出增长与要素投入增长加权平均的差。此后，一些学者提出了允许技术无效的生产前沿面方法，以对 TFP 进行测算。对于给定的生产要素和产出品价格，生产前沿面方法要求选择投入要素的最优组合和产出品的最优组合，以具有投入或产出最优性质的生产函数来构建前沿面，通过生产过程的实际值（投入或产出）与最优值（最小成本或最大产出）的比较来得出 TFP。这种方法比传统的生产函数法更加接近于生产和经济增长的实际情况，能够从 TFP 增长中分离出各种影响因素。根据构建生产前沿面方法的不同，生产前沿面法又分为参数模型法和非参数模型法。Aigner 等（1977）提出了参数随机前沿生产函数，允许存在技术无效率，将 TFP 的变化分解为生产可能性边界的移动和技术效率的变化。数据包络分析方法（Data Envelopment Analysis，DEA）是一种非参数模型方法，共有两种类型。一种是不变规模报酬模式下的 DEA 模型（CCR 模型），由 Charnes 等（1978）提出，主要用于测算包含规模效率的综合技术效率；另一种是可变规模报酬模式下的 DEA 模型（BBC 模型），由 Banker 等（1984）提出，可排除规模效率的影响，测算技术效率，并将技术效率分解为纯技术效率和规模效率。目前，研究不同时期决策单元的 TFP 变化一般采用生产率指数方法，常用的生产率指数为 Malmquist 指数。

第三节　全要素生产率增长的测算与分解

TFP 是衡量经济增长以及质量的重要指标，反映了经济可持续发展的能力。对 TFP 及其增长进行科学测度是研究相关问题的基础，引起了学术界的高度关注。对于测度方法的划分依据，根据在测度过程中是否应用生产前沿面方法，分为非生产前沿面法和生产前沿面法。非生产前沿面法又分为基于生产函数的参数估计法和非参数估计法，其中基于生产函数的参数估计法以增长核算法为代表，非参数估计法以指数法为代表；在生产前沿面法中，以随机前沿生产函数法和数据包络分析法最为典型，前者需要估计前沿生产函数中的参数，而后者不需进行参数估计。在 TFP 的测度过程中使用不同方法往往会得到不同的研究结论，也就是说，选择合理的测度方法非常重要，本节将对现有的 TFP 测度方法进行梳理，并探讨不同方法的特点，为后续研究奠定基础。

一　非生产前沿面法

（一）增长核算法

增长核算法主要源于索洛对 TFP 增长的测度思想[1]，从生产函数出发，通过对"索洛余值"进行测算来确定 TFP 增长率，因此，生产函数的确定是关键问题，直接关系到 TFP 的测算结果。对于生产函数的确定，核心是确定各投入要素对产出的贡献系数，主要有三种方法：一是

---

① 详见本章第二节。

利用计量经济学方法对生产函数中投入变量的贡献系数进行估计，需要注意的是，各产出弹性之和 $RTS = \sum_j \varepsilon_j$（$\varepsilon_j$ 为各投入变量利用计量经济学方法得到的贡献系数）可能不为 1，因此须对各产出弹性进行标准化处理，$\lambda_j = \varepsilon_j / RTS$，从而确保 $\sum_j \lambda_j = 1$，将 λ_j 作为生产函数中各投入要素的贡献系数；二是在竞争性生产者均衡条件下，将各要素报酬占净产出的比重作为要素贡献系数；三是采用经验法确定各系数值，如通过文献梳理来确定变量系数，或通过政府文件来设定生产函数中各投入要素对应的变量系数。

假定在生产函数中包含 n 种投入要素，X_i 为第 i 种投入要素，那么加权之后的综合要素可以表示为 $X = X_1^{\lambda_1} X_2^{\lambda_2} \cdots X_n^{\lambda_n}$，其中 $\sum_i \lambda_i = 1$，若以 Y 代表产出，那么根据索洛对 TFP 增长率的推导[①]，可得：

$$\frac{\mathrm{d}(TFP)}{TFP} = \frac{\mathrm{d}Y}{Y} - \frac{\mathrm{d}X}{X} = \frac{\mathrm{d}Y}{Y} - \sum_i \lambda_i \frac{\mathrm{d}X_i}{X_i} \tag{1-11}$$

从而得到所要测度的 TFP 增长率，也就是说，TFP 增长率为产出增长率超出各投入要素增长率加权平均数的部分。

对于时间序列数据，曾有学者采用简单直接的 TFP 核算方法（蒋和平、苏基才，2001；王启现等，2006）。假定在生产函数中包含 n 种投入要素，X_i 为第 i 种投入要素，以 Y 代表产出，以考虑技术进步的柯布 - 道格拉斯生产函数 $Y(t) = A(t) X_1(t)^{\lambda_1} X_2(t)^{\lambda_2} \cdots X_n(t)^{\lambda_n}$ 为例，其中 $\sum_i \lambda_i = 1$，以 $A(t)$ 表示技术进步系数，假定希克斯中性技术进步可以同步提高投入要素的产出效率，但不会影响要素之间的边际替代率，等式两边同时对 t 求导，然后同时除以 $Y(t)$，整理可得：

$$\frac{\mathrm{d}A(t)}{A(t)} = \frac{\mathrm{d}Y(t)}{Y(t)} - \sum_i \lambda_i \frac{\mathrm{d}X_i(t)}{X_i(t)} \tag{1-12}$$

---

① 详见本章第二节。

从形式上来看，式（1-11）和式（1-12）非常接近，如果式（1-12）中 $\sum_i \lambda_i = 1$，则两个式子也有相同的含义，即索洛余值或 TFP 的增长率[1]，但也存在差别。式（1-11）中的 λ_i 作为生产函数中投入要素对产出的贡献系数是已知数，或者说已经事先利用前面所述三种方法进行了估计或确认，而式（1-12）中的 λ_i 是待定系数，需要建立方程后，利用时间序列数据进行估计。

正如前文所述，基于索洛模型的增长核算法是新古典经济增长理论对经济增长分析的重要贡献。它是基于三个过强的假定：完全竞争、规模收益不变以及希克斯中性技术进步。由于这些假定约束性过强，所以对 TFP 增长的测算难免存在偏差。利用时间序列数据进行 TFP 估计，还要注意避免由数据非平稳性带来的虚假回归问题，在进行生产函数估计前需要进行单位根等平稳性和协整检验。郭庆旺和贾俊雪（2005）采用隐性变量法（Latent Variable Approach，LV）将 TFP 视为一个隐性变量，利用状态空间模型（State Space Model）和极大似然估计法对 TFP 进行估算。以劳动（L）和资本（K）两个投入要素为例，一般情况下，产出、劳动和资本三个变量的趋势变化是单位根过程且不存在协整关系，因此可以利用产出、劳动和资本的一阶差分序列建立回归方程。若采用柯布-道格拉斯生产函数，假定规模收益不变，可以建立如下方程：

$$\Delta \ln Y_t = \Delta \ln TFP_t + \alpha \Delta \ln K_t + (1-\alpha) \Delta \ln L_t + \varepsilon_t \qquad (1-13)$$

其中，$\Delta \ln TFP_t$ 为 TFP 增长率，假定其为隐性变量，并且遵循一阶自回归 AR（1）过程，则：

$$\Delta \ln TFP_t = \rho \Delta \ln TFP_{t-1} + \nu_t \qquad (1-14)$$

其中，ρ 为自回归系数，且 $|\rho| < 1$，ν_t 为白噪声。利用状态空间模

---

[1]　21 世纪初期，国内学术界将以"索洛余值"法测算出的 TFP 增长解释为科技进步，用于测度科技进步率，没有全面理解 TFP 的含义，也机械套用了索洛的增长核算框架。

型，通过极大似然估计法对式（1-13）和式（1-14）同时进行估算，从而得到 TFP 增长率。利用隐性变量，将 TFP 增长率作为一个独立的状态变量，从而将 TFP 从残差中分离出来，消除了测算误差对 TFP 估算的影响，也解决了时间序列数据非平稳带来的虚假回归问题。

（二）指数法

指数法主要基于 TFP 的原始定义，即 TFP 为产出数量指数与所有投入要素加权指数的比例，在完全竞争以及规模收益不变的情况下，总产出与总成本相等，即：

$$P_t Q_t = w_t L_t + r_t K_t \qquad (1-15)$$

但由于技术进步等因素的存在，式（1-15）需要改写为：

$$P_0 Q_t = TFP_t(w_0 L_t + r_0 K_t) \qquad (1-16)$$

其中，P_0、w_0、r_0 分别代表产出价格、工资以及基准利率，TFP_t 中包含了技术进步等因素对产出的影响，也就是说：

$$TFP_t = P_0 Q_t / (w_0 L_t + r_0 K_t) \qquad (1-17)$$

指数法虽然形式简单，但难以实现。对于农业 TFP 测度来说，对各种投入要素和产出进行科学加总是非常困难的，有多种形式的 TFP 指数。例如，Tornqvist-Theil 指数汇总产出的公式如下：

$$\ln QI_t = \sum_i \frac{1}{2}(S_{i,t} + S_{i,t-1})\ln(Y_{i,t}/Y_{i,t-1}) \qquad (1-18)$$

其中，$\ln QI_t$ 为 t 时总产出指数的对数，$S_{i,t}$、$S_{i,t-1}$ 分别为 t 和 $t-1$ 时总产值中产出 i 所占的份额，$Y_{i,t}$、$Y_{i,t-1}$ 分别为 t 和 $t-1$ 时产出 i 的数量。

那么利用 Tornqvist-Theil 指数对 TFP 进行测算，即：

$$\ln TFP_t = \sum_i \frac{1}{2}(S_{i,t} + S_{i,t-1})\ln(Y_{i,t}/Y_{i,t-1}) - \sum_i \frac{1}{2}(W_{i,t} + W_{i,t-1})\ln(X_{i,t}/X_{i,t-1})$$

$$(1-19)$$

其中，$\ln TFP_t$ 为 TFP 的对数，$W_{i,t}$、$W_{i,t-1}$ 分别为 t 和 $t-1$ 时投入要素 i 的分摊成本，$X_{i,t}$、$X_{i,t-1}$ 分别为 t 和 $t-1$ 时投入要素 i 的数量。

除了 Tornqvist-Theil 指数以外，还有 Divisa 指数、Paasche 指数、Laspeyres 指数和 Fisher 指数等。这些指数方法虽然形式不同，但原理相通。指数法能够直观地体现 TFP 的内涵，但利用这种方法对 TFP 进行测度，存在要素之间可以完全替代、边际生产率不变等缺陷，在实证分析中较少被选择。对于非生产前沿面方法中的增长核算法和指数法，增长核算法应用相对较多。

增长核算法和指数法有一个共同的假设条件，也就是经济资源得到了充分利用，即完全效率假设，生产单位实现了生产前沿面上的生产。已有学者的研究证实，这一假设并不适用于发展中国家（Felipe，1999）。此外，从计量经济学的角度来看，应用普通最小二乘法估计得到的生产函数是一种平均意义上的生产函数，与新古典生产函数的最优化定义矛盾。为解决这些问题，生产前沿面方法出现，并逐渐在实证研究中被广泛使用。对于生产前沿面方法，根据是否需要构造并确定生产函数的具体形式，也分为参数法和非参数法。在这些方法中，本章只介绍最为典型的随机前沿生产函数法（SFA）和数据包络分析法（DEA）。

二　生产前沿面法

（一）随机前沿生产函数法

1957 年，Farrell 首先提出了前沿生产函数的概念。他认为，既定投入要素的最佳组合，可以得到最优产出，可称其为前沿面，可以确定投入和产出之间的关系。此后，基于生产前沿的 TFP 测算快速发展，一些学者提出了随机前沿生产函数（Aigner et al.，1977；Meeusen and Broeck，1977；Battese and Corra，1977）。SFA 继续沿袭了传统生产函数的思想，首先确定生产函数的具体形式，再利用计量经济学方法，估计出 SFA 中的未知参数，通常考虑如下形式的生产函数：

$$Y_{i,t} = F(X_{i,t}, t, \beta)\exp(-u_{i,t}) + v_{i,t} \qquad (1-20)$$

其中，$Y_{i,t}$ 为第 i 个生产单元的产出，F（·）代表生产函数，通常选用柯布 – 道格拉斯生产函数、CES 生产函数、超越对数生产函数以及线性生产函数等，$X_{i,t}$ 代表投入要素向量，t 代表时间，β 代表生产函数中的参数向量，$u_{i,t} \geqslant 0$ 为第 i 个生产单元的技术非效率程度。

可以采用最大似然估计法对 SFA 函数进行估计，随机误差项 $v_{i,t}$ 服从标准正态分布 N（0，σ^2），$u_{i,t} \geqslant 0$ 服从断尾正态分布 N（$m_{i,t}$，σ_v^2）。对式（1 – 20）进行最大似然估计，从而得到参数向量 β 和技术效率 $\exp(-u_{i,t})$。由于 $u_{i,t} \geqslant 0$，所以 $0 < \exp(-u_{i,t}) \leqslant 1$。若 $\exp(-u_{i,t}) = 1$，则既定要素投入组合处于最优状态，经济体位于生产前沿面上；若 $\exp(-u_{i,t}) < 1$，则经济体位于生产前沿面以内，没有达到最优产出。

那么，两个相邻时期的技术效率指数为：

$$TE_t = \exp(-u_{i,t})/\exp(-u_{i,t-1}) \qquad (1-21)$$

两个相邻时期的技术进步指数可以采用这两个时期的几何平均值进行测算，即：

$$TC_t = \left[\left(1 + \frac{\partial F(X_{i,t-1}, t-1, \beta)}{\partial(t-1)}\right) \times \left(1 + \frac{\partial F(X_{i,t}, t, \beta)}{\partial t}\right)\right]^{1/2} \qquad (1-22)$$

规模经济为产出中扣除技术效率和技术进步后剩余的部分，两个相邻时期规模经济之比即为规模效率指数：

$$SE_t = \frac{F(X_{i,t}, t, \beta) - \beta_t t}{F(X_{i,t-1}, t-1, \beta) - \beta_{t-1}(t-1)} \qquad (1-23)$$

那么，TFP 指数的测算公式为：

$$TFP_t = TC_t \times TE_t \times SE_t \qquad (1-24)$$

（二）数据包络分析法

1. DEA 方法简介

DEA 方法是一种涉及数学、经济学、管理科学等多学科的非参数前沿效率分析方法。Farrell（1957）首先提出了数据包络分析，并采用单一产出模型对技术效率进行测度。1978 年，美国著名运筹学家 Charnes、Cooper 和 Rhodes 提出了 CRS 模型，因此 CRS 模型通常被称为 CCR[①] 模型。CCR 模型基于线性规划方法，是有关 DEA 分析的首个模型，将 Farrell 提出的单投入产出模型拓展为多投入产出模型，应用于同类决策单元 DMU 的有效性评价。对于投入产出效率的研究，往往会涉及多个投入要素和产出。作为非参数评估方法，DEA 有着自身的优势，在评价过程中无须设定投入和产出之间的函数形式，更无须对参数进行估计、对权重进行设定。这是因为它能够消除主观因素对科学评价的影响，简化了运算，减少了误差。在提出 CCR 模型之后，为增强适应性及解释力，DEA 方法在实证研究中不断得以改进，并被广泛采用，成为主要的测度投入产出效率的方法之一。

DEA 方法基于实际观测数据，利用线性规划技术和对偶原理，构造生产前沿面，然后把非 DEA 有效的生产单位映射到 DEA 有效的生产前沿面上，通过比较非 DEA 有效的生产单位离 DEA 有效生产前沿面的距离来评价各生产单元的相对效率。将 DEA 方法和 Malmquist 生产率指数法相结合，可以对面板数据进行计算，并将 TFP 增长分解为技术进步指数、技术效率指数以及规模效率指数，而利用 DEA 模型对截面数据进行计算只能得到静态技术效率和规模效率。

2. DEA 的基本概念

（1）决策单元

DEA 分析中的决策单元（DMU）是指能够将一定投入转化为产出的实体，是效率评价的对象。每个 DMU 通过生产过程将生产要素转化为产品，并努力获得最大收益。DEA 分析通过测度 DMU 相对于其他 DMU 的投入产出效率来确定相对有效性。DEA 分析要求 DMU 具有同质性，即

---

① CCR 为三位学者英文名字的首字母。

拥有相同的目标、外部环境、投入产出指标。同质性确保了在同一 DEA 分析中 DMU 的可比性和评价结果的科学性。DMU 是一个广义概念，可以是学校、医院等非营利性组织，也可以是企业、金融机构等营利性组织，不同的 DMU 具有不同的投入产出特征。对于企业来说，投入要素主要是资本、劳动力和机器设备等，产出则为产品产量、企业利润等。对于学校来说，投入要素主要是办学经费、教师、教学科研场所，产出则为毕业学生数量、科研成果等。投入产出指标的数值须为正值，不同 DMU 的相同指标量纲应保持一致，投入和产出指标应遵循投入最小化和产出最大化原则，在测度过程中投入产出指标的选取要遵循相应的规则，以确保能够对 DMU 的有效性进行合理评价。

（2）生产可能性集

可以通过构建模型来说明 DEA 生产可能性集的概念。假设有 K 个决策单元 $DMU_k(1 \leqslant k \leqslant K)$，每个决策单元均有 N 种投入要素和 M 种产出，那么 DMU_k 的输入输出向量可以表示为：

$$X = (x_{1,k}, x_{2,k}, \cdots, x_{N,k})^{\mathrm{T}} > 0, k = 1, 2, \cdots, K$$
$$Y = (y_{1,k}, y_{2,k}, \cdots, y_{M,k})^{\mathrm{T}} > 0, k = 1, 2, \cdots, K$$

生产可能性集为 $T = \{(X,Y) \mid X \geqslant 0, Y \geqslant 0\}, k = 1, 2, \cdots, K$。

生产可能性集 T 满足以下假设。

①凸性。对于 $\forall (x, y) \in T$ 以及 $\forall (x', y') \in T$，参数 $\lambda \in [0, 1]$，则：

$$\exists \lambda(x,y) + (1-\lambda)(x',y') = [\lambda x + (1-\lambda)x', \lambda y + (1-\lambda)y'] \in T$$

②锥性。对于 $\forall (x, y) \in T$，$\exists k > 0$，则 $(kx, ky) \in T$，即投入和产出存在同比例缩减 $0 < k < 1$ 和同比例增加 $k > 1$ 的可能。

③无效性。对于 $\forall (x, y) \in T$，若 $x' \geqslant x$，则 $\exists (x', y) \in T$，若 $y' \leqslant y$，则 $\exists (x, y') \in T$，即在原生产假设基础上，增加投入，产出可能不变；减少产出，投入不变也是可能的。

④最小性。生产可能性集 T 是满足假设①②③的所有集合的交集。

（3）生产前沿面

经济学中由单产出生产函数向多产出生产函数推进过程中出现了生产前沿面概念，利用 DEA 模型可以确定生产前沿面的结构和特征。DEA 方法对于 DMU 是否有效的评估是通过线性规划方法来判断 DMU 对应点是否位于生产前沿面上。

3. DEA 的基本模型

继 1978 年 Charnes 等在借鉴前人研究基础上提出 CCR 模型以后，Banker 等（1984）提出了 BCC 模型。前者在规模报酬不变的假定下评估 DMU 的有效性，而后者是在可变规模报酬的条件下评估 DMU 的有效性。不变规模报酬（CRS）不考虑生产要素投入增长所带来的规模效率，即产出增加的比例与各种生产要素投入增加的比例相同；而可变规模报酬（VRS）在对 DMU 有效性进行评估的过程中注意到了规模效率的影响，认为产出增加比例不等于生产要素投入增加比例。一些学者的研究视角开始从投入角度转向产出角度。前者通常研究产出不变的情况下，要素投入所能减少的最大比例；后者是指在要素投入量不变的情况下，产出所能增加的最大比例。作为评价 DMU 相对有效性的重要方法，DEA 模型被广泛使用，随着 DEA 理论体系的不断发展与完善，出现了众多的计算模型，其中 CCR 模型和 BCC 模型是 DEA 的基础模型[①]，也是最经典的 DEA 模型。本章将着重介绍这两种模型，为后续实证研究的开展奠定基础。

（1）CCR 模型

假设有 K 个决策单元 DMU_k（$1 \leqslant k \leqslant K$），每个决策单元均有 N 种投

---

① 除了 CCR 模型和 BCC 模型以外，经典的 DEA 模型还包括：用于解决规模收益非递增情况下 DMU 效率评价问题的 FG 模型，用于解决规模收益非递减情况下 DMU 效率评价问题的 ST 模型，用于解决投入产出变量单位不一致情况下效率评价问题的 SBM 模型，针对有效 DMU 的再分析模型（超效率 DEA 模型），含有非效率产出的环境效率模型，含有不可控变量的 DEA 模型等。

入要素和 M 种产出，那么 DMU_k 的输入输出向量可以表示为：

$$X = (x_{1,k}, x_{2,k}, \cdots, x_{N,k})^{\mathrm{T}} > 0, k = 1, 2, \cdots, K$$
$$Y = (y_{1,k}, y_{2,k}, \cdots, y_{M,k})^{\mathrm{T}} > 0, k = 1, 2, \cdots, K$$
$$V = (v_1, v_2, \cdots, v_N)^{\mathrm{T}}$$
$$U = (u_1, u_2, \cdots, u_M)^{\mathrm{T}}$$

其中，X 和 Y 分别代表第 k 项 DMU 的投入要素和产出，$k = 1, 2, \cdots,$ K，二者在模型中均是已知量，可以通过统计年鉴、数据库等途径获取。V 和 U 分别代表 N 种投入要素和 M 种产出对应的权向量。第 k 个 DMU 的效率评价指数可以表示为：

$$E_k = \frac{U^{\mathrm{T}} y_k}{V^{\mathrm{T}} x_k}, k = 1, 2, \cdots, K$$

对于评价指数 E_k，总可以知道合适的权系数 V 和 U，使得

$$E_k \leqslant 1, k = 1, 2, \cdots, K$$

当对第 k_0 项 DMU 进行效率评价时，以第 k_0 项 DMU 的效率指数为目标，以权系数 V 和 U 为变量，以所有 DMU 的效率指数 $E_k \leqslant 1$（$k = 1,$ $2, \cdots, K$）为约束条件，从而得到 CCR 模型：

$$\max \frac{U^{\mathrm{T}} y_{k_0}}{V^{\mathrm{T}} x_{k_0}}$$

$$\begin{cases} \dfrac{U^{\mathrm{T}} y_k}{V^{\mathrm{T}} x_k} \leqslant 1, k = 1, 2, \cdots, K \\ V \geqslant 0 \\ U \geqslant 0 \end{cases} \qquad (1-25)$$

通过 Charnes-Cooper 变换对以上分式规划问题进行转化，令 $t = \dfrac{1}{v^{\mathrm{T}} x_{k_0}}$，$\omega = tV$，$\mu = tU$，从而得到：

$$\frac{U^{\mathrm{T}} y_{k_0}}{V^{\mathrm{T}} x_{k_0}} = \mu^{\mathrm{T}} y_{k_0}$$

$$\frac{\mu^{\mathrm{T}} y_k}{\omega^{\mathrm{T}} x_k} = \frac{U^{\mathrm{T}} y_k}{V^{\mathrm{T}} x_k} \leqslant 1, k = 1, 2, \cdots, K$$

$$\omega^{\mathrm{T}} x_{k_0} = 1$$

$$\omega \geqslant 0, \mu \geqslant 0$$

因此，可以得到以下等价的线性规划：

$$\max \mu^{\mathrm{T}} y_{k_0}$$

$$\begin{cases} \omega^{\mathrm{T}} x_k - \mu^{\mathrm{T}} y_k \geqslant 0, k = 1, 2, \cdots, K \\ \omega^{\mathrm{T}} x_{k_0} = 1 \\ w \geqslant 0 \\ \mu \geqslant 0 \end{cases} \qquad (1-26)$$

利用线性规划的对偶原理，可以得到以下线性规划：

$$\min \theta$$

$$\begin{cases} \displaystyle\sum_{k=1}^{K} X_k \lambda_k \leqslant \theta X_k \\ \displaystyle\sum_{k=1}^{K} Y_k \lambda_k \geqslant Y_k \\ \lambda_k \geqslant 0, k = 1, 2, \cdots, K \end{cases} \qquad (1-27)$$

在此线性规划中，当 $\theta = 1$ 且前两个式子均取等号时，K 个决策单元组成的经济系统在原投入 X_0 的基础上所获得的产出 Y_0 已达到最优，可称决策单元 DMU_0 相对有效；当 $\theta = 1$ 并且前两个式子均不取等号时，在这 K 个决策单元构成的系统中可减少投入要素 X_0，保持产出 Y_0 不变，或在投入要素 X_0 不变的情况下提高产出，则称决策单元 DMU_0 弱有效；当 $\theta < 1$ 时，则决策单元 DMU_0 无效。

（2）BCC 模型

由于 CCR 模型在对综合效率进行测度时，以规模收益不变为假设条件，即被考察单元能够通过增加投入要素来同比例地提高产出，显然这一约束条件与实际生产活动中许多情况并不相符。研究者对 CCR 模型进行了改进，增加了凸性假设 $\sum_{j=1}^{n} \lambda_j = 1$，从而将 CCR 模型改造为 BCC 模型：

$$\min \theta$$

$$\begin{cases} \sum_{k=1}^{K} X_k \lambda_k \leqslant \theta X_k \\ \sum_{k=1}^{K} Y_k \lambda_k \geqslant Y_k \\ \sum_{k=1}^{K} \lambda_k = 1 \\ \lambda_k \geqslant 0, k = 1, 2, \cdots, K \end{cases} \quad (1-28)$$

对以上线性规划模型进行求解，即可得到第 k 个 DMU 的技术效率 θ，同前面 CCR 模型一样，$0 \leqslant \theta \leqslant 1$，当 $\theta = 1$ 时，被考察单元是有效的。利用此线性规划模型针对每个决策单元进行求解，便可得到所有 DMU 的技术效率 θ 值。

（三）Malmquist 指数

1953 年，瑞典统计学家斯登·曼奎斯特（Sten Malmquist）首先提出了用于分析不同时期消费变化的定量指数——Malmquist 指数，该指数根据输入距离函数来比较两个或多个消费群体。随后，Caves 等（1982）将 Malmquist 指数应用于分析生产增长，并首次提出了 Malmquist 生产率指数，构建了 CCD 模型。Fare 等（1994a）提出了一种非参数线性规划算法（DEA 方法），通过规模收益不变的 Malmquist 指数对 TFP 增长进行考察，并利用 Shephard 距离函数将 TFP 增长分解为技术进步和效率变化，从而使 DEA-Malmquist 指数方法在 TFP 测度中得以广泛应用。[①]

1. 距离函数

在经济理论分析中，为了研究的便利，通常会预设一些假定条件，

---

① Grifell-Tatjé 和 Lovell（1995）提出了 GL Malmquist 指数，Ray 和 Desli（1997）提出了 RD Malmquist 指数，并且 Grifell-Tatjé 和 Lovell（1999）对 Malmquist 指数进行了改进，从而提高了指数的准确性和解释能力。

但这些假定条件往往会使研究问题背离实际情况，使研究结论缺乏通用性。对于多投入多产出系统的研究通常有两种思路：一是在成本最小化的假定下，分析总投入的变化；二是在利润最大化的假定下，分析总产出变化，并且还包括完全竞争等假设。而实证研究通常难以满足过多过强的假设条件，引入距离函数能有效地解决这个问题，它是在未对生产者行为设定假设的前提下，对多投入多产出系统进行研究。Malmquist 提出了距离函数的概念，而 Shephard 则定义了基于生产函数的距离函数，此后距离函数在对 TFP 增长测度过程中被广泛使用。距离函数可以从投入和产出这两个不同的角度来设定。投入距离函数是在产出给定的条件下，投入向量能够向生产前沿面缩减的程度；而产出距离函数是在投入给定的条件下，产出向量的最大扩张幅度。通过考察投入向量的缩减程度或产出向量的扩张幅度来衡量技术有效性。

为了研究的方便，我们仍然采用前文的生产可能性集概念以及生产可能性集的性质。假设有 K 个决策单元 $DMU_k(1 \leqslant k \leqslant K)$，每个决策单元均有 N 种投入要素和 M 种产出，那么 DMU_k 的输入输出向量可以表示为：

$$X = (x_{1,k}, x_{2,k}, \cdots, x_{N,k})^{\mathrm{T}} > 0, k = 1, 2, \cdots, K$$

$$Y = (y_{1,k}, y_{2,k}, \cdots, y_{M,k})^{\mathrm{T}} > 0, k = 1, 2, \cdots, K$$

生产可能性集为 $T = \{(X, Y) \mid X \geqslant 0, Y \geqslant 0\}, k = 1, 2, \cdots, K$。

基于前文对距离函数原理的论述，在生产可能性集 T 上可以定义产出距离函数 $D_0(X, Y)$：

$$D_0(X, Y) = \min\{\delta : (Y/\delta) \in T\}$$

根据生产可能性集 T 具有的性质，可以得出产出距离函数 $D_0(X, Y)$ 具有如下性质：$D_0(X, Y)$ 是关于 X 的增函数，是关于 Y 的线性非齐次函数，具有非减性；若 $Y \in T$，那么 $D_0(X, Y) \leqslant 1$，当 Y 在生产前沿面上时，$D_0(X, Y) = 1$。

2. Malmquist 指数的定义

Fare 等（1992）参考 Fisher 指数的构造方法，对 Malmquist 生产率指数 $M(X^{t+1}, Y^{t+1}, X^t, Y^t)$ 进行了定义：

$$M(X^{t+1}, Y^{t+1}, X^t, Y^t) = \left[\frac{D^t(X^{t+1}, Y^{t+1})}{D^t(X^t, Y^t)} \times \frac{D^{t+1}(X^{t+1}, Y^{t+1})}{D^{t+1}(X^t, Y^t)} \right]^{1/2}$$

其中，$D^t(X^{t+1}, Y^{t+1})$ 指以第 t 期的技术为参考技术（以第 t 期的数据为参考集），DMU 在第 $t+1$ 期的距离函数；$D^t(X^t, Y^t)$ 指以第 t 期的技术为参考技术，DMU 在第 t 期的距离函数；$D^{t+1}(X^{t+1}, Y^{t+1})$ 指以第 $t+1$ 期的技术为参考技术（以第 $t+1$ 期的数据为参考集），DMU 在第 $t+1$ 期的距离函数；$D^{t+1}(X^t, Y^t)$ 指以第 $t+1$ 期的技术为参考技术，DMU 在第 t 期的距离函数。

在前文的产出距离函数中，$D_0(X, Y) = \min\{\delta : (Y/\delta) \in T\}$，未将时间因素考虑进去，如果将时间作为自变量，对不同时期的产出距离函数进行考察，那么产出距离函数可表示为 $D^t(X^t, Y^t) = \min\{\delta^t : (Y^t/\delta^t) \in T^t\}$，第 t 期和第 $t+1$ 期的投入产出分别为 (X^t, Y^t) 和 (X^{t+1}, Y^{t+1})，以第 t 期技术为参照的 Malmquist 指数可以表示为：

$$M^t = \frac{D^t(X^{t+1}, Y^{t+1})}{D^t(X^t, Y^t)}$$

以第 $t+1$ 期技术为参照的 Malmquist 指数可以表示为：

$$M^{t+1} = \frac{D^{t+1}(X^{t+1}, Y^{t+1})}{D^{t+1}(X^t, Y^t)}$$

参考 Fisher 指数的构造方法，利用以上两式的几何平均值作为测度第 t 期到第 $t+1$ 期生产率变化的 Malmquist 生产率指数 $M^{t, t+1}$，即：

$$M^{t, t+1} = \left[\frac{D^t(X^{t+1}, Y^{t+1})}{D^t(X^t, Y^t)} \times \frac{D^{t+1}(X^{t+1}, Y^{t+1})}{D^{t+1}(X^t, Y^t)} \right]^{1/2}$$

从而得到了 Malmquist 指数的一般形式。

3. Malmquist 指数的分解

Fare 等（1994b）将以 Malmquist 指数表示的 TFP 变动分解为技术效率变化和技术进步的乘积：

$$M^{t,t+1} = \left[\frac{D^t(X^{t+1},Y^{t+1})}{D^t(X^t,Y^t)} \times \frac{D^{t+1}(X^{t+1},Y^{t+1})}{D^{t+1}(X^t,Y^t)} \right]^{1/2}$$

$$= \left[\frac{D^t(X^{t+1},Y^{t+1})}{D^{t+1}(X^{t+1},Y^{t+1})} \times \frac{D^t(X^t,Y^t)}{D^{t+1}(X^t,Y^t)} \right]^{1/2} \times \frac{D^{t+1}(X^{t+1},Y^{t+1})}{D^t(X^t,Y^t)}$$

$$= TECH(X^{t+1},Y^{t+1};X^t,Y^t) \times TE(X^{t+1},Y^{t+1};X^t,Y^t)$$

其中，$TECH(X^{t+1},Y^{t+1};X^t,Y^t) = \left[\frac{D^t(X^{t+1},Y^{t+1})}{D^{t+1}(X^{t+1},Y^{t+1})} \times \frac{D^t(X^t,Y^t)}{D^{t+1}(X^t,Y^t)} \right]^{1/2}$

为技术进步，$TE(X^{t+1},Y^{t+1};X^t,Y^t) = \frac{D^{t+1}(X^{t+1},Y^{t+1})}{D^t(X^t,Y^t)}$ 为技术效率变化。

（四）SFA 方法与 DEA 方法评价

由于 TFP 是衡量经济增长质量和增长方式的重要指标，对 TFP 进行测度也是学术界研究的热点问题，是开展相关研究的基础。从测度方法来看，可以分为参数法和非参数法。现代经济学中的 TFP 分析更多的是基于前沿函数思想、集合论和凸边界模型等现代数学方法，TFP 的前沿函数研究方法可以分为以 SFA 为代表的参数法和以 DEA 为代表的非参数法，现对两者的区别与联系进行探讨，为后续研究的顺利开展奠定基础。

首先，SFA 其实是一种计量经济学方法，需要设定生产函数的具体形式以及技术非效率项的分布形式，如果对生产函数的设定出现偏差或者对非效率项的分布形式出现误判，研究结论会出现偏差；而 DEA 方法无须确定生产函数的显性形式以及误差项分布形式，它根据数据特点构造生产前沿面，因此 DEA 方法可以避免由生产函数设定的主观性带来的偏差。其次，由于需要对生产函数中的待定参数进行估计，所以 SFA 是一种计量经济学方法，具有统计学特征，从概率分布的角度来确定技术效率；而 DEA 则运用线性规划方法进行求解，对生产单元对应的实际数据进行线性组合，因此不具备统计学特征。

然而，由于 SFA 方法能够区分随机干扰和技术非效率，所以可以避免随机误差对 TFP 评估准确程度的影响；而 DEA 方法则忽略了随机误差的影响，不能区分随机误差和技术非效率，在随机误差存在的情况下，会影响估计的准确性。因此，对于 SFA 方法，服从大数定理，自由度越高，测度的效果越好；而对于 DEA 方法，样本数量越多，随机误差也会越大，测度的技术效率准确度可能会越低。因此，从这个角度来看，某些情况下①，SFA 方法的估计结果相对来说会更加准确。此外，作为一种计量经济学方法，SFA 方法适用于多投入单产出的情况，难以处理多投入多产出问题，这使得 SFA 方法的应用受到较大限制；而 DEA 方法既可以用于分析多投入单产出情况，也可以用于分析多投入多产出情况，在这个方面具有较大优越性。

作为发展经济学研究领域的热点问题，TFP 测度方法也随着众多学者研究的不断深入而不断进步，限于研究目的，本书不再一一列举。在众多的测度方法中，往往没有绝对完美的方法，只有依据具体的研究对象、研究问题以及数据特点选择合适的方法，力图更加准确地测度 TFP 及其增长。

第四节 本章小结

本章首先对经济增长理论的演变进行了梳理，系统回顾了古典经济增长理论、新古典经济增长理论、新经济增长理论和现代经济增长理论的发展轨迹和主要学者的观点。古典经济增长理论着重研究了资本积累、劳动分工、人口增长等因素对经济增长的影响，认识到土地等自然资源对经济增长的有限性，并注意到劳动分工、技术进步能够提高劳动生产率；新古典经济增长理论在生产函数中引入了技术进步因素，能够较好

---

① 如果能够合理设置生产函数的具体形式，并且正确确定技术非效率项的分布形式，在单产出的情况下，使用 SFA 方法会取得较好的效果。

地解释经济增长现象，但并未对技术进步做出合理解释，也具有一定的局限性；新经济增长理论认为，知识和人力资本通过溢出效应使得规模收益增加，由于利益的驱动，微观主体会增加知识和人力资本存量，从而使技术进步得以延续，并成为经济长期增长的决定因素，即经济可以不依赖外力推动实现持续增长。在现代经济增长理论中，长期经济增长率由生产函数的结构参数决定，由于放弃了传统经济增长模型中一些过强的假设，经济增长模型更具有一般性，能够更加有力地解释全球经济增长现象，现代经济增长理论的研究结论具有更加明确的政策含义。

　　本章对本书的核心概念 TFP 以及 TFP 增长进行了界定。将 TFP 定义为一国或地区在一定时期内生产的总产出与总投入之比，所有要素投入在特定规模和结构下有机组合的综合产出效率。TFP 增长率为产出增长率超出各要素投入增长率线性组合后的部分，即索洛余值。将 TFP 测度方法分为非生产前沿面法和生产前沿面法，非生产前沿面法又分为基于生产函数的参数估计法和非参数估计法，其中基于生产函数的参数估计法以增长核算法为代表，非参数估计法以指数法为代表；在生产前沿面测度方法中，以随机前沿生产函数（SFA）和数据包络分析（DEA）最为典型。本章系统梳理了各种 TFP 测度方法的基本原理和特点，为后续研究奠定了基础。

第二章 中国粮食主产区的演变与农业增长

中国作为一个拥有 14 亿多人口的发展中大国，粮食安全是维系经济社会稳定的"压舱石"，是国家安全的重要基础。粮食主产区是我国粮食生产的核心区域，是保障国家粮食安全的重要基地，在国家的粮食安全战略中具有举足轻重的地位。近年来，区域粮食产出以及粮食调出率等指标显示，粮食主产区的粮食生产为我国粮食安全做出了巨大贡献。梳理我国粮食主产区的历史演变进程、农业及粮食生产的发展现状，是深入研究粮食主产区农业 TFP 提升问题的起点。

第一节 粮食主产区在国家粮食安全战略中的地位

对我国粮食主产区的农业发展问题进行考察，必须首先明确粮食主产区在国家粮食安全战略中的重要地位。如图 2 - 1 所示，2020 年我国粮食播种面积①达到 11677 万公顷，比 2019 年增加 70 万公顷，全年粮食

---

① 粮食播种面积指农业生产经营者应在年度内收获的粮食作物在全部土地（耕地或非耕地）上的播种或移植面积。凡是本年内收获的粮食作物，无论是本年还是上年播种，都算作当年播种面积，但不包括本年播种、下年收获的粮食作物面积。移植的粮食作物面积按移植后的面积计算，不计算移植前的面积。如果因灾害等原因，应该收获却未能收获的，也要按原播种面积计算，新补或改种并在本年收获的，也要按复种作物计算面积。间种、混种的作物面积按比例折算各个作物的面积，如果完全混合、同步生长、收获的作物，按混合面积平均分配。复种、套种的作物，按次数计算面积，每种一次计算一次。再生稻、再生高粱等，因其没有经过播种或移植，不计入播种面积。

产量①为 66949 万吨，比 2019 年增加 565 万吨，增产 0.9%。在三大谷物品种中，2020 年稻谷播种面积为 3008 万公顷，小麦播种面积为 2338 万公顷，玉米播种面积为 4126 万公顷；全年谷物产量为 61674 万吨，比 2019 年增产 0.5%，其中，稻谷产量为 21186 万吨，增产 1.1%，小麦产量为 13425 万吨，增产 0.5%，玉米产量为 26067 万吨，略有下降。截至 2020 年，我国粮食产量连续 6 年保持在 65000 万吨以上。图 2-1 显示了 21 世纪以来我国粮食产量和播种面积的变化情况，从 2004 年开始，我国粮食产量保持多年持续增长，粮食播种面积也持续扩大，2016 年为 11923 万公顷，达到了 21 世纪以来的最大值。2016 年以后虽然粮食播种面积略有缩小，但由于各粮食品种单位面积产量增加，粮食总产量仍然保持增长趋势。

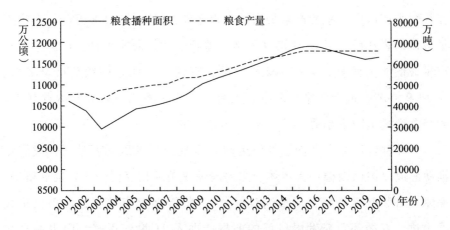

图 2-1 2001~2020 年我国粮食产量及播种面积变化

资料来源：国家统计局统计数据，https://data.stats.gov.cn/easyquery.htm? cn = C01。

我国的粮食主产区包括黑龙江、吉林、辽宁、河北、内蒙古、河南、山东、湖北、湖南、江苏、江西、安徽、四川等 13 个省（区），粮食主产区耕地面积约占全国耕地面积的 64%，粮食总产量约占全国粮食总产

---

① 粮食产量指农业生产经营者年度内生产的全部粮食数量，按收获季节分包括夏收粮食、早稻和秋收粮食，按作物品种分包括谷物、薯类和豆类。

量的 3/4。粮食主产区在粮食生产方面具有比较优势，农业生产条件较好，生产的粮食除用于本地区居民消费以外，还可以大量调出。在地理位置方面，粮食主产区主要位于平原或浅丘地区，光、热、水资源条件较好，土壤有机质含量较高。从资源条件来看，粮食主产区易于农业耕作和水土保持，也比较适合作物生长，因此其农业综合生产能力强，生产潜力大。21世纪初期，财政部将以上 13 个省（区）确定为粮食主产区之后，这一粮食主产区的划分标准一直沿用至今。在这些粮食主产区中，2020 年全国粮食主产区粮食产量占全国粮食产量的比重达到 78.6%，粮食产量前 10 位的省（区）依次为黑龙江、河南、山东、安徽、吉林、河北、江苏、内蒙古、四川、湖南，其中粮食产量前 5 位的粮食主产区中，有 4 个是北方省份，北方地区具有明显优势。2020 年，在粮食主产区中，粮食产量最高的为黑龙江，达到 7540.8 万吨，粮食产量最低的为江西，只有 2163.9 万吨，差距较大，而非粮食主产区中粮食产量最低的为西藏，只有 102.9 万吨，直辖市中北京的粮食产量最低，为 30.9 万吨。近十年来，北京、上海、广东、浙江等东部发达省（市）的粮食产量呈减少趋势。

在外部环境复杂多变、经济迈向高质量转型发展的背景下，我国正推动形成以国内大循环为主体、国内国际双循环相互促进的新发展格局。保障"谷物基本自给、口粮绝对安全"，将饭碗牢牢端在自己手上是我国构建"双循环"新发展格局的前提。进入 21 世纪以来，中央一号文件连续 18 年聚焦"三农"，特别是近年来，中央一号文件均对我国粮食安全问题进行了部署。2019 年中央一号文件提出"毫不放松抓好粮食生产，推动藏粮于地、藏粮于技落实落地，确保粮食播种面积稳定在 16.5 亿亩"；2020 年中央一号文件指出"粮食生产要稳字当头，稳政策、稳面积、稳产量"；2021 年中央一号文件明确提出"加强粮食生产功能区和重要农产品生产保护区建设，建设国家粮食安全产业带"。粮食主产区在我国粮食安全战略中占据重要地位，稳定粮食主产区的粮食生产关系国家粮食安全大局。因此，粮食主产区的农业发展问题有其特殊性，在中长期内保障粮食播种面积和产量稳定是国家对粮食主产区农业发展的一个基本要求，也是研究粮食主产区农业 TFP 提升问题的背景和前提条件。

第二节　中国粮食主产区的演变和发展

新中国成立以来，由于经济社会发展和资源环境约束强化，我国粮食主产区的空间格局不断变化，进而对粮食生产和流通环节也产生较大影响。我国近年来粮食播种面积呈缓慢减少趋势，粮食生产格局变迁体现在粮食生产区域的重心北移，并由东部、南部逐渐向中部集聚，西部地区粮食产量减少，东南沿海省份粮食生产下降速度较快，一些曾经的商品粮生产基地已经成为净调入区，我国东北、黄淮海地区以及长江中下游地区成为全国粮食生产的核心地区。随着粮食生产重心的北移，全国粮食流通格局也从"南粮北运"转变为"北粮南运"。进入 21 世纪以来，我国的粮食供求状况实现了从长期短缺到总量基本平衡的转变。伴随农业市场化改革、农业政策的阶段性调整，粮食主产区的演变也具有阶段性特征，可以划分为三个不同的历史阶段。

一　1978 年前中国粮食主要产区[①]及粮食生产情况

在这一阶段，我国实行计划经济体制，农业为工业化进程加速推进做出了重要贡献。1950～1977 年，农业以农业税的形式每年为工业建设提供了资金支持，基本稳定在 4500 亿元。在这一阶段，国家大力开展农田水利基本建设，推广良种和适用农业技术，粮食生产获得恢复性增长，粮食单产和有效灌溉面积均获得了大幅增长，化肥施用量 1977 年达到 648 万吨，增长了 80 多倍。我国粮食生产不稳定，波动较为频繁，个别

---

① "粮食主产区"这一概念在我国始于 21 世纪初期，本部分以"粮食主要产区"代替"粮食主产区"。

年份变化比较大，粮食总产量从 1950 年的 13213 万吨增加到 1977 年的
28273 万吨（见图 2-2），从绝对数和年均增长率来看，增长了 1 倍多，
即 15060 万吨，年均增长率近 3%，但这一阶段的高速增长建立在较低的
起点上。新中国成立初期，我国粮食生产经过了一个短期的快速恢复性
增长阶段，随后粮食产量增速趋于下降，1959~1961 年粮食产量大幅度
下降，其中 1959 年下降 16.48%，1960 年下降 17.96%。由于发生自然
灾害，以及在"大跃进"和人民公社化运动影响下，在自然因素和政策
导向的双重打击下，粮食生产能力遭受到严重破坏，1959~1961 年是新
中国成立后粮食产量波动最为剧烈的历史阶段，此外，1972 年我国的粮
食生产也出现了较大幅度的波动。

图 2-2　1949~1977 年我国粮食总产量

资料来源：国家统计局统计数据，https://data.stats.gov.cn/easyquery.htm? cn = C01。

　　这一阶段我国粮食生产的区域布局具有以下特点。从南北①布局来
看，全国约 60% 的粮食总产量集中在南方省份，北方省份产出的粮食约
占全国粮食产量的 40%。从东、中、西三大区域②来看，东部和中部地

---

① 本章以秦岭—淮河一线为我国南北地区的分界线。
② 本章东部地区主要包括天津、北京、河北、辽宁、山东、上海、江苏、浙江、福建、广东、
广西、海南等 12 个省（区、市），中部地区包括黑龙江、吉林、内蒙古、山西、河南、湖
北、安徽、湖南、江西等 9 个省（区），西部地区包括新疆、青海、宁夏、甘肃、陕西、
西藏、云南、贵州、四川、重庆等 10 个省（区、市）。

区粮食产量占全国粮食总产量的比重略有上升，西部地区粮食产量占全国粮食总产量的比重有所下降，中部和东部地区粮食产量均占我国粮食总产量的40%左右。

根据我国各个区位的自然地理条件和粮食生产特点，可以将我国的粮食生产区域划分为黄淮海粮食生产区、长江中下游粮食生产区、东北粮食生产区、东南粮食生产区、西北粮食生产区、西南粮食生产区、蒙新青藏粮食生产区等七大粮食生产区。如表2-1所示，1950~1977年黄淮海粮食生产区、长江中下游粮食生产区、东南粮食生产区、西南粮食生产区粮食产量约占全国粮食总产量的80%，对全国粮食生产起到了支撑作用，尤其是1977年黄淮海粮食生产区、长江中下游粮食生产区和东南粮食生产区粮食产量占全国粮食总产量的比重均超过了20%，这三个区域在全国粮食生产中的地位凸显。1950~1977年，各大粮食生产区粮食产量占全国粮食总产量的比重变化不大，其中东北粮食生产区粮食产量占全国粮食总产量的比重波动最大，但从绝对数上来看，也仅仅只有1.55个百分点，长江中下游粮食生产区和东南粮食生产区粮食产量占全国粮食总产量的比重略有增加，黄淮海粮食生产区和西南粮食生产区、西北粮食生产区粮食产量占全国粮食总产量的比重基本不变。粮食生产条件相对较差的是蒙新青藏粮食生产区，由于粮食生产的起点较低，1950年粮食产量占全国粮食总产量的比重只有2.45%，到1977年这一比重达到了3.36%。

表2-1 1950~1977年我国七大粮食生产区粮食产量占全国粮食总产量的比重

单位：%，个百分点

年份	黄淮海	长江中下游	东南	西南	东北	西北	蒙新青藏
1950	20.24	20.90	19.90	16.93	11.99	7.59	2.45
1955	19.07	20.18	19.14	18.11	11.45	8.09	3.96
1960	18.24	21.53	21.56	17.00	9.63	7.43	4.61
1965	18.86	20.97	21.55	16.48	10.60	7.78	3.76

续表

年份	黄淮海	长江中下游	东南	西南	东北	西北	蒙新青藏
1970	19.35	21.26	20.82	16.12	11.93	6.82	3.70
1975	20.89	20.99	19.33	15.54	12.02	7.84	3.39
1977	20.12	21.75	20.27	16.57	10.44	7.49	3.36
变化	0.12	0.85	0.37	0.36	1.55	0.10	0.91

注：七大粮食生产区包括黄淮海（山东、河南、河北、北京和天津）、长江中下游（湖北、湖南、江西和安徽）、东南（江苏、上海、浙江、福建、广东和海南）、西南（四川、重庆、云南、贵州和广西）、东北（黑龙江、吉林和辽宁）、西北（陕西、山西、甘肃和宁夏）、蒙新青藏（内蒙古、新疆、青海和西藏）。

资料来源：根据历年《中国统计年鉴》汇总整理。

表 2-2 显示，1950～1977 年各省（区、市）的粮食产量占全国粮食总产量的比重基本稳定，变化最大的两个省份分别是安徽和黑龙江，这两个省份 1977 年粮食产量占全国粮食总产量的比重和 1950 年相比，下降超过了 1 个百分点。1977 年粮食产量居全国前 13 位[①]的省（区）包括山东、四川、河南、江苏、湖南、湖北、广东、安徽、河北、浙江、黑龙江、广西、江西，这些省（区）的粮食产量占全国粮食总产量的比重达到 73.77%。粮食产量占全国粮食总产量比重增加的省（区、市）包括山东、江苏、湖南、湖北、广东、河北、广西、江西、辽宁、山西、贵州、内蒙古、新疆、上海、北京、宁夏、青海和西藏。粮食产量占全国粮食总产量比重减少的省（市）包括四川、河南、安徽、浙江、黑龙江、陕西、云南、吉林、福建、甘肃、天津。

表 2-2　1950～1977 年我国 29 个省（区、市）粮食产量占全国粮食总产量的比重

单位：%，个百分点

省（区、市）	1950 年	1955 年	1960 年	1965 年	1970 年	1975 年	1977 年	变化
山东	7.50	7.75	6.20	6.79	6.23	7.60	7.55	0.05
四川	8.03	8.64	7.26	7.59	7.47	6.92	7.54	0.49

---

① 我国现有的粮食主产区有 13 个，为便于展开对比和论述，本章考察 13 个粮食主要产区。

续表

省（区、市）	1950 年	1955 年	1960 年	1965 年	1970 年	1975 年	1977 年	变化
河南	7.71	6.83	6.63	5.94	6.61	6.80	7.00	0.71
江苏	6.82	6.11	7.17	7.36	7.25	7.20	6.95	0.13
湖南	6.10	5.84	5.99	5.62	6.30	6.45	6.62	0.52
湖北	5.23	5.55	5.96	6.33	5.39	5.47	5.81	0.58
广东	5.41	5.60	6.10	6.28	5.48	5.16	5.76	0.35
安徽	6.43	5.13	5.04	4.93	5.37	5.37	5.40	1.03
河北	4.25	3.85	4.65	4.92	5.41	5.40	4.72	0.47
浙江	4.58	4.24	4.97	4.70	4.78	3.93	4.40	0.18
黑龙江	5.16	4.47	3.99	4.50	5.09	4.93	4.09	1.07
广西	3.50	3.33	3.72	3.40	3.49	3.94	4.01	0.51
江西	3.14	3.66	4.53	4.09	4.19	3.70	3.92	0.78
辽宁	3.40	4.19	2.69	3.42	3.70	3.92	3.73	0.33
陕西	3.11	3.07	3.06	3.10	2.56	2.84	2.79	0.32
云南	3.06	3.39	3.66	2.99	2.97	2.8	2.63	0.43
吉林	3.43	2.79	2.95	2.68	3.14	3.17	2.62	0.81
山西	2.34	2.45	2.52	2.36	2.21	2.69	2.57	0.23
福建	2.47	2.5	2.46	2.32	2.41	2.24	2.40	0.07
贵州	2.34	2.75	2.36	2.50	2.20	1.80	2.40	0.06
甘肃	1.84	2.14	1.50	1.89	1.75	1.93	1.78	0.06
内蒙古	1.29	2.63	2.68	1.95	2.00	1.82	1.71	0.42
新疆	0.78	0.89	1.48	1.33	1.29	1.09	1.16	0.38
上海	0.63	0.69	0.86	0.89	0.90	0.81	0.76	0.13
北京	0.46	0.32	0.41	0.61	0.60	0.64	0.54	0.08
宁夏	0.31	0.43	0.35	0.42	0.31	0.38	0.36	0.05
天津	0.33	0.32	0.35	0.60	0.50	0.45	0.32	0.01
青海	0.25	0.34	0.31	0.34	0.28	0.33	0.31	0.06
西藏	0.11	0.09	0.15	0.15	0.13	0.16	0.18	0.07

注：本表根据 1977 年 29 个省（区、市）粮食产量占全国粮食总产量的比重从大到小排序；鉴于 1988 年海南建省、1997 年重庆设立直辖市，故只统计 29 个省（区、市）。

资料来源：根据历年《中国统计年鉴》汇总整理。

改革开放前我国粮食生产呈波动上升趋势，粮食产量平均年增长率为 3.5%。通过对粮食生产区域差异的对比，本章发现，在这一阶段，我国粮食产量具有鲜明的区位特征，即南方地区的粮食产量大于北方地区，中部和东部地区是我国粮食生产的核心区域，黄淮海、长江中下游、东南和西南地区是我国最主要的粮食产区，产出的粮食约占全国粮食总产量的 80%，而粮食产量居全国前 13 位的省份产出的粮食约占全国粮食总产量的 3/4，在当时我国粮食生产中的地位举足轻重。

二 1978~2003 年我国粮食主要产区及粮食生产情况

1978~2003 年，我国粮食产量增长迅速，粮食产量跨越了 3 亿吨、4 亿吨和 5 亿吨 3 个里程碑（见图 2-3）。1978 年底，安徽省凤阳县小岗村实行"分田到户，自负盈亏"的家庭联产承包责任制，这拉开了我国农村经营体制改革的序幕。实行家庭联产承包责任制以后，农户家庭成为相对独立的微观经营主体，从而产生激励效应。与此同时，在这一阶段，我国也较大幅度地提高了粮食收购价格，大大提高了农户粮食生产的积极性。新中国成立后，我国不断推进农田水利基础设施建设，农业生产基础条件得到较大改善。1978~1984 年，我国的粮食生产保持了高速增长，陆续登上了 3 亿吨、4 亿吨两个台阶，年均增长率达到 4.81%。从 1985 年开始，国家的粮食收购政策发生了改变，从粮食统购改为合同订购，采取"倒三七"价格政策对粮食生产产生了抑制作用，加上农资价格上涨，国家农业投资力度减小，对农民种粮积极性造成较大影响。1985~1989 年我国粮食生产增速放缓，甚至有 3 年粮食总产量低于 4 亿吨。进入 20 世纪 90 年代，由于我国开始实施"米袋子"省长负责制，采取提高粮食收购价格、按保护价收购农民余粮等措施，重新提高了农民种粮积极性。在农业技术方面，大力推广新型杂交稻、地膜覆盖技术，我国的粮食生产开始了新一轮增长。到 1996 年，全国粮食总产量达到了 5 亿吨。1996~2003 年，我国的粮食产量进入波动下降阶段，究其原因，主要有以下两个方面。一是耕地面积快速减少，随着工业化、城镇化进程的加快，基础设施建设占用耕地快速增加，加之采取了退耕还林政策，至 2003 年耕地面积下降到 18.5 亿亩。二是粮食价格低迷，农民种粮的效益比较差，种粮积极性下降，至 2003 年粮食总产量下降到 43070 万吨，较 1998 年的粮食总产量下降接近 16%。

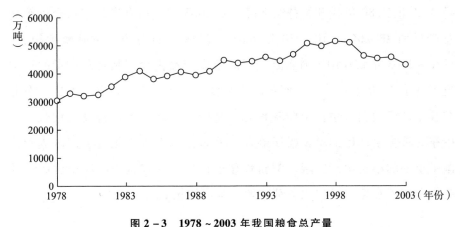

图 2 - 3 1978 ~ 2003 年我国粮食总产量

资料来源：国家统计局统计数据，https://data.stats.gov.cn/easyquery.htm？cn = C01。

这一阶段我国粮食生产的区域布局具有以下特点。从南北布局来看，2003 年我国北方地区的粮食产量占全国粮食总产量的比重已经达到 48.87%，较上一个阶段的 42.59% 增长了 6.28 个百分点，南方粮食产量占全国粮食总产量的比重则相应下降到 51.13%，虽然仍然大于北方，但南北方粮食产量之间的差距已经很小。随着工业化、城镇化进程的加速，在市场规律作用下，各种资源要素重新优化配置，粮食生产核心区域逐渐向具有比较优势的区域移动。按东、中、西三大粮食生产地域分析，东部地区的粮食产量占全国粮食总产量的比重下降到 34.08%，中部地区的粮食产量占全国粮食总产量的比重提高到 43.40%，西部地区的粮食产量占全国粮食总产量的比重为 22.53%。这一阶段，中部地区的粮食产量显著大于东部地区，全国粮食生产的重心逐步向中部地区偏移。

表 2 - 3 显示的是 1978 ~ 2003 年我国七大粮食生产区粮食产量占全

国粮食总产量比重的变化，在 1978 年我国四大粮食主要产区仍为黄淮海粮食生产区、长江中下游粮食生产区、东南粮食生产区、西南粮食生产区，但到了 2003 年，这种情况发生了变化，东北粮食生产区已经超越东南粮食生产区，成为我国第四大粮食生产区域。东南粮食生产区粮食产量从 20 世纪 80 年代开始持续下降，到 2003 年，粮食产量仅占全国粮食总产量的 13.26%，比 1978 年下降了 7.48 个百分点，下降幅度很大。1978~2003 年长江中下游粮食生产区粮食产量占全国粮食总产量的比重也下降了 2.20 个百分点，而黄淮海粮食生产区、西南粮食生产区、东北粮食生产区粮食产量占全国粮食总产量的比重均有不同程度的增长，其中东北粮食生产区的增长幅度最大，20 世纪末黄淮海粮食生产区成为我国最重要的粮食生产区域，蒙新青藏粮食生产区在这一阶段粮食产量及其占全国粮食总产量的比重都有较大幅度增长。

表 2-3　1978~2003 年我国七大粮食生产区粮食产量占全国粮食总产量的比重

单位：%，个百分点

年份	黄淮海	长江中下游	东南	西南	东北	西北	蒙新青藏
1978	20.69	20.84	20.74	16.13	11.39	6.93	3.28
1980	20.51	20.43	21.01	17.05	11.39	6.61	2.99
1985	22.21	22.91	20.03	15.00	9.80	6.64	3.41
1990	21.80	21.21	18.28	14.65	13.29	6.63	4.14
1995	23.73	20.59	17.15	15.40	13.06	5.78	4.28
2000	23.28	19.63	15.82	18.69	11.52	6.29	4.77
2003	22.22	18.64	13.26	19.00	14.56	6.93	5.39
变化	1.53	2.20	7.48	2.87	3.17	0	2.11

资料来源：根据历年《中国统计年鉴》汇总整理。

表 2-4 反映了我国 29 个省（区、市）粮食生产变化情况，1978~2003 年粮食产量占全国粮食总产量比重增加的省（区）包括河南、山东、四川、黑龙江、河北、吉林、安徽、云南、内蒙古、贵州、甘肃、新疆、宁夏、西藏，主要集中在中西部地区，其中吉林粮食产量占全国

粮食总产量的比重增长了 2.28 个百分点，增长幅度最大；而江苏、湖南、湖北、辽宁、广西、江西、广东、陕西、山西、浙江、福建、天津、上海、青海、北京等 15 个省（区、市）粮食产量占全国粮食总产量的比重呈下降趋势，其中江苏、湖南、湖北、广东、浙江下降趋势明显，均超过了 1 个百分点，按照本章对我国南北区域的划分，这 5 个省份均属于南方地区。2003 年居我国粮食产量前 13 位的省（区、市）分别为四川、河南、山东、黑龙江、江苏、湖南、河北、吉林、安徽、湖北、广东、辽宁、云南。与 1977 年相比，1977 年粮食产量居前 13 位的广西、浙江、江西退出，而吉林、辽宁、云南三个省份进入了前 13 位。

表 2 - 4 1978 ~ 2003 年我国 29 个省（区、市）粮食产量占全国粮食总产量的比重

单位：%，个百分点

省（区、市）	1978 年	1980 年	1985 年	1990 年	1995 年	2000 年	2003 年	变化
河南	6.81	6.91	7.36	7.50	7.53	8.87	8.29	1.48
山东	7.42	7.67	8.52	8.10	9.23	8.30	7.98	0.56
四川	7.73	8.36	7.81	7.42	7.38	9.69*	9.61*	1.88*
黑龙江	4.79	4.70	3.82	5.25	5.63	5.51	5.83	1.04
江苏	7.79	7.77	8.49	7.41	7.14	6.72	5.74	2.05
湖南	6.78	6.83	6.83	6.11	5.98	5.99	5.67	1.11
河北	5.48	4.9	5.34	5.17	5.95	5.52	5.54	0.06
吉林	2.97	2.76	3.33	4.65	4.33	3.54	5.25	2.28
安徽	4.81	4.67	5.89	5.72	5.77	5.35	5.14	0.33
湖北	5.60	4.94	6.02	5.62	5.35	4.80	4.46	1.14
辽宁	3.63	3.93	2.65	3.39	3.09	2.47	3.48	0.15
云南	2.80	2.78	2.54	2.41	2.58	3.18	3.42	0.62
广西	3.51	3.83	3.04	3.18	3.38	3.31	3.40	0.11
江西	3.65	3.99	4.17	3.76	3.49	3.49	3.37	0.28
广东	4.92	5.44	4.39	4.72*	4.42*	4.24*	3.80*	1.12*
内蒙古	1.62	1.27	1.64	2.21	2.29	2.69	3.16	1.54
贵州	2.09	2.08	1.62	1.64	2.06	2.51	2.51	0.47
陕西	2.60	2.43	2.59	2.43	1.99	2.36	2.25	0.35

续表

省（区、市）	1978 年	1980 年	1985 年	1990 年	1995 年	2000 年	2003 年	变化
山西	2.29	2.20	2.24	2.20	1.99	1.85	2.23	0.06
浙江	4.76	4.62	4.40	3.60	3.11	2.63	1.84	2.92
甘肃	1.66	1.58	1.44	1.56	1.36	1.51	1.83	0.17
新疆	1.20	1.24	1.35	1.54	1.59	1.70	1.80	0.60
福建	2.42	2.58	2.16	2.00	2.00	1.85	1.66	0.76
宁夏	0.38	0.39	0.38	0.44	0.44	0.55	0.63	0.25
天津	0.38	0.44	0.38	0.43	0.45	0.27	0.28	0.10
上海	0.85	0.60	0.58	0.55	0.48	0.38	0.23	0.62
西藏	0.17	0.16	0.14	0.14	0.16	0.21	0.22	0.05
青海	0.29	0.31	0.27	0.26	0.25	0.18	0.20	0.09
北京	0.60	0.60	0.60	0.60	0.56	0.31	0.13	0.47

注：本表根据 2003 年 29 个省（区、市）粮食产量占全国粮食总产量的比重从大到小排序；鉴于 1978～2003 年涉及海南建省以及重庆设立直辖市，为便于前后对比，将此时间段内海南粮食产量并入广东计算，将重庆粮食产量并入四川计算，即加"＊"的数据。

资料来源：根据历年《中国统计年鉴》汇总整理。

1978～2003 年，我国粮食生产整体上呈上升趋势，但由于农业政策和社会经济条件的变化，粮食生产波动幅度较大，尤其是 21 世纪初，粮食产量下降趋势明显。在这一阶段，南方地区粮食生产的优势已不突出，从粮食产量占我国粮食总产量的比重来看，下降幅度较大，尤其是江苏、湖南、湖北、广东、浙江南方 5 省这一指标明显下降，中部粮食产区逐步成为我国粮食生产的重点区域。2003 年，黄淮海粮食生产区、长江中下游粮食生产区、西南粮食生产区、东北粮食生产区成为我国最重要的四个粮食生产区，并且黄淮海粮食生产区在 20 世纪末超越了长江中下游粮食生产区，成为我国粮食生产最重要的地区。2003 年，我国粮食产量居前 13 位的省份产出的粮食占全国粮食总产量的 73.81%，和前一阶段相当，这些主要粮食产区为保障国家粮食安全做出了重要贡献。

三 2004 年以来我国粮食主产区及粮食生产情况

上一阶段后期，我国粮食产量快速下降，2003 年只有 43070 万吨，

比 20 世纪末的最高产量 51230 万吨下降了近 16%。2003 年底,财政部
在下发的《关于改革和完善农业综合开发若干政策措施的意见》中,根
据各地主要农产品的产量等重要指标首次明确了黑龙江、吉林、辽宁、
河北、内蒙古、河南、山东、湖北、湖南、江苏、江西、安徽、四川等
13 个省(区)为我国的粮食主产区。由于当时农产品价格低迷、农业税
税率高达 8.4%,一些地方出现种粮农民的利润不足以缴纳农业税费的
现象,粮农收入增长停滞甚至倒退的客观现实极大地打击了种粮积极性。
2003 年底,中共中央、国务院发布了《关于促进农民增加收入若干政策
的意见》,这是 1982~1986 年中共中央连续 5 年发布有关农业和农村工
作的一号文件之后,时隔 18 年,再次聚焦"三农",并且在第一条明确
提出,"集中力量支持粮食主产区发展粮食产业,促进种粮农民增加收
入"。2004 年之后,我国不断加大对农业的支持力度,实施了免征农业
税、种粮直补、粮食最低收购价等支持政策,调动了农民种粮积极性。
伴随一系列强农稳粮政策,我国的粮食生产能力持续恢复上升,2007 年
再次超过 5 亿吨,2013 年超过 6 亿吨,2021 年达到 6.83 亿吨创历史新
高(见图 2-4),粮食播种面积由 2003 年的 9941 万公顷恢复到 2013 年
的 11591 万公顷,2021 年达到 11763 万公顷。

图 2-4　2004~2021 年我国粮食总产量

资料来源:国家统计局统计数据,https://data. stats. gov. cn/easyquery. htm? cn = C01。

在这一阶段，我国粮食生产的区域布局发生了很大变化，从2005年开始，南方地区的粮食产量已经低于北方地区，并且南北地区的差距持续增大，到2020年我国北方地区的粮食产量占全国粮食总产量的比重已经达到59.22%，远远超过了南方地区的40.78%，这从根本上改变了我国粮食生产以南方为主的历史。中国粮食流通格局也随之发生了改变，由历史上的"南粮北调"逐步转变为"北粮南调"。东部地区的粮食产量占全国粮食总产量的比重继续下降，2020年这一指标为29.20%，较2003年下降了近5个百分点，中部地区的粮食产量占全国粮食总产量的比重进一步提高到52.55%，较2003年提高了超过9个百分点，而西部地区的粮食产量占全国粮食总产量的比重则下降为18.24%，我国粮食生产进一步向中部地区集中。

表2-5显示的是2004~2020年我国七大粮食生产区粮食产量占全国粮食总产量比重的变化。这一阶段初期，我国东北粮食生产区的粮食产量居七大粮食生产区第4位，至2020年，东北粮食生产区的粮食产量已经仅次于黄淮海粮食生产区，成为我国第二大粮食生产区，粮食产量占全国粮食总产量比重的增长幅度达到5个百分点，增长幅度最大。粮食产量占全国粮食总产量比重下降幅度较大的产区是西南粮食生产区和东南粮食生产区，其中西南粮食生产区下降了4.48个百分点，东南粮食生产区下降了3.52个百分点。2004~2020年蒙新青藏粮食生产区粮食产量占全国粮食总产量的比重上升了2.84个百分点，新中国成立以来，这一地区的粮食产量占全国粮食总产量的比重持续增长，1950年为2.45%，1977年为3.36%，2003年为5.39%，2020年为8.15%。在这一阶段，我国东南粮食生产区和西南粮食生产区粮食产量占全国粮食总产量的比重下降幅度较大，东北粮食生产区和黄淮海粮食生产区粮食生产在全国粮食生产中的地位凸显，这两个地区粮食产量占全国粮食总产量的比重接近45%，成为我国粮食生产的核心地区。

表2－5　2004～2020年我国七大粮食生产区粮食产量占全国粮食总产量的比重

单位：%，个百分点

年份	黄淮海	长江中下游	东南	西南	东北	西北	蒙新青藏
2004	22.31	19.52	12.99	17.82	15.44	6.83	5.31
2005	23.41	19.05	12.43	17.63	15.33	6.52	5.63
2010	23.83	18.66	11.50	15.43	17.60	6.52	6.45
2015	23.15	18.35	10.67	14.77	19.26	6.48	7.32
2020	24.39	17.81	9.47	13.34	20.44	6.40	8.15
变化	2.08	1.71	3.52	4.48	5.00	0.43	2.84

资料来源：根据历年《中国统计年鉴》汇总整理。

　　如表2－6所示，从各省份粮食产量占全国粮食总产量比重变化情况来看，2004～2020年粮食产量占全国粮食总产量比重增加的只有黑龙江、内蒙古、河南、新疆、山东、河北、吉林、安徽、甘肃、天津10个省（区、市），均位于我国中部和北部地区。其中增长幅度最大的是黑龙江，达到了4.87个百分点；其次为内蒙古，增长幅度为2.27个百分点。增长幅度超过0.5个百分点的只有黑龙江、内蒙古、河南、新疆、山东5个省（区），均为粮食主产区。青海、宁夏、西藏、上海、北京、山西、辽宁、海南、江西、陕西、云南、湖北、江苏、福建、重庆、贵州、浙江、广西、广东、湖南、四川等21个省（区、市）粮食产量占全国粮食总产量的比重均出现了不同程度的下降，尤其是广东、湖南、四川三省，下降幅度均超过了1个百分点，但需要注意的是，虽然湖南、四川两省粮食产量占全国粮食总产量比重下降幅度较大，但这一阶段两省粮食产量仍然居全国各省粮食产量的前10位。至2020年，黑龙江、河南、山东、安徽、吉林、河北、江苏、内蒙古、四川、湖南等10个省（区）粮食产量居全国前10位，经过这一阶段，湖北粮食产量从21世纪初期的全国前10位退出。

　　2004年以来，随着我国对农业支持力度的增大，农民种粮积极性得以提高，我国粮食生产能力逐步恢复，粮食播种面积和粮食产量均屡创

表2-6　2004~2020年我国31个省（区、市）粮食产量占全国粮食总产量的比重

单位：%，个百分点

省（区、市）	2004 年	2005 年	2010 年	2015 年	2020 年	变化
黑龙江	6.39	6.39	9.17	10.17	11.26	4.87
河南	9.07	9.47	9.95	9.76	10.20	1.12
山东	7.49	8.09	7.93	7.58	8.14	0.64
安徽	5.84	5.38	5.64	5.71	6.00	0.16
吉林	5.35	5.33	5.20	5.87	5.68	0.33
河北	5.28	5.37	5.45	5.41	5.67	0.39
江苏	6.03	5.86	5.92	5.73	5.57	0.46
内蒙古	3.21	3.43	3.95	4.55	5.47	2.27
四川	6.70	6.63	5.90	5.54	5.27	1.43
湖南	5.62	5.53	5.21	4.83	4.50	1.12
湖北	4.47	4.50	4.24	4.35	4.07	0.40
辽宁	3.66	3.61	3.23	3.22	3.49	0.17
江西	3.54	3.63	3.58	3.46	3.23	0.31
云南	3.22	3.13	2.80	3.02	2.83	0.38
新疆	1.70	1.81	2.14	2.45	2.37	0.67
山西	2.26	2.02	1.99	2.03	2.13	0.13
广西	2.98	3.07	2.58	2.45	2.05	0.93
陕西	2.22	2.15	2.13	1.97	1.90	0.31
广东	2.96	2.88	2.41	2.19	1.89	1.07
甘肃	1.72	1.73	1.75	1.88	1.80	0.08
重庆	2.44	2.41	2.12	1.86	1.62	0.82
贵州	2.45	2.38	2.04	1.90	1.58	0.87
浙江	1.78	1.68	1.41	1.21	0.90	0.87
福建	1.57	1.48	1.21	1.06	0.75	0.82
宁夏	0.62	0.62	0.65	0.60	0.57	0.05
天津	0.26	0.28	0.29	0.29	0.34	0.08
海南	0.40	0.32	0.33	0.30	0.22	0.19
青海	0.19	0.19	0.19	0.17	0.16	0.03
西藏	0.20	0.19	0.17	·0.16	0.15	0.05

省（区、市）	2004 年	2005 年	2010 年	2015 年	2020 年	变化
上海	0.23	0.22	0.22	0.18	0.14	0.09
北京	0.15	0.20	0.21	0.10	0.05	0.10

注：本表根据 2020 年 31 个省（区、市）粮食产量占全国粮食总产量的比重从大到小排序。

资料来源：根据历年《中国统计年鉴》汇总整理。

新高，粮食播种面积 2021 年达到了 11763 万公顷，粮食总产量陆续突破了 5 亿吨、6 亿吨，2021 年达到创纪录的 6.83 亿吨。我国南方地区粮食产量占全国粮食总产量的比重有了大幅下降，中部地区的黄淮海粮食生产区和东北粮食生产区成为我国的核心粮食产区，粮食生产的重心已经明显北移。粮食产量占全国粮食总产量比重居前 10 位的省份中有 7 个省份为中部省份和北方省份。2020 年，我国粮食产量居全国前 13 位的省份产出的粮食占全国粮食总产量的 78.55%，相对于 2003 年，增加了 4.74 个百分点，粮食主产区对我国的粮食供给起到了决定性保障作用。

四 对中国粮食生产格局变迁的思考

新中国成立以来，我国粮食生产格局变化明显，北方粮食主产区在全国粮食生产中的地位凸显，粮食生产的重心逐步北移，南方地区粮食供需失衡日益严重，东北地区成为我国粮食生产增长速度最快的地区和调出粮食最多的地区。主要粮食品种也呈现明显的生产地域逐步集中和北移趋势。河南小麦占到全国小麦产量的 1/4，其次是山东、安徽、湖北等省，大米主要出产于湖南、江西和黑龙江，玉米则主要出产于北方的黑龙江、吉林、辽宁和内蒙古。

历史上，我国南方地区的两广、两湖和苏浙地区是我国主要粮食产区，粮食生产在全国具有举足轻重的地位，曾有"湖广熟，天下足"的说法，长期以来，粮食流通"南粮北调"的特点非常鲜明。随着改革开放的推进，我国城镇化和工业化进程加快，全国尤其是东南沿海地区的经济发展加速，土地、水和劳动力等资源要素更多地流向比较效益更高的第二、第三产业，我国粮食生产格局逐步发生改变，粮食生产重心显著北移。新中国成立初期，广东和浙江粮食产量均居全国前10位，近年来这两个省份粮食产量在全国各省份的排名均处于下游水平，甚至2020年浙江的粮食产量占全国粮食总产量的比重已经不到1%，而黑龙江粮食产量占全国粮食总产量的比重从新中国成立初期的5%左右持续增长，到2020年黑龙江粮食产量占全国粮食总产量的比重已经超过11%，吉林粮食产量在全国的排名在新中国成立初期处于下游水平，到2020年已经进入了全国前5位。

我国区域经济发展不平衡以及地区资源禀赋差异是引发粮食生产格局变迁的主要原因。一方面，我国南部以及东南沿海省份经济发展水平和增长速度均高于中部和北部地区，这些地区农民种植经济作物，从事非农经营，外出或到乡镇企业打工、经商的机会相对较多，而农户种粮的比较效益低下，这样种粮的机会成本大大提高，从而使农民种粮的积极性下降，农民往往以从事第二、第三产业的生产活动代替粮食生产，这些地区由主要粮食产区逐步转变为主销区，并且供需平衡的缺口在逐步增大。另一方面，在工业化和城镇化进程加快的背景下，我国南方地区的耕地面积也快速减少。而位于中部和北部的黑龙江、吉林、河南、安徽等省份是工业化进程相对滞后的省份，经济发展相对较慢，农民从事非农经营的机会以及收入水平均无法与南方地区，尤其是东南沿海地区相比，同时，这些省份具有从事粮食生产的较好的土地资源禀赋，农户依然存在发展粮食生产的动力，从而使我国中部和北部省份具有发展粮食生产的比较优势，并逐步成为我国粮食生产的核心地区。

农业科技的不断进步以及国家对农业支持力度的不断加大，大大改善了我国北方地区的农业生产条件，北方地区的粮食生产效率显著提高，加速了我国粮食主产区的演变。主要粮食品种水稻、小麦和玉米不断更新换代，永久性农田以及中低产田改造面积不断增加，农田水利基础设施不断改善，大大提高了北方地区粮食单产水平。新中国刚成立时，北方地区粮食单产不到 900 公斤/公顷，现在已经超过了 6000 公斤/公顷，增长了 5.7 倍。2021 年，吉林粮食单产已经超过 7000 公斤/公顷，这一数据超过了大多数南方省份。黑龙江培育了绥粳 18、东农豆 252 等优良品种，推广了水稻旱育稀植、大豆"垄三"栽培等高产模式，粮食年产量提高到新中国成立初期的 15 倍，粮食总产量超过全国粮食总产量的 1/10，已经成为中国第一农业大省。

为保障粮食等重要农产品的有效供给，我国粮食主产区将大量的劳动力、水土资源投入农业生产，第二、第三产业空间受限、发展迟滞，以牺牲经济利益为代价给予我国工业化和城镇化进程有力支撑，产粮大省、经济弱省、财政穷省现象一直困扰着这些地区的发展。由于北方地区干旱少雨，水资源匮乏，农业灌溉用水导致北方一些地区形成巨大的"漏斗区"，经济社会发展面临的水资源压力加剧。由于施行了最严格的耕地保护制度，粮食主产区工业化、城镇化发展面临的土地需求受到抑制，往往难以兼顾国家粮食安全和地方经济社会协调发展的双重目标。

第三节　21 世纪以来中国粮食主产区农业投入和产出

"民以食为天"，农业是人类的食物之源，也是国民经济的基础，为工业部门提供了重要的原材料。作为基础性产业，农业增长是一个国家经济增长的前提和保证。人多地少、人均农业资源匮乏是我国农业发展必须面对的客观条件，但对于我们这个超过 14 亿人口的发展中大国，为保障国家的长治久安，必须对农业增长源泉进行深入分析，以采取有力举措推动农业的长期增长。

一　粮食主产区农业增长的源泉

经济学家认为，要素投入的增加以及全要素生产率的提高是经济增长的源泉,粮食主产区农业增长源自农业生产要素投入量的增加和农业TFP 的提高。投入要素主要包括劳动力、土地资源、水资源、化肥、固定资产和农业机械等,除了这些要素之外,农业技术和农业政策等非经济因素也会对粮食主产区的农业增长产生影响。发展经济学认为,在农业发展的不同阶段,影响农业增长的各种要素的地位和作用有很大差异,农业增长也具有不同的阶段性特征。在传统农业阶段,粮食主产区农业增长主要来源于要素投入的增加,农业经营模式简单粗放,农业发展水平低下,此时农业全要素生产率低下,农民处于贫穷状态。西奥多·舒尔茨(2010)认为,需要以新的生产要素和技术改造传统农业。在现代农业发展阶段,农业增长仍然要依托土地和劳动力等要素投入,而化肥等新的生产要素和农业机械、灌溉技术等现代农业技术的不断革新和推广促进了农业 TFP 的提高。

农业技术进步是以农业技术的发明、创新和扩散不断替代原有的、落后的农业技术,促进要素使用效率的改善和农业经营效率的提高。农业技术进步可以分为机械性技术进步和生物性技术进步,前者通过对农业机械进行开发改良,显著地降低劳动强度,缩短劳动时间,从而提高劳动生产率;后者通过对种子改良,对农药和化肥等生产要素的研发,对作物栽培和牲畜饲养方法的改进,从而促进农产品品质改良和单位投入要素产出效率提高,提高农业生产水平。非农部门的技术进步对农业增长也会产生促进作用,农业的规模化经营以及产业链向产前和产后延伸,离不开信息技术和运输技术的发展。

粮食主产区农业增长必然受到农业政策、农技推广和农业金融保险等外部环境的影响。首先,党和政府历来重视农业发展问题,尤其是2003 年以来,我国开始进行农业税费改革,并逐步取消了农业税。随着我国综合国力的提升,农业支持政策逐步强化,农业补贴的精准性和指向性持续提高,农田水利等基础设施的改善,农产品价格调控政策的施行,这些农业政策对于提高农民农业经营的积极性、提高农业经营效益起到了积极作用。其次，农业技术的推广一方面可以促进农业技术的普及和农业生产效率的改善，另一方面可以提高农业生产者的技能和知识水平，提升农业要素质量。最后，农业经营规模的扩大、先进的农业机械和农业技术的应用、各种要素资源的投入，均需要农业资本投入，农业经营要应对市场风险和自然风险，因此，构建多层次的农业保险体系对于实现农业稳定增长意义重大。

二 21世纪以来中国粮食主产区农业产出情况

21世纪初期，我国粮食产量曾出现过短暂滑坡，2003年粮食播种面积和粮食产量均下跌到阶段性低点，粮食播种面积只有9941万公顷，粮食产量为43070万吨。2003年底，我国政府发布了21世纪第一个中央一号文件《关于促进农民增加收入若干政策的意见》，明确提出要把解决好农业、农村、农民问题作为全党工作的重中之重。我国对农业的支持力度持续加大，农民种粮积极性迅速提高，粮食播种面积和产量得以恢复。从2003年底至今，我国政府已经连续出台了19个指导"三农"工作的一号文件。2006年全面取消农业税，2009年逐步取消了粮食主产区粮食风险基金的地方配套，建立了包括粮食直补、良种补贴、农机具购置补贴、农资综合补贴在内的农民种粮补贴制度，补贴资金的总体规模持续扩大，农业生产条件逐步改善，农业综合生产能力明显增强。

表2-7显示了2001年以来我国粮食主产区农业产出的基本情况。其中，对于农业总产值来说，以2001年为基期，按不变价格计算，我国粮食主产区农业总产值总体上呈持续上升趋势，2001年我国粮食主产区农业总产值为17136.4亿元，2004年、2008年、2011年、2015年分别突破了2万亿元、3万亿元、4万亿元、5万亿元，近年来有所波动，但幅度不大。虽然农业总产值整体上保持了稳定增长，但增速和第二、第三产业相比还有一定差距。我国粮食主产区农业总产值占全国农业总产值的比重经过了一个先增加后减少的过程，2008年达到了最大值67.95%

之后总体下降，最小值为 2020 年的 62.30%，20 年间这一指标一直处于较高水平，最大值和最小值之间相差不足 6 个百分点。

表 2 – 7　2001～2020 年我国粮食主产区农业产出情况

年份	农业总产值 （亿元）	粮食产量 （万吨）	油料产量 （万吨）	棉花产量 （万吨）	水果产量 （万吨）	肉类产量 （万吨）
2001	17136.4 （65.46）	32378.6 （71.53）	2310.8 （80.66）	352.9 （66.28）	3449.2 （51.81）	4389.7 （69.30）
2002	18034.4 （65.31）	32913.3 （72.01）	2324.5 （80.23）	239.7 （48.76）	2909.7 （41.85）	4583.8 （69.59）
2003	19233.0 （65.03）	30578.3 （71.00）	2222.7 （79.07）	290.6 （59.79）	9318.4 （64.19）	4847.2 （69.92）
2004	23211.4 （66.81）	34114.4 （72.67）	2459.3 （80.21）	407.3 （64.41）	9720.9 （63.37）	5134.2 （70.87）
2005	24791.6 （66.73）	35443.2 （73.23）	2470.2 （80.28）	343.8 （60.17）	10261.8 （63.66）	5456.7 （70.47）
2006	26173.6 （66.49）	36823.8 （74.02）	2469.2 （80.71）	408.5 （60.55）	10756.3 （62.39）	5670.8 （70.43）
2007	29264.9 （67.61）	37640.2 （75.04）	2102.7 （81.86）	415.1 （54.45）	11118.9 （61.31）	4678.5 （68.14）
2008	32951.7 （67.95）	39917.5 （75.50）	2383.7 （80.73）	401.6 （53.60）	11550.1 （60.09）	4949.5 （68.00）
2009	34332.2 （67.56）	39710.2 （74.81）	2523.9 （80.01）	348.1 （54.59）	12010.5 （58.89）	5221.7 （68.26）
2010	37944.0 （67.16）	41184.1 （75.36）	2611.6 （80.85）	316.9 （53.16）	12611.2 （58.93）	5405.0 （68.20）
2011	42111.6 （66.98）	43421.6 （76.02）	2631.7 （79.58）	337.1 （51.16）	13286.7 （58.36）	5431.3 （68.25）
2012	45172.7 （67.00）	44609.8 （75.66）	2739.5 （79.71）	300.5 （43.96）	13807.5 （57.40）	5728.3 （68.30）
2013	47530.1 （66.71）	45763.4 （76.03）	2807.6 （79.83）	253.9 （40.37）	14237.5 （56.74）	5820.3 （68.19）
2014	48767.7 （66.24）	46241.3 （76.18）	2780.6 （79.28）	230.4 （37.29）	14625.3 （55.95）	5965.9 （68.52）
2015	50036.6 （65.81）	47341.2 （76.18）	2794.9 （79.02）	195.5 （34.89）	14157.4 （51.72）	5918.0 （68.61）

年份	农业总产值 （亿元）	粮食产量 （万吨）	油料产量 （万吨）	棉花产量 （万吨）	水果产量 （万吨）	肉类产量 （万吨）
2016	50524.1 （64.73）	46776.4 （75.90）	2860.6 （78.82）	159.8 （30.16）	15476.6 （54.59）	5830.6 （68.29）
2017	47644.0 （63.59）	52138.2 （78.81）	2752.0 （79.19）	100.6 （17.80）	13323.2 （52.78）	5879.0 （67.93）
2018	47991.7 （62.95）	51768.9 （78.69）	2705.8 （78.81）	91.5 （14.99）	13358.5 （52.00）	5849.5 （67.82）
2019	50434.5 （62.37）	52371.0 （78.89）	2770.7 （79.32）	81.7 （13.87）	13833.5 （50.48）	5155.8 （66.45）
2020	54632.7 （62.30）	52597.5 （78.56）	2870.0 （80.02）	69.9 （11.83）	14200.8 （49.49）	5137.7 （66.31）

注：本表农业总产值以 2001 年为基期，以不变价格计算。括号内为各指标占全国的比重。

资料来源：根据历年《中国统计年鉴》汇总整理。

21 世纪以来，我国粮食主产区的粮食产量占全国粮食总产量的比重呈增长趋势，从 2001 年的 71.53% 增长到 2020 年的 78.56%，粮食主产区的粮食生产在国家粮食安全战略中占据了重要地位。20 年来，我国粮食主产区的粮食产量在 2003 年处于最低点，为 30578.3 万吨，从 2003 年开始，粮食主产区的粮食产量呈总体增长趋势，逐步突破了 4 万吨、5 万吨，2020 年达到了历史性的 52597.5 万吨。近几年来，我国粮食主产区粮食产量在全国粮食总产量中的比重增长，但是粮食主产区农业总产值却呈现下降趋势。

从油料产出来看，21 世纪以来，我国粮食主产区的油料产出占全国油料总产出的比重一直在 80% 上下波动，油料产量也稳中有升。粮食主产区的棉花产量及其占全国棉花总产量的比重总体上呈现下降趋势，并且下降趋势明显。2001 年粮食主产区棉花产量占全国棉花总产量的比重为 66.28%，到 2020 年这一指标下降到 11.83%，棉花产量从 352.9 万吨下降到 69.9 万吨。在这一阶段我国新疆棉花产业的质量效益快速提升，2021 年棉花总产量达 512.9 万吨，占全国的 89.5%。粮食主产区的水果产量在我国水果产业中也占有重要地位，从产量上来看，21 世纪初期经历了一个快速增长阶段，2016 年首次超过了 15000 万吨，之后有所下降，从粮食主产区水果产量占全国水果总产量的比重来看，总体上呈现下降趋势，2020 年这一指标下降到 50% 以下。从肉类产出来看，粮食主产区肉类产出多数年份在 5000 万吨以上，占全国肉类总产出的 70% 左右，一直维持在较高水平。

通过对农业主要产出序列数据进行对比，发现这些指标具有 "一升二平三降" 的特点，粮食主产区粮食产量明显增加，油料产量和肉类产量占全国的比重较为稳定，但棉花产量、水果产量以及农业总产值占全国的比重均呈下降趋势。由于粮食生产的比较效益低下，而种植经济作物可以取得较好的经济收益，粮食主产区在粮食连年增产，以及自身在国家粮食供给中的地位不断提升的情况下，农业产值占全国农业总产值的比重却在不断下降，这也说明从经济效益上来看，粮食主产区为保障国家粮食安全做出了牺牲。虽然我国采取了一些对产粮大县进行奖励的措施，但这些奖励平均到每一户、每一亩耕地上就非常有限。粮食主产区只要拿出少量的土地种植经济作物或者引进一个大型企业就可以获得更多收益。怎样利用现代农业科技提升水、农药、化肥的利用率，提高全要素生产率，促进粮食生产的提质增效，提高粮食主产区政府和农民抓粮稳粮的积极性是一个值得深入思考的问题。

表 2-8 数据显示，21 世纪以来，我国粮食主产区农林牧渔业总产值均实现了稳定增长，产业结构总体稳定，其中农业产值占农林牧渔业总产值的比重最大值为 2018 年的 56.32%，最小值为 2008 年的 49.44%，20 年间波动幅度接近 7 个百分点；而林业产值占农林牧渔业总产值的比重最大值为 2018 年的 4.13%，最小值为 2001 年的 2.88%，多数年份在 3% 左右，2017 年以来在 4% 上下波动；畜牧业产值占农林牧渔业总产值的比重波动相对较大，2018 年为 29.15%，2008 年为 39.42%，波动幅度超过了 10 个百分点；渔业产值占农林牧渔业总产值的比重基本稳定，在 9% 上下小幅波动，少数年份甚至超过 10%。总体来看，林业和渔业

产值占农林牧渔业总产值的比重较为稳定，农业和畜牧业产值占农林牧渔业总产值的比重波动幅度较大。从长期趋势来看，农林牧渔业总产业结构较为稳定。

表 2-8　2001~2020 年我国粮食主产区农林牧渔业产业结构

单位：亿元，%

年份	农业	林业	畜牧业	渔业	总产值
2001	9630.0 (56.20)	494.0 (2.88)	5528.0 (32.26)	1484.5 (8.66)	17136.5
2002	9923.8 (55.47)	536.0 (3.00)	5867.0 (32.79)	1563.2 (8.74)	17890.0
2003	9662.5 (51.95)	694.3 (3.73)	6584.1 (35.40)	1657.2 (8.91)	18598.1
2004	12118.4 (51.42)	738.1 (3.13)	8738.8 (37.08)	1973.6 (8.37)	23569.0
2005	12880.6 (51.04)	823.4 (3.26)	9243.1 (36.63)	2289.8 (9.07)	25236.9
2006	14213.7 (51.79)	888.1 (3.24)	9831.8 (35.83)	2509.7 (9.15)	27443.3
2007	16498.7 (51.80)	1050.1 (3.30)	11701.2 (36.74)	2598.5 (8.16)	31848.4
2008	18811.8 (49.44)	1190.2 (3.13)	15000.0 (39.42)	3048.8 (8.01)	38050.7
2009	20496.6 (52.24)	1300.4 (3.31)	14067.0 (35.85)	3372.7 (8.60)	39236.7
2010	24623.8 (54.91)	1361.9 (3.04)	15035.1 (33.53)	3823.8 (8.53)	44844.6
2011	27824.9 (52.97)	1615.0 (3.07)	18595.1 (35.40)	4498.7 (8.56)	52533.7
2012	30950.9 (53.55)	1834.5 (3.17)	19701.4 (34.09)	5310.9 (9.19)	57797.7
2013	33857.6 (54.33)	2062.5 (3.31)	20496.3 (32.89)	5903.4 (9.47)	62319.7
2014	35562.9 (54.66)	2274.2 (3.50)	20909.2 (32.14)	6312.1 (9.70)	65058.4

年份	农业	林业	畜牧业	渔业	总产值
2015	37164.2 (54.98)	2391.9 (3.54)	21406.1 (31.67)	6637.9 (9.82)	67600.1
2016	37341.4 (53.95)	2459.6 (3.55)	22502.9 (32.51)	6914.3 (9.99)	69218.2
2017	36328.5 (55.14)	2591.7 (3.93)	20153.0 (30.59)	6812.7 (10.34)	65885.9
2018	38017.5 (56.32)	2787.5 (4.13)	19675.2 (29.15)	7017.1 (10.40)	67497.3
2019	40268.1 (55.26)	2967.7 (4.07)	22448.7 (30.81)	7185.5 (9.86)	72870.0
2020	43734.9 (53.96)	3061.7 (3.78)	26947.5 (33.25)	7307.1 (9.02)	81051.2

注：为使数据更准确，将2003年以后的农林牧渔业总产值中专业及辅助性活动产值剔除。

资料来源：根据历年《中国统计年鉴》汇总整理。

三 21世纪以来中国粮食主产区农业投入情况

农业产出和要素投入密切相关，劳动力、土地、化肥和农业机械是农业生产的主要投入要素，下面对21世纪以来我国粮食主产区各农业生产要素投入情况进行梳理。

(一) 农作物播种总面积

由于现有各类统计年鉴中缺乏粮食主产区各省（区）耕地序列数据，本章将粮食主产区各省（区）农作物播种面积作为农业生产中土地投入的重要指标之一。图2-5显示，21世纪以来，我国粮食主产区农作物播种总面积，尽管部分年份出现了波动下滑，但总体呈上升趋势。2001年粮食主产区农作物播种面积为10497.34万公顷，2020年为11603.34万公顷，20年间增长了1106.00万公顷，年均增长率仅为0.53%，其中最小值为2003年的10325.72万公顷，最大值为2017年的11603.69万公顷。2001年以来，我国粮食主产区农作物播种面积占全国农作物播种面积的比重保持在67%以上，最小值为2008年的67.11%，最大值为 2017 年的 69.76%，20 年内波动幅度不到 3 个百分点。虽然我国实行了最严格的耕地保护制度，随着我国工业化和城镇化进程的加速，城市和工业基础设施建设不可避免要占用耕地，每年征用的农业用地在 20 万公顷左右。21 世纪以来，粮食主产区地方政府高度重视保障粮食等重要农产品的有效供给，在努力发展地方经济的同时，将大量的劳动力、水土资源投入农业生产，粮食主产区的农作物播种总面积不但没有减少，反而持续增长，从而得以兼顾保障粮食安全的重要责任。但必须意识到，中长期内，由于各种要素的稀缺性，农业生产中的土地和劳动力等各种要素供给必然呈现下降趋势，农作物播种面积等指标的增长不可持续，农业增长不能完全依赖资源要素投入的增加。

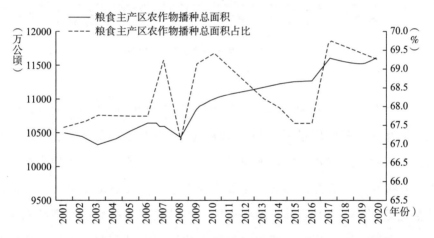

图 2-5 2001~2020 年粮食主产区农作物播种总面积及其占比

资料来源：根据历年《中国统计年鉴》计算。

（二）化肥施用量

图 2-6 显示了 21 世纪以来我国粮食主产区化肥施用量变化状况。20 年来，粮食主产区的化肥施用量从 2001 年的 2940.1 万吨经过了一个缓慢上升的过程，至 2014 年达到了最大值 4016.6 万吨，14 年里增长了 1000 余万吨，年均增长率为 2.43%，2015 年以后，我国粮食主产区的化肥施用量呈下降趋势，2020 年下降至 3490.7 万吨，累计减少 500 余万

吨，年均降低 2.77% 。粮食主产区化肥施用量占全国化肥施用量的比重呈下降趋势，2001 年占全国化肥施用量的 69.12% ，至 2020 年下降为 66.48% 。

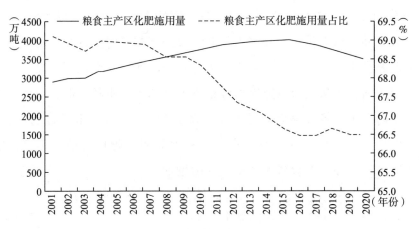

图 2 - 6　2001 ~ 2020 年粮食主产区化肥施用量及其占比

资料来源：根据历年《中国统计年鉴》计算。

2015 年 2 月，农业部印发《到 2020 年化肥使用量零增长行动方案》《到 2020 年农药使用量零增长行动方案》，全力推进化肥、农药减量增效，并取得明显成效，化肥施用量明显减少，种植业逐步实现高质量发展。各级地方政府把化肥减量增效作为推进绿色发展的重要抓手，通过减少化肥、农药等农业投入品的使用量提高农产品品质已经得到农业生产者的普遍认同。绿色生产方式加快形成，一大批节肥技术得到广泛推广应用，包括测土配方施肥、机械深耕、有机肥替代以及水肥一体化等，社会化服务组织配置专业施肥施药机械，统配统施、统防统治等专业化服务快速发展，以实现化肥、农药减量增效为目标的绿色高效技术模式正被普遍接受。毋庸置疑，中长期内，粮食主产区对化肥等农业投入品的使用将更加高效合理，化肥施用量仍会保持目前的下降趋势。

（三）农业机械总动力

图 2 - 7 显示的是 21 世纪以来我国粮食主产区农业机械总动力变化

情况。2001 年我国粮食主产区的农业机械总动力为 39278.6 万千瓦，至 2020 年这一指标达到了 77177.1 万千瓦，增长了 37898.5 万千瓦，增长近 1 倍，年均增长率达到了 3.62%，最大值为 2015 年的 79813.7 万千瓦，农业机械化水平大幅度提高。从相对数上来看，粮食主产区农业机械总动力占全国农业机械总动力的比重也一直保持在较高水平，2003 年这一指标为 69.09%，是 21 世纪以来的最低水平，2020 年这一指标达到了最大值 73.07%。"十三五"时期，我国农机总动力达到 10.56 亿千瓦，农作物耕种收综合机械率达到 71.25%，农业生产已经进入主要依靠机械动力的新阶段，农业生产条件较好的粮食主产区正在加快推进粮食生产全程机械化，目前三大主粮耕种收机械化水平已经达到 85% 左右，农业机械化和农机装备在粮食生产中起到的集成技术、节本增效、提质减损、推动规模经营作用越来越突出。根据《"十四五"全国农业机械化发展规划》，到 2025 年，全国农作物耕种收综合机械化率将达到 75%，全国粮食主产区将基本实现农业机械化。可以预见，随着我国主要农作物生产全程机械化的推进，粮食主产区的农业机械总动力仍会持续增大，为农业稳产增产贡献力量。

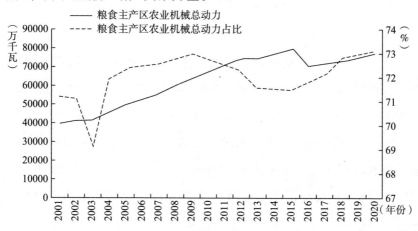

图 2-7 2001~2020 年粮食主产区农业机械总动力及其占比

资料来源：根据历年《中国统计年鉴》计算。

(四) 劳动力投入

本章将粮食主产区各省（区）第一产业就业人数作为衡量劳动力投入的指标，根据历年《中国统计年鉴》数据[①]，得到如图2-8所示的结果。进入21世纪以来，我国粮食主产区农业生产活动中劳动力投入情况具有鲜明的特征。从2001年开始，我国粮食主产区第一产业就业人数呈逐年下降趋势，2001年为20499.8万人，到2005年为18596.7万人，2010年下降到16980.0万人，2020年为10716.0万人，20年间下降了近50%，下降趋势明显。但从相对数上来看，粮食主产区第一产业就业人数占全国第一产业就业人数的比重稳定在55%左右，近年来这一比重有增大的趋势，2020年达到60.49%，也就是说和其他地区相比，粮食主产区第一产业劳动力减少的速度相对较慢。由于农业的比较效益较低，粮食主产区为了保障我国粮食等大宗农产品的有效供给，相对于主销区付出了更多的人力成本。从绝对数上来看，随着我国城镇化进程的加速推进，农村剩余劳动力源源不断地从农业部门向非农产业部门转移，与此同时，土地流转、农业机械化水平的不断提升、农业社会化服务体系的完善，也为劳动力转移创造了条件。

(五) 有效灌溉面积

图2-9显示了21世纪以来我国粮食主产区有效灌溉面积变化情况，有效灌溉面积呈现持续增长趋势，2001年为3777.9万公顷，到2020年这一数据变为4827.8万公顷，增长了1049.9万公顷，年均增长1.30%。21世纪以来，我国粮食主产区有效灌溉面积占全国有效灌溉面积的比重一直保持在较高水平，最小值为2008年的68.76%，最大值为2004年的70.36%，20年间波动范围不超过2个百分点，说明全国范围内粮食主

[①] 由于历年《中国统计年鉴》和《中国农村统计年鉴》中部分年份各省份第一产业就业人数统计数据缺失，对于缺失数据的估算，根据前后省份数据，采用插值法和线性趋势方法进行填补。

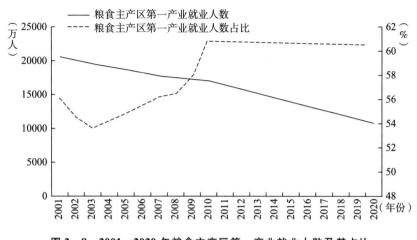

图 2 - 8　2001～2020 年粮食主产区第一产业就业人数及其占比

资料来源：根据历年《中国统计年鉴》计算。

产区的农田水利基础设施总体占优。我国对于农田水利基础建设高度重视，从 2011 年 7 月 1 日起，各个地区出让土地获得的收益，按 10% 计提农田水利建设资金，专款专用，专项用于农田水利建设，并重点向粮食主产区倾斜。截至 2020 年，全国有效灌溉面积已经达到 6916 万公顷，居世界第一位，灌区生产了全国 75% 的粮食和 90% 的经济作物。我国目前已经建成了较为完善的农田水利基础设施体系，相继建成了南水北调东线、中线一期工程等大型跨流域、跨区域调水工程，逐步形成了全国水资源配置体系，全国正在加快推进农业节水灌溉设施建设，但仍然不能过于乐观。我国目前仍有 65% 的粮食主产区缺水问题突出，困扰农业生产的瓶颈问题还没有得到根本解决，地下水的过度开采还可能会带来经济社会可持续发展问题。

从全国总体指标来看，粮食主产区的农业投入和产出具有高投入、高产出的特点。21 世纪以来，粮食主产区农作物播种面积占全国农作物播种面积的比重一直在 67% 以上，化肥施用量占全国化肥施用量的比重虽然持续下降，但 2020 年仍然达到了 66.48%，而粮食主产区农业机械总动力占全国农业机械总动力的比重 2020 年达到了 73.07%，第一产业

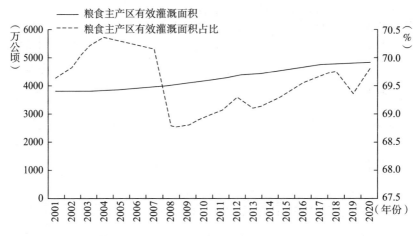

图 2 - 9 2001～2020 年粮食主产区有效灌溉面积及其占比

资料来源：根据历年《中国统计年鉴》计算。

就业人数占全国第一产业就业人数的比重 2020 年达到了 60.49%，粮食主产区各类要素投入在全国农业生产投入中一直占有较大比例。从农业产出方面来看，2020 年粮食主产区产出了全国 78.56% 的粮食、80.02% 的油料、66.31% 的肉类、49.49% 的水果，农业总产值占到全国农业总产值的 62.30%。对比粮食主产区农产品占全国农产品的比重和农业总产值占全国农业总产值的比重发现，粮食主产区对于粮食、畜产品和油料等农产品的产出贡献在农业总产值中没有得到充分体现。21 世纪以来，我国粮食主产区农林牧渔业产业结构较为稳定，其中农业产值在农林牧渔业总产值中所占的比重略有下降。

第四节 中国粮食主产区的农业供给侧结构性改革

2015 年底，我国提出了供给侧结构性改革的重大决策，这是党和政府在准确把握我国经济运行主要矛盾基础上做出的重大决策。我国经济正处于高速发展转向高质量发展的关键阶段，农业由传统农业向现代农业加速转型，重要农产品阶段性供过于求与长期性供不应求的矛盾突出，食品安全的重心已经从数量安全逐步转向质量安全，农业发展目标从解决数量不足的问题转向提高质量效益和竞争力，农业生产由生产导向向消费导向转变，高品质农产品供给能力不足现象突出。要解决人民日益增长的美好生活需要和不平衡不充分发展之间的矛盾，我国农业发展过程中最根本的问题仍然是供给侧问题，厘清了供给侧问题也就为农业高质量发展指明了方向。

一 中国粮食主产区深化供给侧结构性改革具有紧迫性

随着人民群众生活水平的提高，食物消费结构不断升级，结构性变化凸显，农业产出是否与人民群众的需求相契合逐步成为农业发展面临的首要问题。目前，我国粮食主产区粮食产量占全国粮食总产量的比重超过75%，全国80%以上的商品粮来自粮食主产区，粮食主产区成为保障我国口粮数量和质量安全的核心区域。在土地、水等资源要素约束日趋加强的情况下，粮食主产区农业发展的压力在逐步加大，结合农业发展中面临的矛盾和问题，深化粮食主产区农业供给侧结构性改革、推动粮食主产区农业高质量发展对于保障国家农产品有效供给意义重大。

我国农业供给侧结构性改革具有特殊性，其核心在于通过结构性调整，提高农业供给体系的质量和效率，在数量和质量两个方面确保农业产出能够契合消费者的需求，使农产品产地和消费地区实现无缝衔接，从而使农产品供给的结构合理、保障有力。农业供给侧结构性改革也具有一般性，我国供给侧结构性改革的五大重点任务是去产能、去库存、去杠杆、降成本、补短板，这五大重点任务对农业供给侧结构性改革也具有指导意义，但不能全部照搬。对于农业来说，应当提高产能，农业发展目前存在的问题主要是农业产出的品种、质量以及功能不适应市场需求，农业在生产成本和效益方面缺乏竞争力，农业资源利用与经济社会可持续发展不相适应。另外，农业的产业化发展，需要利用好杠杆，创新农业资源配置方式，提高配置效率。那么，农业供给侧结构性改革的重心就在去库存、降成本和补短板三个方面。

二 中国粮食主产区供给侧结构性改革的实现路径

（一）农业"去库存"

我国每年需要从国外进口大量农产品，农业资源有很大缺口。从整体上来看，农产品供给有很大的缺口，部分农产品出现过剩问题实质上是结构性问题。农业结构调整主要涉及两个方面的问题。首先是农业生产结构的调整。以玉米产业为例，过去 5 年来，通过政府措施，我国对玉米产业布局进行了调整和优化，重点对"镰刀弯"地区、荒漠化地区、石漠化地区的玉米种植面积进行了调减，在调减过程中较好地保护了农民种粮积极性、兼顾了市场需求。近年来，国家按照市场定价、价补分离的原则，推进玉米价格形成机制。在市场机制下，粮食主产区既要考虑国家粮食安全大局，保证种植面积，又要满足种粮农民获取合理收益的诉求，责任重大。其次是对"过剩"农产品功能和流向的拓展。仍以玉米产业为例，除了调减种植面积之外，我国还可以拓展玉米功能和用途，大力拓展特种玉米和饲用玉米，提升玉米附加值，保障玉米销路；发展玉米加工产能，推进玉米精深加工，延伸产业链条，坚持"粮头食尾"和"农头工尾"，推动粮食产业链、价值链、供应链"三链同构"，从而实现农业提质增效，也能有效降低库存，促进资源要素的充分利用。

（二）农业"降成本"

多年来，我国粮、棉、油、糖、肉等大宗农产品的国内市场价一直高于国外同类产品配额内进口到岸税后价，甚至高于配额外进口到岸税后价，在这种情况下，我国农产品价格上涨的空间非常有限，降低农产品生产成本、增加农业经营效益就成为提高我国农产品竞争力、推进农业供给侧结构性改革的重要任务。我国粮食主产区农业生产具有单产高、成本高、国际竞争力弱的特点，在我国规模经营农户中人力成本和土地租金增长幅度较大。

一是以农户家庭经营为基础，实现农业适度规模经营。实践表明，我国农业的规模经营有两条路径，即通过单个经营主体不断扩大经营规模或通过农业社会化服务体系实现规模经营。一方面，由于粮食主产区的农业生产以保障国家粮食有效供给为首要责任，在经营主体方面为了获取商业利润，公司经营或商业资本经营均不可取，只有坚持家庭经营的基础性地位，才能够有效降低农业劳动成本，保证粮食主产区农业生产有序开展，最大限度地实现适度规模经济。适度规模经营要与家庭成员的劳动能力和管理能力相适应，要实现较高的土地产出率、劳动生产率和资源利用率，确保种粮农民能够达到城镇居民的平均收入水平。另一方面，要通过完善的农业社会化服务体系，促进家庭农场、经营大户和农民合作社的联合，实现农户农业生产程序的组织化和合作化，从而降低农业生产成本，达到规模经济效益。

二是以农业科技进步和农业发展方式转变降低农业生产成本，提升农业全要素生产率。在粮食主产区，要大力发展资源节约型技术和劳动节约型技术，提高资源利用率和劳动产出率，从而降低农业资源要素成本。此外，要通过转变农业发展方式实现农业资源优化配置，以农业生产的专业化、规模化和集约化提升农业全要素生产率，从而降低农业经营成本。家庭农场等农业经营主体要根据市场需求和自身禀赋条件，开展专业化经营，以专业化提高农业经营的质量和效益，通过土地适度规模经营和实施社会化服务，促进各种资本、技术、管理和装备等现代生产要素投入农业生产过程中，实现规模效益。此外，农业科技创新还涉及食品质量安全和环境保护问题。

三是处理好市场和政府的关系。坚持市场化导向，发挥市场在资源配置中的决定性作用，遵循市场规律，由市场机制来决定经营主体的发展和消亡、农地流转的价格和规模以及规模经营的组织形式，避免人为或以行政手段对农业发展进行过度干预。要正确发挥政府的作用，在市场发挥决定性作用的前提下，政府的引导和扶持起到催化剂和稳定器的作用。由于农业比较效益低下，粮食主产区农业生产又承载着国家粮食安全的重任，具有多功能性，农产品具有公共产品的属性，政府必须发挥弥补市场失灵、制定规则、维护社会公平、保障公共利益的作用，从而实现政府的职能。

（三）农业"补短板"

农业"补短板"也是我国农业供给侧结构性改革需要解决的重大问题，直接关系着农业提质增效和农业可持续发展。目前，我国粮食主产区大多为传统农区，农业发展面貌与其在我国农业中的地位极不相称，农业发展短板纷繁复杂，相对来说较为突出的是农业基础设施、质量安全和农业生态保护三个方面。

一是粮食主产区农业基础设施仍然薄弱，限制了农业现代化发展进程。国家不断加大对农业的支持力度，把支持农田水利建设摆在重要位置，农村水利基础设施有了很大的改善。但从整体上看，我国粮食主产区防洪抗旱能力仍然比较薄弱，粮食主产区每年因为旱涝灾害造成了大量的粮食损失。由于农业经营细碎化，农村集体经济发展滞后，政府农村公共服务缺位，我国农业基础设施管护不到位情况突出，水利等基础设施使用的多，维护的少。此外，与农业全产业链各环节紧密相关的农产品烘干、储藏、保鲜、集散、检测以及农业废弃物有效利用等各种设施匮乏，这些设施与农业全产业链的培育和农业可持续发展息息相关，亟待完善和健全。在政府资金投入方面，一些地区存在资金投入分散、重复建设的现象，政策的有效性不强。

二是农产品质量安全。在 2022 年中央一号文件中，"全力抓好粮食生产和重要农产品供给""强化现代农业基础支撑"等多个篇章中涉及农产品质量安全。"民以食为天，食以安为先。"随着我国经济社会的快速发展和人民生活水平的提高，人民群众日益关注食品安全问题，"舌尖上的安全"已经成为人民日益增长的美好生活需要中最基础的部分。我国每年要进口大量的农产品，除了受我国农业资源约束，国内部分农产品供给严重不足等原因之外，还有一个重要的原因就是我国部分农产品从品种和质量上还不能充分满足国内市场需求。随着农业生产标准化水平的提升、农民质量意识和消费者安全意识的增强，我国农产品质量安全水平正在逐步提高。我国农产品质量安全体系建设的目标是健全从农田到餐桌的农产品质量和食品安全监管体系，建立全程可追溯、互联共享的信息平台，健全风险监测评估和检验检测体系。

三是农业生态保护问题。我国粮食安全的资源环境约束日益加强，承载粮食生产的水土资源和环境状况不容乐观。中国拥有世界20%的人口，水资源总量仅占全球水资源总量的7%，人均水资源占有量约为世界平均水平的1/3，水资源空间分布极不均衡。进入21世纪以来，我国粮食生产的重心逐步向华北、东北迁移，由"南粮北运"转向"北粮南运"，粮食生产格局发生了很大变化。北方地区干旱少雨，水资源匮乏，农业灌溉导致地下水超采形成巨大的"漏斗区"，已经对区域粮食生产和经济社会可持续发展产生了严重的消极影响。在耕地面积难以增加的情况下，为确保粮食产量稳中有升，大量施用化肥、农药，造成土壤酸化板结、水体污染和资源浪费，高强度利用耕地的后果必然是耕地基础地力和耕地质量下降，长此以往，将给农业资源环境和生态带来损毁性的影响，粮食安全可持续发展面临极大挑战。

三　供给侧结构性改革与农业全要素生产率提升

现阶段，我国农业发展进入了新的阶段，一些新的特征凸显，主要有三个方面。首先，农业产出增长的动力正在发展转变，从拼投入、拼资源、拼环境的粗放型增长转向可持续与高质量发展，有限农业资源的永续利用受到高度重视，农业发展更加注重质量和效益。其次，农业供给侧结构性矛盾突出，表现在有效供给不足和结构性过剩并存。近年来，大豆每年从国外进口超 8000 万吨，但棉花和玉米，甚至稻谷等大宗农产品每年都有大量库存，供给矛盾突出，农业生产资源错配问题突出。最后，农业支持政策亟须转型，我国目前已经形成了较为完备的农业支持政策体系，为农业发展和农民增收提供了重要支撑，但是部分政策效应出现了边际递减。如何优化现有农业政策，为补齐农业发展短板、增强农业生产活力、促进农业高质量发展提供新的政策红利，也是现阶段需要思考的问题。

农业供给侧结构性改革的重点在于农业生产结构、产业结构和经营结构的优化，通过结构优化来引导资源要素的合理配置，促进农业高质量发展，提高农业的国际竞争力。由于农业经营的人工成本和土地租金上升，我国农产品价格居高不下，在国际市场价格竞争中处于不利地位，这就导致国内对于一些农产品的消费需求转向进口替代农产品，每年需要从国外进口大量的高粱、大麦，甚至玉米。从 2006 年起我国开始实施临时收储政策，收购的玉米却未能进入市场，库存高企，财政负担加重，后来这一政策被取消。农业供给侧结构性改革的实施，使玉米价格走向市场化，对于调整我国大宗农产品的生产结构起到了积极作用。此外，我国农业生产的总成本中人工成本所占的比重远远高于发达国家，粮食的连年丰收也付出了巨大的资源环境代价，以高投入、高产出和高废物为典型特征的"三高"型农业发展模式已经不可持续。要实现我国农业供给侧结构性改革的目标，实现农业高质量发展，提高我国农业国际竞争力，就必须千方百计地扩大 TFP 对农业增长的贡献，促进农业增长动能的转换，实现创新驱动和高质量发展。

第五节　本章小结

本章首先对我国粮食主产区的历史演变进行了梳理。近年来，我国粮食主产区粮食产量占全国粮食总产量的比重已经接近 80%，粮食主产区在国家粮食安全战略中占有重要地位。本章从区域经济发展和资源禀赋差异两方面分析了粮食生产格局变迁的原因。新中国成立以来，我国粮食生产格局变化明显，北方粮食主产区在全国粮食生产中的地位凸显，粮食生产的重心逐步北移，南方地区粮食供需失衡日益严重，东北地区成为我国粮食生产增长速度最快的地区和调出粮食最多的地区。

对于农业 TFP 及其增长的研究，不可避免地要涉及农业投入和产出，本章对 21 世纪以来我国粮食主产区农业投入和产出年度数据进行了汇总整理。对于农业投入，选取农作物播种面积、化肥施用量、农业机械总动力和第一产业就业人数等变量进行分析，对国家统计局 2002～2021 年《中国统计年鉴》中粮食主产区各省（区）的分项数据进行了加总。从全国总体指标来看，粮食主产区的农业投入和产出具有高投入、高产出的特点。在农业投入方面，农作物播种面积、化肥施用量、农业机械总动力和第一产业就业人数等变量在全国农业投入要素中均占较大比例；而在农业产出方面，粮食主产区粮食、畜产品、油料和水果产出在全国均占较大比重，尤其是粮食和油料。21 世纪以来，粮食主产区农林牧渔业的产业结构基本稳定。

我国农业供给侧结构性改革具有特殊性，其核心在于通过结构性调整，提高农业供给体系的质量和效率，在数量和质量两个方面确保农业产出能够契合消费者的需求，使农产品产地和消费地区实现无缝衔接，从而使农产品供给的结构合理、保障有力。本章探讨了我国农业供给侧结构性改革的背景和目标，从去库存、降成本和补短板三个方面论述了我国粮食主产区农业供给侧结构性改革的实现路径，认为提升粮食主产区农业 TFP 是实现农业供给侧结构性改革目标的必然选择。

第三章 中国粮食主产区农业全要素生产率测算与分解

经济增长理论认为，生产要素投入量增加和 TFP 增长是经济增长的来源，但由于资源具有稀缺性，中长期内生产要素投入量的增长趋势必然放缓，TFP 的提高是实现可持续增长的决定性因素。衡量增长的方法主要是看 TFP 对增长的贡献大小（李谷成、冯中朝，2010）。农业 TFP 是衡量农业经济增长绩效的重要指标，农业增长方式的转变与 TFP 对增长贡献率的提高密切相关。对农业 TFP 的测算，有助于把握农业增长的源泉和路径。2001 年，我国加入了世界贸易组织（WTO），随着城乡居民收入水平的提高和城镇化进程的推进，食品消费结构也发生了很大改变，如何满足人民日益增长的美好生活的食物需求成为中长期内中国农业发展必须面对的问题。根据前文的分析，粮食主产区是我国粮食、油料、肉类等大宗农产品的重要产地。对于粮食主产区，作为推动农业增长的主要动力，TFP 发生了怎样的演变？本章将对 2000～2020 年粮食主产区 TFP 增长进行测度，将 TFP 分解为农业技术进步和技术效率，并研究不同粮食主产区的区域差异，为后续敛散性和影响因素分析以及提出促进我国粮食主产区 TFP 增长的政策建议奠定基础。

关于 TFP 增长的各种基本测度方法，本书已经在第一章第三节进行了论述，主要包括非参数法和参数法。DEA 方法是一种以线性规划的方法解决多投入、多产出情况下决策单元的技术效率问题，通过 DEA 模型能有效判断决策单元的效率是否处于生产前沿面上，也就是说效率是否达到最优状态。在众多的非参数方法中，DEA 方法是最为常用的一种，由于不需要设定生产函数的具体形式，这就避免了函数形式设定的主观性，从而方便实现对多投入、多产出决策单元的效率评估。20 世纪 50 年代，经济学家 Malmquist 提出了 Malmquist 指数，Caves 等（1982）、Lovell 和 Pastor（1995）等一大批经济学家逐步将其应用于生产率变动的研究中。Malmquist 指数被用于研究 TFP 的动态变化，另外将 Malmquist 指数分解后，能够研究各部分对 TFP 变动的贡献，从而为科学制定促进 TFP 增长的现实政策提供实证依据。Charnes 等（1978）在其研究中把 Malmquist 指数和 DEA 理论结合，DEA-Malmquist 生产率指数成为测算 TFP 的重要工具。由于非参数法不需要设定具体的函数形式，没有严格的假定，无须进行假设检验，同时计算过程简便，众多学者在开展农业 TFP 研究的过程中选择了非参数法中的 Malmquist 指数法，但其将随机因素的影响均归入农业生产效率中，导致计算结果准确性受到影响。因此，一些学者尝试利用参数法中的随机前沿生产函数（SFA）对我国农业 TFP 进行实证分析。鉴于前文已对 TFP 测度的基本理论和方法进行了全面梳理，相关内容在本章中不再赘述。从现有研究来看，对我国农业 TFP 的测算，绝大多数研究仅限于使用非参数法或参数法中的一种方法，且未对研究结果进行深入的收敛性分析，因此本章对粮食主产区农业 TFP 的测算拟分别采用非参数法和参数法进行。

第一节　中国粮食主产区农业全要素生产率测算：
基于 SBM-GML 指数法

近年来，一些学者将 SBM 模型和 Malmquist 指数相结合，对中国农业绿色 TFP 进行测度（吕娜、朱立志，2019；纪成君、夏怀明，2020；陈燕翎等，2021）。张恒和郭翔宇（2021）利用全局 Malmquist 指数对全国各省份农业 TFP 变动情况进行了测算，杨小娟等（2021）运用非径向、非角度的 SBM 模型和 Malmquist-Luenberger 指数法对碳排放约束下农业 TFP 指数进行测算，尹朝静和高雪（2022）采用序列 MSBM-DEA 模型对我国各省份的 TFP 及其分解变动情况进行了测算，李欠男等（2020）采用双向求解的 EBM-GML 生产率指数模型对我国农业绿色 TFP 的动态演进进行了考察。相关学者结合研究问题的现实需要对经典的 DEA-Malmquist 指数模型进行了相应的改进，现有文献对我国农业 TFP 的研究具有重要的参考价值，本章拟采用 Global Malmquist 指数解决线性规划不可行或可能出现的技术退步等问题，结合 SBM 方向性距离函数，采用 SBM-Global Malmquist 生产率指数法对我国粮食主产区 2001～2020 年的农业 TFP 增长进行测算和分解，为科学评价我国粮食主产区农业增长绩效、实现农业增长方式转变、推动农业供给侧结构性改革顺利开展提供重要参考。

一　研究方法

（一）SBM 方向性距离函数模型

传统的 DEA 模型主要包括 CCR 和 BCC 模型，这两类模型是径向的，没有考虑投入产出要素的松弛性问题，从而造成 TFP 测度的准确性较差。Tone（2001）在目标函数中纳入松弛变量，提出了 SBM（Slack Based Measure）方向性距离函数模型，这一模型既考虑了非期望产出对 TFP 测度的影响，也解决了传统 DEA 模型不能解决的投入产出要素的松弛性问题。

假设有 n 个决策单元，m 种投入要素，s 种产出，投入向量为 $X = (x_{ij}) \in R^{m \times n}$，产出向量为 $Y = (y_{ij}) \in R^{s \times n}$。

对于某一特定决策单元，(x_0, y_0) 可以表示为：

$$x_0 = X\lambda + s^-, y_0 = Y\lambda - s^+$$

其中，$\lambda \geqslant 0$，$s^{-} \geqslant 0$，$s^{+} \geqslant 0$，s^{-}和s^{+}分别表示投入和产出的松弛变量。SBM 方向性距离函数模型可以表示为：

$$\min\rho = \frac{1 - \dfrac{1}{m}\displaystyle\sum_{i=1}^{m}\dfrac{s_{i}^{-}}{x_{ik}}}{1 + \dfrac{1}{s}\displaystyle\sum_{r=1}^{s}\dfrac{s_{r}^{+}}{y_{rk}}}$$

$$\text{s. t.}\begin{cases} X\lambda + s^{-} = x_{k} \\ Y\lambda - s^{+} = y_{k} \\ \lambda, s^{-}, s^{+} \geqslant 0 \end{cases}$$

其中，ρ 表示效率值，s_{i}^{-} 表示第 i 种投入的冗余，s_{r}^{+} 表示第 r 种产出的不足，λ 为调整矩阵，$X\lambda$ 表示前沿上的投入量，$Y\lambda$ 表示前沿上的产出量。SBM 模型显示，ρ 不受投入和产出变量对应单位的影响。ρ 单调递减，随着 s_{i}^{-} 和 s_{r}^{+} 的增大而减小，且 $0 < \rho \leqslant 1$，只有 $s^{-} = s^{+} = 0$ 时，$\rho = 1$，此时决策单元位于生产前沿面上。SBM 模型能够避免径向和角度选择造成的偏误，相对于传统的 DEA 模型，其对 TFP 的测度较为准确。

（二）基于 SBM 的 Global Malmquist 生产率指数

本章将对我国粮食主产区 TFP 增长进行测算，如何准确测算粮食主产区农业 TFP 是关键所在。传统的 Malmquist 生产率指数可能会出现线性无解问题，并且缺乏传递性和循环性，Global Malmquist 生产率指数不仅可以避免出现线性无解和技术倒退现象，还具有传递性。基于 SBM 的 Global Malmquist 生产率指数模型如下。

构造当期生产可能性集：

$$T_{c}^{T} = \{(x^{t}, y^{t}) \mid x^{t} \text{ 可以生产 } y^{t}\}, t = 1, 2, \cdots, T$$

定义全局生产可能性集：

$$T_{c}^{G} = \{T_{c}^{1} \cup T_{c}^{2} \cdots T_{c}^{T}\}$$

全局生产可能性集为所有当期可能性集的并集，即包含了所有观测单元的当期生产可能性集合。本章运用全局生产可能性集，根据 Global Malmquist 生产率指数的构造思路，结合 SBM 方向性距离函数，提出了非径向、非角度的基于 SBM 的 Global Malmquist 生产率指数（SBM-GML 指数）：

$$M_c^G(x^{t+1},y^{t+1},x^t,y^t) = \frac{S_c^{t+1}(x^{t+1},y^{t+1})}{S_c^t(x^t,y^t)} \times \left\{ \frac{S_c^G(x^{t+1},y^{t+1})}{S_c^{t+1}(x^{t+1},y^{t+1})} \times \frac{S_c^t(x^t,y^t)}{S_c^G(x^t,y^t)} \right\}$$

$$= \frac{E_c^{t+1}(x^{t+1},y^{t+1})}{E_c^t(x^t,y^t)} \times \left\{ \frac{S_c^G(x^{t+1},y^{t+1})/S_c^{t+1}(x^{t+1},y^{t+1})}{S_c^G(x^t,y^t)/S_c^t(x^t,y^t)} \right\}$$

$$= EC(x^{t+1},y^{t+1},x^t,y^t) \times TC(x^{t+1},y^{t+1},x^t,y^t)$$

SBM-GML 指数可以分解为技术效率变化指数（EC）和技术进步变化指数（TC）。如果 SBM-GML 指数大于 1，表示农业 TFP 有所提高，反之则表示农业 TFP 有所降低；如果 EC 指数大于 1，表示技术效率提高，反之则表示技术效率下降；如果 TC 指数大于 1，表示技术进步，反之则表示技术退步。

二 变量选择与数据处理

利用 SBM-Global Malmquist 生产率指数法对我国粮食主产区 TFP 进行测算，首先需要解决的关键问题是合理选取能够反映粮食主产区农业生产活动投入和产出状况的变量，并对变量数据进行处理和估算，这是下一步对 TFP 进行测算和分解的基础。在查阅文献的过程中，对相关学者的投入产出指标选取情况进行汇总和借鉴（见表 3-1），下文将简单介绍研究中所涉及的投入产出变量及数据处理情况。

表 3-1 近年来部分农业 TFP 测算研究中投入产出指标的选取

作者	投入变量	产出变量（期望）	产出变量（非期望）
金绍荣等（2022）	第一产业劳动力人数、播种面积、有效灌溉面积、化肥和农药施用量、农业机械总动力	农林牧渔业生产总值	—

续表

作者	投入变量	产出变量（期望）	产出变量（非期望）
罗斯炫等（2022）	第一产业从业人数、第一产业固定资本存量、农作物播种面积与水产品养殖面积之和	第一产业增加值	—
胡晨沛等（2021）	农业资本、劳动力、土地和化肥投入规模	第一产业增加值	—
张恒和郭翔宇（2021）	土地投入、劳动投入、机械动力投入、灌溉投入、化肥投入	农林牧渔业总产值	—
彭甲超等（2021）	农业机械总动力、农业固定资产投资、耕地、农药、肥料和薄膜	农林牧渔业总产值	—
张帆等（2020）	种植业从业人数、农作物播种面积、化肥施用量、有效灌溉面积和农业机械总动力	种植业总产值	—
葛鹏飞等（2018）	种植业从业人数，种植业机械总动力，农作物播种总面积，化肥、农药、农膜、农业用水总量	种植业增加值	种植业碳排放量
郭海红等（2018）	农林牧渔业从业人数，农作物播种面积，水产养殖面积，农业机械总动力，化肥、有机肥、农药、农膜使用量，有效灌溉面积，农业用电、用水量	农林牧渔业总产值	农业面源污染等标排放量、农业碳排放量
叶初升和惠利（2016）	种植业从业人数、农作物播种总面积、种植业机械总动力、有效灌溉面积、化肥施用量、农药使用量、农膜使用量	种植业总产值	TN、TP、COD、农药残留量、农膜残留量

（一）粮食主产区农业生产投入指标

1. 劳动力投入

本章采用第一产业劳动力就业人数来表示农业生产中的劳动力投入状况。农业生产中劳动力的投入情况与农业劳动力的兼业状况之间有着密切的关系，兼业程度越深，劳动力在农业生产中投入的时间就越少，应计入农业劳动力投入的数量就应该越少。此外，劳动力素质的异质性（罗斯炫等，2022）也会带来农业生产效率的差异。由于缺乏第一手数据资料，同时考虑到研究的便利性，本章直接以第一产业劳动力就业人数来代替劳动力投入情况。研究数据来自历年《中国统计年鉴》，部分年份数据缺失，采用插值法进行补充。

2. 土地投入

由于现有的各类统计年鉴中缺失全国以及各省份的耕地时间序列数据，以及在农业生产活动中复耕、弃耕、休耕等现象的存在，一年中各省份耕地的实际利用情况也会存在较大差异。本章以农作物播种面积来代替土地投入情况，这一指标可以将我国不同地区耕地的复种指数反映出来，较为准确地反映了农业生产对土地的利用情况。

3. 农业资本投入

本章以农业机械总动力和耕地灌溉面积表示农业生产活动中的农业资本投入。农业机械是指用于种植业、畜牧业、渔业、农产品初加工、农用运输和农田基本建设等活动的机械及设备，包括耕作机械、排灌机械、收获机械、农用运输机械、植物保护机械、牧业机械、林业机械、渔业机械和其他农业机械，不包括非农业生产方面所用的机械。以耕地有效灌溉面积代表农田水利基础设施的投入。

4. 化肥投入量

在农业生产活动中，除了劳动力、土地和资本外，化肥也是重要的投入要素。本章中的化肥投入量数据来自历年《中国统计年鉴》，指本年内实际用于农业生产的化肥数量，包括氮肥、磷肥、钾肥和复合肥。化肥施用量按折纯量计算。折纯量是指把氮肥、磷肥、钾肥分别按含氮、含五氧化二磷、含氧化钾的百分之百成分进行折算后的数量。复合肥按其所含主要成分折算。

（二）粮食主产区农业生产产出指标

本章选取农林牧渔业总产值作为农业生产活动的产出指标。根据2002年国民经济行业分类标准，农林牧渔业总产值中包括了农、林、牧、渔及农林牧渔服务业产值，是以货币表现的农、林、牧、渔业全部产品和对农林牧渔业生产活动进行的各种支持性服务活动的价值总量，它反映了一定时期内农林牧渔业生产总规模和总成果。为消除价格因素对农林牧渔业总产值的影响，将农林牧渔业总产值以2000年为基期进行

不变价格调整，同时为保持统计口径的一致性，将 2001 年和 2002 年[①]
《中国统计年鉴》中的农林牧渔业总产值进行了相应调整。

三 数据来源与实证结果

本章将我国粮食主产区和各粮食主产省（区）作为生产决策单元，使用 2000～2020 年我国 13 个粮食主产省（区）的面板数据，涉及河南、河北、湖南、湖北、安徽、江西、黑龙江、吉林、辽宁、江苏、山东、四川和内蒙古等 13 个省（区）。所有的原始数据均来自历年《中国统计年鉴》《中国农村统计年鉴》等官方统计数据，对于缺失数据采用插值法来补齐。我国粮食主产区农业生产投入和产出指标的描述性统计见表 3－2。

表 3－2 我国粮食主产区农业生产投入和产出指标的描述性统计

	农林牧渔业总产值	农业机械总动力	有效灌溉面积	化肥施用量	农作物播种面积	第一产业从业人员
单位	亿元	万千瓦	千公顷	万吨	千公顷	万人
观测值	273	273	273	273	273	273
均值	2779.72	4756.35	3250.72	274.28	8409.83	1250.05
中位数	2441.25	3805.10	3011.90	248.00	8197.10	997.90
标准差	1462.89	3021.04	1262.77	136.36	2786.82	695.63
最大值	6735.25	13353.00	6177.60	716.10	14910.10	3569.00
最小值	543.20	902.30	1315.10	74.80	1998.20	443.00

注：农林牧渔业总产值以 2000 年的价格水平为基础进行了调整。

根据 SBM-Global Malmquist 生产率指数的计算方法，本章采用 Max-DEA Pro 6.8 软件对样本数据进行实证分析，具体结果如表 3－3 所示。进入 21 世纪以来，我国粮食主产区农业 TFP 年均增长率达到了 4.8%，农业生产的技术效率为 100.8%，表明农业生产的技术效率以年均 0.8%

[①] 2001 年和 2002 年农林牧渔业总产值中未包含农林牧渔服务业产值，调整的做法是在《中国统计年鉴》中 2001 年和 2002 年农林牧渔业总产值原有基础上加上相应年份的农林牧渔服务业产值。

的速度在增长，增长幅度不大，其中纯技术效率为99.9%，规模效率为100.9%，而农业技术进步的年均增长率达到了4.0%，这说明粮食主产区农业 TFP 增长主要是由农业技术进步推动的。

表3-3显示，在"十五"计划、"十一五"规划、"十二五"规划和"十三五"规划时期，我国粮食主产区农业 TFP 分别以年均4.3%、5.5%、5.0%和4.5%的速度在增长，相应的农业技术进步增长速度分别为年均4.3%、6.3%、4.8%和0.8%，而技术效率年均增长率分别为0、-0.7%、0.3%和3.8%。因此，21世纪以来，我国粮食主产区农业 TFP 的增长主要是由农业技术进步带来的。

表3-3   2000~2020年我国粮食主产区农业 TFP 及其分解

时期	年份	技术效率	技术进步	纯技术效率	规模效率	农业 TFP
"十五"计划时期	2000~2001	1.020	0.993	1.025	0.995	1.013
	2001~2002	0.955	1.061	0.952	1.004	1.013
	2002~2003	1.012	1.024	0.993	1.019	1.036
	2003~2004	1.021	1.130	1.011	1.010	1.154
	2004~2005	0.991	1.008	0.985	1.006	1.000
	平均	1.000	1.043	0.993	1.007	1.043
"十一五"规划时期	2005~2006	0.972	1.038	0.964	1.008	1.008
	2006~2007	0.993	1.086	0.982	1.011	1.078
	2007~2008	0.994	1.122	0.993	1.001	1.115
	2008~2009	0.992	1.002	0.987	1.005	0.994
	2009~2010	1.013	1.066	1.015	0.998	1.080
	平均	0.993	1.063	0.988	1.005	1.055
"十二五"规划时期	2010~2011	1.000	1.088	1.013	0.987	1.089
	2011~2012	1.001	1.058	1.006	0.995	1.059
	2012~2013	1.007	1.051	1.011	0.996	1.059
	2013~2014	1.013	1.006	0.993	1.021	1.019
	2014~2015	0.991	1.035	0.968	1.024	1.026
	平均	1.003	1.048	0.998	1.005	1.050

时期	年份	技术效率	技术进步	纯技术效率	规模效率	农业 TFP
"十三五" 规划时期	2015～2016	1.052	0.988	1.034	1.017	1.039
	2016～2017	1.049	0.917	1.016	1.033	0.962
	2017～2018	1.013	1.014	1.011	1.002	1.027
	2018～2019	1.038	1.048	1.023	1.015	1.088
	2019～2020	1.037	1.070	1.009	1.028	1.110
	平均	1.038	1.008	1.018	1.019	1.045
2000～2020 年平均		1.008	1.040	0.999	1.009	1.048

在"十五"计划期间，农业 TFP 年均增长 4.3%，农业技术进步年均增长率和农业 TFP 年均增长率持平，从平均值来看，农业技术效率以及纯技术效率、规模效率在这一时期变化不大；在"十一五"规划期间，农业技术进步以年均 6.3% 的速度在增加，而农业技术效率以年均 0.7% 的速度在下降，其中纯技术效率年均下降了 1.2%，这一时期我国粮食主产区的农业 TFP 年均增长速度达到了 5.5%，是本章四个时期中增长最快的阶段；在"十二五"规划期间，农业技术进步年均增长速度达到了 4.8%，农业技术效率也呈现小幅增长趋势，农业 TFP 年均增长率也达到了 5.0%；在"十三五"规划期间，农业技术进步年均增长只有 0.8%，而农业技术效率年均增长率达到了 3.8%，农业 TFP 年均增长 4.5%，与前三个阶段不同，这一时期我国粮食主产区的农业 TFP 增长主要是由农业技术效率增长推动的。

四　21 世纪以来中国粮食主产区 TFP 时空分异

(一) 时序演化

图 3-1 显示了我国粮食主产区农业 TFP、技术进步以及技术效率的时间变化趋势。2003～2004 年粮食主产区农业 TFP 达到 1.154，增长率达到了 15.4%，为 21 世纪以来的最大增长幅度，与之相应的是当年的技术进步增长率达到了 13%；2016～2017 年粮食主产区农业 TFP 为 0.962，

增长率为 – 3.8%，为 21 世纪以来增长率的最低值，当年的农业技术进步指数仅为 0.917，技术进步增长率为 – 8.3%。从测算结果可以看出，只有 2008 ~ 2009 年以及 2016 ~ 2017 年两个时间段我国粮食主产区农业 TFP 小于 1，且 2008 ~ 2009 年为 0.994，略小于 1，其他年份均大于 1，即实现了农业 TFP 正增长。21 世纪以来，我国农业 TFP 波动幅度大，波动较为频繁，但总体上呈现持续上升趋势。

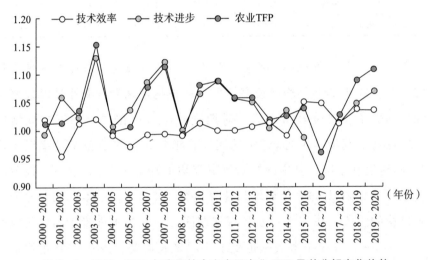

图 3 – 1　2000 ~ 2020 年我国粮食主产区农业 TFP 及其分解变化趋势

我国农业 TFP 增长有很强的阶段性特征。20 世纪末，我国农民收入连续多年徘徊不前，大宗农产品价格低迷，"谷贱伤农"，农民种粮积极性受到很大影响。魏丹等（2010）测算 1998 ~ 2000 年我国粮食 TFP 增长率为 – 5%，农业生产受到一定冲击。2004 年我国就农民增收发布了 21 世纪第一个关于"三农"问题的一号文件，开始进行减免农业税试点工作，试点对象主要是粮食主产区各省份，其中黑龙江、吉林两省免征农业税，山东、河南、河北、江西、江苏、安徽、湖南、湖北、辽宁等其他粮食主产省农业税税率降低 3 个百分点。随后，我国连续多年发布了有关"三农"问题的一号文件，随着农业税费的全面免除，农业补贴、最低收购价等一系列支持政策的深入实施，农业获得了增长动力，2003

年以后，我国农业 TFP 增速明显加快（王珏等，2010；高帆，2015），2003～2004 年成为 21 世纪以来我国农业 TFP 增长幅度最大的一年，甚至有学者测算的增速高达 22.1%（黄安胜等，2014）。本章对我国粮食主产区 TFP 的测算显示，2003 年至今，我国粮食主产区农业 TFP 增长率在 5% 左右。

从总体变化趋势来看，农业 TFP 变化趋势和农业技术进步的变化趋势存在很强的一致性，且波动幅度较大，而技术效率变化较为平稳。这说明我国粮食主产区农业 TFP 增长主要依靠技术进步推动，主要依赖生物化学、农业机械以及耕种收等新技术的研发和引进，对已有技术的消化、吸收和利用水平没有取得明显提升，农业机械总动力、耕地、劳动力和化肥等要素持续大规模投入，但没有达到较高的配置水平。

（二）区际差异

根据我国粮食主产区各地农业生产的资源禀赋条件、地理区域分布特点，将 13 个粮食主产省（区）划分为东北粮食主产区、黄淮海粮食主产区和长江流域粮食主产区，其中东北粮食主产区包括黑龙江、辽宁和吉林 3 省，黄淮海粮食主产区包括内蒙古、河北、河南、山东 4 省（区）①，长江流域粮食主产区包括江苏、安徽、湖北、湖南、江西、四川 6 省。

1. 三大粮食主产区农业 TFP 及其分解动态演变

图 3-2 显示了 21 世纪以来我国三大粮食主产区 2000～2020 年 TFP 的变化趋势。2003～2004 年三大粮食主产区的 TFP 增长均达到了最大值，其中东北粮食主产区农业 TFP 增长率为 11.4%，黄淮海粮食主产区农业 TFP 增长率为 18.5%，长江流域粮食主产区农业 TFP 增长率为

---

① 有别于姚凤阁等（2018）和姚成胜等（2020）的研究，本章将内蒙古划入黄淮海粮食主产区，传统意义上的东北地区为黑龙江、吉林和辽宁三省，而内蒙古有部分地区属于黄河流域，另外，从纬度位置上看，内蒙古有别于东北三省，农业生产的气候条件与东北三省有较大区别。

14.0%，这一时间段内 TFP 的高速增长显示了我国 2003 年开始施行的一系列农业支持政策对提高农民生产积极性、提升农业 TFP 的显著效果。图 3 - 2 显示，三大粮食主产区多数年份农业 TFP 增长率为正，其中长江流域粮食主产区农业 TFP 增长率为负的年份最多，达到了 6 个。从曲线位置关系来看，长江流域粮食主产区农业 TFP 曲线也有多年位于其他两条曲线的下方，东北粮食主产区农业 TFP 增长率为负的年份有 3 个，而黄淮海粮食主产区农业 TFP 增长率为负的年份只有 1 个，三大粮食主产区农业 TFP 指数变化轨迹具有很强的一致性。

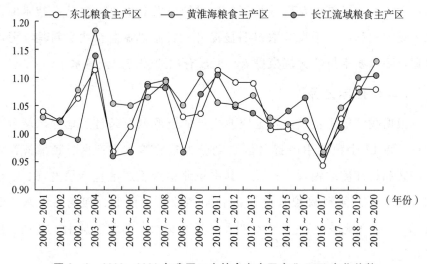

图 3 - 2　2000～2020 年我国三大粮食主产区农业 TFP 变化趋势

　　图 3 - 3 显示了 21 世纪以来我国三大粮食主产区农业技术进步变化趋势。技术进步是外生变量，在其他要素投入既定的条件下，能够对前沿面产生外推或者内移效应，因此技术进步能够决定前沿面的位置。从农业技术进步指数变化轨迹来看，21 世纪以来三大粮食主产区波动幅度均较大。21 世纪以来，这一指数的最大值为 2003～2004 年黄淮海粮食主产区的 1. 156，最小值为 2016～2017 年黄淮海粮食主产区的 0. 910。图 3 - 3 显示，黄淮海粮食主产区农业技术进步曲线多数年份位于其他两条曲线上方，也就意味着黄淮海粮食主产区的技术进步

状况多数年份要优于其他两大粮食主产区。但从三条曲线变动轨迹来看，其具有共升共降的特点，最低点均位于 2016～2017 年。对比图 3-2 中的 TFP 指数曲线可以发现，从变化轨迹来看，三大粮食主产区的 TFP 曲线和农业技术进步变化轨迹也具有较强的一致性，说明农业 TFP 变动受农业技术进步的影响较大，农业 TFP 增长具有由技术进步驱动的特征。

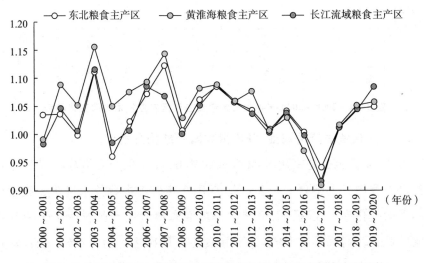

图 3-3　2000～2020 年我国三大粮食主产区农业技术进步变化趋势

图 3-4 显示了 21 世纪以来我国三大粮食主产区的技术效率变动趋势。技术效率反映了每个决策单元投入产出的合理性，取决于每个决策单元和有效生产前沿面之间距离的远近，是 TFP 短期变动的来源。图 3-4 显示，三大粮食主产区技术效率指数的变动具有很强的规律性，即技术效率指数围绕数值 1 频繁小幅波动，技术效率增长率最大值为 6.9%，最小值为 -6.0%。通过对比图 3-4 和图 3-3 以及图 3-2 发现，我国三大粮食主产区农业 TFP 变动轨迹和技术效率变动轨迹缺乏相关性，也就是说相对于技术进步，技术效率的小幅波动对农业 TFP 变动的影响相对较小。

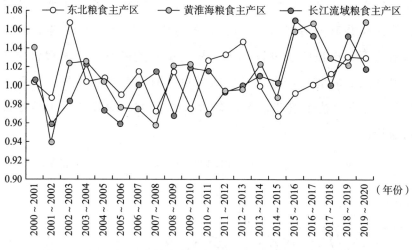

图 3 - 4　2000~2020 年我国三大粮食主产区农业技术效率变化趋势

2. 三大粮食主产区农业 TFP 指数增长结构分析

表 3 - 4 显示的是采用 SBM-Global Malmquist 生产率指数法测算的 21 世纪以来我国三大粮食主产区农业 TFP 及其分解指数技术进步、技术效率的平均变化率。在这三大区域中，黄淮海粮食主产区农业 TFP 年均增长幅度最大，达到了 6.1%，东北粮食主产区次之，为 4.6%，长江流域粮食主产区农业 TFP 年均增长幅度最小，为 3.8%。在技术进步指数方面也具有相同的特点，黄淮海粮食主产区的技术进步年均增长率达到了 5.2%，其次是东北粮食主产区的 3.6% 和长江流域粮食主产区的 3.2%。对于技术效率指数，三大粮食主产区并未有太大差距，这也充分说明 21 世纪以来我国粮食主产区以及三大粮食主产区农业技术效率均较为稳定，从整体上来看，农业 TFP 增长主要是依靠农业技术进步驱动的。

表 3 - 4　我国三大粮食主产区农业 TFP 及其分解

三大区域	农业 TFP	技术进步	技术效率
东北粮食主产区	1.046	1.036	1.009
黄淮海粮食主产区	1.061	1.052	1.010

三大区域	农业 TFP	技术进步	技术效率
长江流域粮食主产区	1.038	1.032	1.006

注：表中数据为 2000~2020 年均值

（三）省际差异

表 3-5 显示的是 2000~2020 年我国粮食主产区 13 个省（区）的年均农业 TFP 指数变化及其分解。在省级层面，21 世纪以来，我国 13 个粮食主产省（区）的农业 TFP 指数均大于 1，表明所有粮食主产省（区）农业产出效率呈现出持续增长的状态。其中，黑龙江农业 TFP 位居第一，TFP 指数为 1.068，吉林排名最后，TFP 指数为 1.026，TFP 年均增长率相差了 4.2 个百分点，不同省（区）之间农业 TFP 的差距较大。可以根据农业 TFP 指数的变化情况将我国这 13 个粮食主产省（区）分为以下三种类型。

一是农业 TFP 增长较快地区，主要包括黑龙江、河南、河北、山东和湖南，这些省份 TFP 年均增长超过了 5%。这些省份具有"三高"的特点，即农业 TFP 高、技术进步指数高和技术效率指数高，其中黑龙江农业 TFP 最高，黑龙江是我国的农业大省，具有良好的农业生产条件，在农产品尤其是粮食生产方面具有重要的战略地位，全省耕地面积占到全国耕地面积的 1/9，农业人口人均耕地超过了 10 亩，耕种收机械化水平超过了 98%，农业科技贡献率接近 70%，在农业机械化建设和规模化生产方面优势明显。TFP 增长较快的 5 个省份均为农业大省，且除湖南外均位于我国北方地区。

二是农业 TFP 增长速度中等地区，主要包括安徽、江苏、内蒙古、辽宁和江西。与 TFP 增长较快的省份对比，这些省（区）农业技术进步指数和农业技术效率指数均有不同程度的下降，但下降较为有限。

三是农业 TFP 增长较慢地区，主要包括四川、湖北和吉林。这些省份农业技术进步指数和农业技术效率指数进一步下降，农业技术效率指数接近 1，农业 TFP 指数和农业技术进步指数具有高度一致性，说明 21 世纪以来四川、湖北和吉林三省农业 TFP 增长主要是由农业技术进步驱动的。对于相应省份，提高农业 TFP 需要双管齐下，即一方面应大力推进农业科技创新，另一方面应提高农业资源的配置效率。

表 3 – 5　2000～2020 年我国粮食主产区 13 个省（区）农业 TFP 及其分解

省（区）	农业 TFP	技术进步	技术效率	TFP 排名
黑龙江	1.068	1.040	1.029	1
河南	1.064	1.049	1.017	2
河北	1.062	1.052	1.011	3
山东	1.060	1.054	1.007	4
湖南	1.052	1.035	1.016	5
安徽	1.043	1.035	1.008	6
江苏	1.042	1.036	1.007	7
内蒙古	1.041	1.052	0.990	8
辽宁	1.034	1.034	1.000	9
江西	1.030	1.028	1.004	10
四川	1.028	1.028	1.000	11
湖北	1.026	1.027	1.000	12
吉林	1.026	1.031	0.991	13

第二节　中国粮食主产区农业全要素生产率测算：基于 SFA 方法

正如前文所述，非参数法具有诸多的优点，但其将随机因素的影响均归入农业生产效率中，会导致计算结果准确性受到影响。因此，一些学者尝试利用参数法中的随机前沿生产函数（SFA）对我国农业 TFP 进行实证分析。例如，史常亮等（2016）将固定效应 SFA 模型和 Malmquist 生产率指数相结合，对中国各省份的农业 TFP 进行测算；揭懋汕等（2016）利用 SFA 方法对我国县域农业生态 TFP 及其分解项进行研究；刘霞婷等（2022）根据省级面板数据，利用随机前沿生产函数模型测算农业 TFP 的增长，并基于 Log（t）回归的 PS 收敛检验分析累计农业 TFP 增长的收敛性。众多学者利用 SFA 方法对农业 TFP 进行测算，得到了众多有价值的研究结论，也为本章带来了有益启示。鉴于第一章第三节已经对 SFA 方法进行了论述，在此不再赘述。下文将采用随机前沿生产函数模型对我国粮食主产区农业 TFP 进行测算和分解。

一 指标选择与数据来源

在本节中，粮食主产区的农业产出变量仍选择农林牧渔业总产值，并以 2000 年的价格水平为基准对后面各年的农林牧渔业总产值进行调整，以粮食主产区第一产业从业人员数作为劳动力要素投入，以农业机械总动力作为资本要素投入，并将农作物播种面积、化肥施用量和有效灌溉面积等要素作为技术无效率的主要影响因素。所有指标对应的样本数据与前文 SBM-Global Malmquist 生产率指数法中所用数据一致，各个指标的具体含义不再赘述。

二 随机前沿生产函数设定

SFA 是利用随机前沿生产函数进行效率估计的方法，其优越性在于能够分离技术无效、统计误差和噪声的影响。但作为一种 TFP 参数估计方法，SFA 方法需要提前设定生产函数的具体形式，一些学者尝试采用柯布－道格拉斯生产函数、超越对数生产函数、不变替代弹性生产函数等形式对 TFP 进行测度和分解，在没有明确选择标准的情况下，函数形式的正确选择对合理测度 TFP 非常关键。

作为计量分析方法，SFA 将模型的误差项分解为两部分，其中一项表示随机误差，另一项表示技术无效性。通过对误差项的分解，对决策单元的技术效率做出估计，模型形式如下：

$$Y_i = x_i\beta + (v_i - u_i), i = 1, 2, \cdots, N$$

在这一模型中，i 代表决策单元的个数，Y_i 代表 i 决策单元的产出，x_i 代表 i 决策单元的投入向量，β 为待估参数向量。v_i 为随机变量，假定 $v_i \sim N(0, \sigma_v^2)$，且 v_i 独立于 u_i。u_i 为非负随机变量，表示生产的技术无效性，假定 $u_i \sim N(0, \sigma_u^2)$。$N$ 为决策单元总数。技术无效率 u_i 的影响因素可以表示为[1]：

$$u_i = \delta_0 + \delta_i z_i + w_i$$

其中，z_i 表示与技术无效相关的影响因素向量，δ_i 是待估系数，$w_i \sim N(0, \sigma^2)$，第 i 个决策单元的生产技术效率为：

$$TE = E(-u_i) = E(-z_i\delta - w_i)$$

SFA 模型起初仅适用于横截面数据，后来经过 Battese 和 Coelli（1995）对该模型的延伸，SFA 方法可以处理时间序列数据和面板数据，从而使得其应用范围大大拓展。目前，SFA 方法已经成为 TFP 测度与分解的主流方法。

与广泛使用的柯布－道格拉斯生产函数相比，超越对数生产函数模型放宽了柯布－道格拉斯生产函数中的技术中性以及产出弹性固定的假设，增加了交叉项，从而可以达到更好的模拟效果，当然，也增加了待估参数。本章采用超越对数生产函数作为基本模型，在建立模型时引入时间变量，设定的生产函数为：

---

① 利用基于面板数据的 SFA 模型分析技术非效率时有两种模型可供选择：一是技术非效率效应设定模型，对应的技术非效率方程为 $u_{it} = \delta_0 + \sum_{i=1}^{N} \delta_i z_{it}$，其中 z_{it} 代表影响技术非效率的因素，N 为影响因数的个数，δ_i 代表待估参数；二是 Battese 和 Coelli（1992）提出的时变非效率模型，$u_{it} = u_i \exp[-\eta(t-T)]$，假定 u_i 服从截断正态分布，即 $u_i \sim N^+(\mu, \sigma_u^2)$，$\eta$ 为待估参数，为技术效率的变化率。

$$\ln Y_{it} = \beta_0 + \beta_1 \ln K + \beta_2 \ln L + \beta_3 t + \beta_4 (\ln K)^2 + \beta_5 (\ln L)^2 + \beta_6 t^2 +$$
$$\beta_7 (\ln K)(\ln L) + \beta_8 t \ln K + \beta_9 t \ln L + v_{it} - u_{it}$$

在技术无效率函数中也引入时间变量:

$$u_{it} = \delta_0 + \delta_1 F + \delta_2 S + \delta_3 G + \delta_4 t$$

其中，K 表示粮食主产区农业机械总动力；L 表示粮食主产区第一产业从业人员；t 表示时间趋势，反映技术变化；F 表示化肥施用量；S 表示农作物播种面积；G 表示有效灌溉面积。v_{it} 为随机变量，假定 $v_{it} \sim$ N $(0, \sigma_v^2)$，且 v_{it} 独立于 u_{it}；u_{it} 为非负随机变量，假定 $u_{it} \sim$ N $(0, \sigma_u^2)$。待估参数包括 $\beta_0 \sim \beta_9$、$\delta_0 \sim \delta_4$，定义 $\sigma^2 = \sigma_v^2 + \sigma_u^2$，$\gamma = \sigma_u^2 / (\sigma_v^2 + \sigma_u^2)$。

三 模型设定检验

由于 SFA 方法的研究结论与模型函数形式的选择紧密相关，所以 SFA 方法遭受到一些学者的质疑，因为模型函数形式的设定决定了研究结论是否科学准确，不恰当的模型将会导致错误的结论。为保证 SFA 模型和技术无效率函数设定的适当性，本章从四个方面进行了检验：一是技术非效率是否存在；二是技术变化的存在性；三是技术进步是不是希克斯中性；四是柯布 - 道格拉斯生产函数的适用性。

通过构建似然比检验统计量 LR 来对以上四个方面进行检验，LR $=$ $-2(\ln L_0 - \ln L_1)$，$\ln L_0$ 和 $\ln L_1$ 分别表示零假设和备择假设下的对数似然函数值。如果零假设成立，则 LR $\sim \chi^2(k)$，即检验统计量服从卡方分布，其中 k 为自由度，表示约束条件的个数。确定检验水平 α 后，就可以确定检验临界值 $\chi_\alpha^2(k)$，此临界值为自由度为 k 的卡方分布的 α 分位数，如果 LR $> \chi_\alpha^2(k)$，则拒绝零假设，反之接受零假设。表 3 - 6 数据显示，经过假设检验，以上四个方面的零假设均被拒绝。也就是说，前文设定的含技术非效率项的超越对数生产函数和技术无效率函数模型是合适的，较好地拟合了样本数据，应采用最大似然估计法来进行估计。

表 3 – 6　SFA 模型假设检验结果

序号	零假设	似然函数对数值（LLF）	检验统计量（LR）	临界值 $\chi_{0.01}^{2}(k)$	检验结论
1	$H_0: r = \delta_1 = \delta_2 = \delta_3 = \delta_4 = 0$	43.44	97.21	16.81	拒绝
2	$H_0: \beta_3 = \beta_6 = \beta_8 = \beta_9 = 0$	68.87	47.26	13.28	拒绝
3	$H_0: \beta_8 = \beta_9 = 0$	81.78	21.44	9.21	拒绝
4	$H_0: \beta_7 = \beta_8 = \beta_9 = 0$	81.50	22.00	11.84	拒绝

注：无约束的对数似然值 $\ln L_1 = 92.50$，临界值对应的显著性水平是 0.01。

四　估计结果

本章采用 Frontier 4.1 计量软件对生产函数模型和技术无效率函数模型中的待估参数进行了估计，采用的估计方法是最大似然估计法。表 3 – 7 中列出了参数估计结果，生产函数模型中的待估参数除去 β_5 和 β_6 以外，其他参数估计值均达到 1% 的显著性水平。$\sigma^2 = \sigma_v^2 + \sigma_u^2$ 也达到 1% 的显著性水平，说明生产函数不能充分拟合样本数据。$\gamma = \sigma_u^2 / (\sigma_v^2 + \sigma_u^2) = 0.999$，这表示总体技术非效率中认为可控制的技术非效率占 99.9%，随机技术非效率只占 0.1%，也就是说 2000 ~ 2020 年粮食主产区技术非效率主要来自生产技术的非效率。[1]

表 3 – 7 中也列出了技术无效率函数模型中各待估参数的估计值。其中，增加化肥施用量和有效灌溉面积会提高农业生产的技术效率，增加农作物播种面积对农业生产的技术效率影响不显著。时间变量 t 对应的参数估计值达到 5% 的显著性水平，说明粮食主产区各省（区）的农业技术效率有显著的上升趋势。

---

[1] γ 越接近 1，说明总体技术非效率主要来自生产技术上的非效率；γ 越接近 0，则说明技术非效率主要来源于统计误差。

表 3 – 7　SFA 模型参数估计结果

变量	参数	估计值	t统计量	变量	参数	估计值	t统计量
生产函数				技术无效率函数			
常数项	β_0	-2.792^{***}	-2.754	常数项	δ_0	1.558^{***}	14.463
$\ln K$	β_1	-2.196^{***}	-3.438	F	δ_1	-0.0021^{***}	-6.399
$\ln L$	β_2	5.266^{***}	7.558	S	δ_2	0.000007	0.571
t	β_3	0.203^{***}	3.455	G	δ_3	-0.00009^{***}	-2.702
$(\ln K)^2$	β_4	0.398^{***}	5.782	t	δ_4	-0.01404^{**}	-2.578
$(\ln L)^2$	β_5	-0.060	-0.663				
t^2	β_6	-0.0003	-0.542				
$(\ln K)(\ln L)$	β_7	-0.560^{***}	4.146				
$t\ln K$	β_8	-0.054^{***}	-5.255				
$t\ln L$	β_9	0.044^{***}	3.626				
方差系数方程				方差系数方程			
σ^2		0.041^{***}	10.182	γ		0.999	14.880
LLF = 92.50				单边偏误似然比检验值 = 98.10			

注: *** 表示1%的显著性水平, ** 表示5%的显著性水平。

根据 SFA 模型的分析结果，我们可以得到粮食主产区农业技术进步的计算公式[①]：

$$\Delta TC_{it} = \beta_3 + 2\beta_6 t + \beta_8 \ln K_{it} + \beta_9 \ln L_{it} = 0.203 - 0.0006t - 0.054\ln K_{it} + 0.044\ln L_{it}$$

$$(3-1)$$

根据式（3-1）可以得出我国各粮食主产省（区）每年的农业技术进步变化，根据 Frontier 4.1 软件计算得出的各年各粮食主产省（区）农业生产的效率值，通过进一步换算可以得到相应的技术效率的变化值，从而最终得到我国粮食主产区农业 TFP 指数。

---

① 通过此公式可以得到农业技术进步每年的增量，因此采用 ΔTC_{it} 表示。

五 实证结果

(一) 农业 TFP 时间变化趋势

表 3 - 8 数据显示，2000 ~ 2020 年，我国粮食主产区农业 TFP 年均增长率达到了 3.85%，其中农业生产技术不断进步，年均增长率达到了 5.02%，而农业技术效率则表现为负增长，以年均 1.12% 的速度在下降。因此，21 世纪以来我国农业增长主要是由农业技术进步推动的，农业技术效率的下降在一定程度上抵消了农业技术进步对农业增长的作用。虽然具体指标数值与前文有所差别，但利用 SFA 模型得到了与 SBM-Global Malmquist 生产率指数法一致的研究结论。

表 3 - 8 2000 ~ 2020 年我国粮食主产区农业 TFP 及其分解

时期	年份	技术效率	技术进步	农业 TFP
"十五" 计划时期	2000 ~ 2001	0.9786	1.0556	1.0330
	2001 ~ 2002	0.9803	1.0548	1.0340
	2002 ~ 2003	0.9921	1.0542	1.0459
	2003 ~ 2004	1.0213	1.0539	1.0763
	2004 ~ 2005	0.9835	1.0532	1.0358
	平均	0.9912	1.0543	1.0450
"十一五" 规划时期	2005 ~ 2006	0.9832	1.0528	1.0351
	2006 ~ 2007	0.9867	1.0522	1.0382
	2007 ~ 2008	0.9878	1.0517	1.0389
	2008 ~ 2009	1.0143	1.0513	1.0663
	2009 ~ 2010	1.0034	1.0508	1.0544
	平均	0.9951	1.0518	1.0466
"十二五" 规划时期	2010 ~ 2011	0.9917	1.0503	1.0416
	2011 ~ 2012	0.9765	1.0495	1.0248
	2012 ~ 2013	0.9846	1.0489	1.0327
	2013 ~ 2014	0.9632	1.0483	1.0097

时期	年份	技术效率	技术进步	农业 TFP
"十二五" 规划时期	2014～2015	0.9920	1.0476	1.0392
	平均	0.9816	1.0489	1.0296
"十三五" 规划时期	2015～2016	0.9642	1.0470	1.0095
	2016～2017	0.9738	1.0463	1.0189
	2017～2018	0.9976	1.0458	1.0433
	2018～2019	1.0017	1.0451	1.0469
	2019～2020	1.0004	1.0446	1.0450
	平均	0.9875	1.0458	1.0327
2000～2020 年平均		0.9888	1.0502	1.0385

本部分仍将研究期间分为 4 个时期，分别为"十五"计划时期、"十一五"规划时期、"十二五"规划时期和"十三五"规划时期。虽然前文利用 SFA 模型得出的技术进步方程具有递减的特征，但在研究期间内，农业技术进步在每个时期均大于 1，而农业技术效率指数在每个时期均小于 1，也就是说每个时期都显示出农业技术效率下降的特征，具有很强的一致性。

从年度数据来看，粮食主产区农业 TFP 指数增长最大值为 7.63%，最小值为 0.95%，呈现出一定的波动性；农业技术进步一直维持在较高的水平；20 年中，农业技术效率指标大于 1 的只有 5 年，其他年份农业技术效率指标均小于 1，也就是说大多年份农业技术效率存在损失。21世纪以来，我国粮食主产区农业 TFP 增长主要来自农业技术进步，而非技术效率的改善。并且研究数据显示，当农业技术进步和农业技术效率的损失并存，我国粮食主产区对现有农业技术的推广和应用有待改进。从各个时间阶段相应指标的平均值来看，粮食主产区农业 TFP、农业技术进步以及农业技术效率指标波动幅度不大，且农业 TFP 指标有缓慢下降趋势。

一些学者在研究我国粮食主产区农业 TFP 增长时，也采用了 SFA 模型（石慧等，2008），但研究结果存在偏差，主要有以下原因：一是生产函数模型设定的差异，二是序列数据时间跨度的不同，三是对研究数据不同的处理思路。

（二）农业 TFP 空间变化分析

表 3-9 显示的是采用 SFA 方法测算的 21 世纪以来我国三大粮食主产区农业 TFP 及其分解指数技术进步、技术效率的平均变化率。在这三大区域中，黄淮海粮食主产区农业 TFP 年均增长幅度最大，达到了4.7%，东北粮食主产区次之，为 4.1%，长江流域粮食主产区农业 TFP 年均增长幅度最小，为 2.4%。在技术进步指数方面也具有相同的特点，黄淮海粮食主产区的技术进步年均增长率为 6.2%，其次是东北粮食主产区的 4.6% 和长江流域粮食主产区的 4.4%。对于技术效率指数，三大粮食主产区的均值均小于 1，其中东北粮食主产区的技术效率指数为0.996，黄淮海粮食主产区的技术效率指数为 0.986，长江流域粮食主产区的技术效率指数为 0.980。虽然具体指标的数值和前文采用 SBM-Global Malmquist 生产率指数法得到的结果存在一定差距，但仍可以得到21 世纪以来我国粮食主产区的农业 TFP 增长主要是依靠农业技术进步驱动的结论。

表 3-9　我国三大粮食主产区农业 TFP 及其分解

三大区域	农业 TFP	技术进步	技术效率
东北粮食主产区	1.041	1.046	0.996
黄淮海粮食主产区	1.047	1.062	0.986
长江流域粮食主产区	1.024	1.044	0.980

注：表中数据为 2000～2020 年均值。

图 3-5 显示的是 21 世纪以来我国 13 个粮食主产省（区）的农业TFP 指数、技术进步指数以及技术效率指数均值。从 TFP 指数来看，各粮食主产省（区）农业 TFP 均呈增长趋势，农业技术进步指数和农业TFP 指数的变化趋势有较强的一致性，且由于多数省（区）农业技术效

率小于1，因此在图3－5中显示的就是多数省（区）农业技术进步指数大于农业TFP指数，且所有省（区）的农业TFP指数以及农业技术进步指数均大于1，农业技术效率的波动没有明显规律，多数省（区）的农业技术效率均值小于1。图3－5显示，黑龙江的农业TFP指数最大，年均增长率达到了6.3％，河南和内蒙古的农业TFP指数分列第二、第三位，江苏、湖南、安徽三省的农业TFP指数居13个粮食主产省（区）的最后三位。分省指标数据和分区指标数据显示出很强的一致性，具有明显的北强南弱特征。

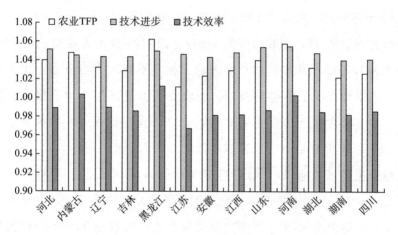

图3－5　我国13个粮食主产省（区）农业TFP及其分解指数

第三节　SBM-GML指数法和SFA方法结果对比

前文分别采用非参数法和参数法对我国粮食主产区农业及各粮食主产省（区）TFP指数进行了测度。前文实证结果显示，21世纪以来，利用SBM-Global Malmquist生产率指数法和SFA方法得到的结论在某些方面具有较强的一致性，但也存在差异。

21世纪以来，我国粮食主产区的农业TFP增长主要是由技术进步驱动的。利用SBM-Global Malmquist生产率指数法计算得到的农业技术效率指标均值为 1.008，而利用 SFA 方法得到的农业技术效率指标均值为 0.9888，两种方法得到的农业技术效率指标虽然存在一定差异，但比较接近，接近数值 1，并且波动均没有明显的规律性，说明农业技术效率指标对农业 TFP 增长趋势影响较小。从农业技术进步指数来看，利用 SBM-Global Malmquist 生产率指数法和 SFA 方法得到的均值分别为 1.040 和 1.0502，利用两种方法得到的农业技术进步均呈现快速增长趋势，农业技术进步年均增速分别达到了 4.0% 和 5.02%，利用 SFA 方法得到的农业技术进步增速比利用 SBM-Global Malmquist 生产率指数法得到的年均增速快 1.02 个百分点。从农业 TFP 指数来看，利用 SBM-Global Malmquist 生产率指数法得到的 TFP 指数均值为 1.048，而利用 SFA 方法得到的 TFP 指数均值为 1.0385，从年均增长率来看，相差不到 1 个百分点。由于农业技术效率指数在 1 上下小幅波动，而农业技术进步年均增速较快，这有力地推动了粮食主产区农业 TFP 的增长。21 世纪以来，我国粮食主产区农业 TFP 增长主要是由技术进步驱动的。

粮食主产区农业 TFP 增长具有突出的区域增长不平衡特征。利用 SBM-Global Malmquist 生产率指数法测算的粮食主产区三大区域农业 TFP 指数显示，21 世纪以来，我国黄淮海粮食主产区农业 TFP 年均增长幅度最大，达到了 6.1%，东北粮食主产区次之，为 4.6%，长江流域粮食主产区农业 TFP 指数年均增长幅度最小，为 3.8%；利用 SFA 方法测算的粮食主产区三大区域农业 TFP 指数中，黄淮海粮食主产区农业 TFP 年均增长幅度最大，达到了 4.7%，东北粮食主产区次之，为 4.1%，长江流域粮食主产区农业 TFP 年均增长幅度最小，为 2.4%。虽然利用两种方法计算的农业 TFP 指数有所差别，但具有共同的特征，即我国黄淮海粮食主产区、东北粮食主产区、长江流域粮食主产区之间农业 TFP 存在显著差距，黄淮海粮食主产区农业 TFP 增长高于东北粮食主产区、长江流域粮食主产区以及全国粮食主产区均值，而长江流域粮食主产区的 TFP 增长是这三大区域中最低的。从技术进步指数来看，两种方法均显示黄淮海粮食主产区技术进步指数最大，利用 SBM-Global Malmquist 生产率指数法测算出的为 1.052，而利用 SFA 方法测算出的为 1.062。

采用两种方法计算的相关指数也存在一些明显的差异。首先，利用 SBM-Global Malmquist 生产率指数法测算出的农业 TFP 指数和农业技术效率指数相对偏大。其次，两种方法测算的技术效率指数在省级层面的表现存在较大差异。SBM-Global Malmquist 生产率指数法的测算结果显示，只有吉林和内蒙古的农业生产是缺乏效率的，辽宁、四川和湖北农业生产效率不变，技术效率提高的省份则包括黑龙江、河南、河北、山东、湖南、安徽、江苏和江西；而 SFA 方法测算的技术效率指数则显示，只有内蒙古、黑龙江和河南三省（区）技术效率提高，其他省份的农业生产均缺乏效率，黑龙江和河南两省在利用 SBM-Global Malmquist 生产率指数法测算的技术效率指数中也处于前两位。

第四节　本章小结

农业 TFP 是衡量农业经济增长绩效的重要指标，对农业 TFP 的测算，有助于把握农业增长的源泉和路径。本章采用非参数法中的 SBM-Global Malmquist 生产率指数法以及参数法中的 SFA 方法对 2000～2020 年我国粮食主产区农业 TFP 增长进行测度，为后续开展收敛性和影响因素的研究奠定了基础。

为解决线性规划不可行或可能出现的技术退步等问题，本章采用 SBM-Global Malmquist 生产率指数法对我国粮食主产区农业 TFP 问题开展了研究。选用《中国统计年鉴》《中国农村统计年鉴》等统计资料中 2000～2020 年我国 13 个粮食主产省（区）的面板数据，选取农林牧渔业总产值作为产出指标，选取农业机械总动力、有效灌溉面积、化肥施用量、农作物播种面积和第一产业从业人员作为投入指标。实证结果显示，21 世纪以来，我国粮食主产区农业 TFP 年均增长率达到了 4.8%，农业技术进步年均增长率达到了4.0%，而技术效率年均改善0.8%。在"十五"计划、"十一五"规划、"十二五"规划和"十三五"规划时期，我国粮食主产区农业TFP分别以年均4.3%、5.5%、5.0%和4.5%的速度在增长，相应的农业技术进步增长速度分别为年均4.3%、6.3%、4.8%和0.8%，而技术效率年均增长率分别为0、-0.7%、0.3%和3.8%，我国粮食主产区农业TFP的增长受技术进步驱动明显。

从总体变化趋势来看，农业TFP变化趋势和农业技术进步的变化趋势存在很强的一致性，且波动幅度较大，而技术效率变化较为平稳。本章根据我国粮食主产区各省（区）农业生产的资源禀赋条件、地理区域分布特点，将13个粮食主产省（区）划分为东北粮食主产区、黄淮海粮食主产区和长江流域粮食主产区，对粮食主产区农业TFP增长的区域差异进行了研究。黄淮海粮食主产区农业TFP年均增长幅度最大，达到了6.1%，东北粮食主产区次之，为4.6%，长江流域粮食主产区农业TFP年均增长幅度最小，为3.8%。在技术进步指数方面也具有相同的特点，黄淮海粮食主产区的技术进步年均增长率达到了5.2%，其次是东北粮食主产区的3.6%和长江流域粮食主产区的3.2%，而三大粮食主产区的技术效率差异不明显。

根据2000～2020年我国粮食主产区13个省（区）的年均农业TFP指数变化情况，我国13个粮食主产省（区）可分为农业TFP增长较快地区、农业TFP增长速度中等地区以及农业TFP增长较慢地区。其中黑龙江、河南、河北、山东和湖南TFP年均增长超过了5%，具有农业TFP高、技术进步指数高和技术效率指数高的"三高"特点，安徽、江苏、内蒙古、辽宁和江西属于农业TFP增长速度中等地区，四川、湖北和吉林农业TFP增长较慢。

本章还采用随机前沿生产函数模型对我国粮食主产区农业TFP进行了测算和分解。以农林牧渔业总产值作为粮食主产区的农业产出变量，并以2000年为基期对农林牧渔业总产值进行了调整，以粮食主产区第一产业从业人员数作为劳动力要素投入，以农业机械总动力作为资本要素投入，并将农作物播种面积、化肥施用量和有效灌溉面积等要素作为技术无效率的主要影响因素，采用超越对数生产函数，并引入时间变量进行了实证研究。对模型设定的检验结果表明，设定的含技术非效率项的超越对数生产函数和技术无效率函数模型是合适的，较好地拟合了样本数据。

采用 SFA 模型开展的实证研究表明，21 世纪以来，我国粮食主产区农业 TFP 增长主要来自技术进步，而非技术效率的改善，与采用 SBM-Global Malmquist 生产率指数法得到的结论一致。并且研究数据显示，当农业技术进步和农业技术效率的损失并存，我国粮食主产区对现有农业技术的推广和应用有待改进。从各个时间阶段相应指数的平均值来看，粮食主产区农业 TFP、技术进步以及技术效率指数波动幅度不大，且农业 TFP 指标有缓慢下降趋势。在 4 个时期内，农业技术进步指数在每个时期均大于 1，而农业技术效率指数在每个时期均小于 1，也就是说每个时期都显示出农业技术效率下降的特征，具有很强的一致性。

在我国粮食主产区的三大区域中，黄淮海粮食主产区农业 TFP 年均增长幅度最大，达到了 4.7%，东北粮食主产区次之，为 4.1%，长江流域粮食主产区农业 TFP 年均增长幅度最小，为 2.4%。在技术进步指数方面也具有相同的特点，黄淮海粮食主产区的技术进步年均增长率为 6.2%，其次是东北粮食主产区的 4.6% 和长江流域粮食主产区的 4.4%。对于技术效率指数，三大粮食主产区的均值均小于 1，其中东北粮食主产区的技术效率指数为 0.996，黄淮海粮食主产区的技术效率指数为 0.986，长江流域粮食主产区的技术效率指数为 0.980。对于 13 个省（区）农业 TFP 指数，黑龙江的农业 TFP 指数最大，年均增长率达到了 6.3%，河南和内蒙古的农业 TFP 指数分列第二、第三位，江苏、湖南、安徽三省的农业 TFP 指数居 13 个粮食主产省（区）的最后三位，北强南弱的特征非常明显。

两种方法得到的结论具有较强的一致性，但也存在差异。第一，实证分析结果均显示，我国粮食主产区的农业 TFP 增长主要是由技术进步驱动的；第二，粮食主产区农业 TFP 增长具有突出的区域增长不平衡特征，黄淮海粮食主产区和东北粮食主产区的农业 TFP 指数均明显大于长江流域粮食主产区；第三，利用 SBM-Global Malmquist 生产率指数法测算出的农业 TFP 指数和农业技术效率指数相对偏大，并且两种方法测算的技术效率指数在省级层面的表现存在较大差异。

第四章 中国粮食主产区农业全要素生产率的收敛性分析

收敛问题一直是经济增长研究的重点内容，收敛理论源于新古典经济增长理论中不同经济体收入差距随时间变化而缩小的观点，索洛模型对落后经济体和先进经济体之间的差距随时间的变化进行了关注，基本思想为初始状态不同的经济体之间发展水平的差异会随着时间的推移逐渐缩小，从而达到一种相对稳定的状态。也就是说具有空间收敛性特征的指标随着时间变化，该指标水平较低的地区会逐步接近高水平地区，水平较低的地区该指标各子维度增长速度会高于高水平地区，因而不同地区之间会呈现一种追赶趋势。

前文的实证研究结果显示，我国粮食主产区各省（区）之间的农业TFP增长存在明显差异。这种差异是否具有收敛性？随着时间的变化，各粮食主产省（区）农业TFP增长的演化趋势如何？是否会出现新古典经济增长理论中的收敛现象？本章将对前文利用SBM-Global Malmquist生产率指数法和SFA方法得到的我国粮食主产区农业TFP增长结论进行σ收敛和β收敛检验。

第一节 农业全要素生产率收敛性分析相关文献回顾

根据长期均衡理论，不同水平的经济增长最终会趋于同一水平。对经济收敛性的研究最初主要针对产出或收入，Solow等提出新古典经济增长模型后，才逐步转向对 TFP 收敛性的研究。TFP 收敛性检验来源于经济增长收敛性检验，因此研究方法与经济增长收敛性检验基本相同。国内外有大量文献对 TFP 收敛性进行了深入研究。

Baumol（1986）通过实证分析发现，不同国家的平均劳动生产率增长和初期劳动生产率水平呈显著的负相关关系，从而确认了工业国经济增长的收敛性。Barro 和 Sala-i-Martin（1991）、Gregory 等（1992）均从不同的视角对经济增长的收敛性进行了分析，收敛检验模型与方法也经过了一个不断完善的过程。一些学者对农业 TFP 进行了测算，并研究了农业产出和 TFP 指标的收敛趋势。Alexiadis（2010）的研究证实，欧盟成员国的农业 TFP 存在绝对收敛趋势，但速度较慢，并且存在明显的俱乐部收敛。Poudel 等（2011）对美国农业 TFP 的收敛性进行检验后发现，各州之间并不存在收敛趋势。李谷成（2009d）通过面板数据的固定效应模型，发现我国农业 TFP 增长存在显著的条件 β 收敛，但不存在显著的 σ 收敛和绝对 β 收敛。石慧等（2008）研究发现，我国东部地区农业 TFP 的差距会缩小。

近年来，我国学者逐步重视对农业绿色 TFP 的测度以及对收敛性的研究。纪成君和夏怀明（2020）构建碳排放约束下的 SBM-DEA 模型对我国 2011~2016 年农业绿色 TFP 进行了测度，并采用莫兰指数法、热点分析法对农业绿色 TFP 的全局空间相关性与局部空间相关性进行分析，在此基础上进行了收敛性检验，研究发现，我国农业 TFP 呈现显著的绝对 β 收敛。陈家涛等（2021）采用变异系数和回归分析对绿色 TFP 的收敛趋势进行了检验，研究发现，在"追赶"效应下，各地市绿色 TFP 的差异呈缓慢缩小趋势。沈洋和周鹏飞（2022）基于 2000~2019 年我国省际面板数据，分别从碳汇和碳排放两个角度测度农业绿色 TFP，并进行了空间收敛性分析，研究发现，我国农业绿色 TFP 的区域差异正在缩小。刘亦文等（2021）、郭海红和刘新民（2021）、刘霞婷等（2022）也采用不同方法从不同角度对我国农业 TFP 的收敛性进行了验证。

通过对农业 TFP 收敛性研究相关文献的梳理发现，检验收敛性的研究方法日趋成熟，对收敛性问题的研究也得以深化。一些学者开始尝试采用全局莫兰指数分析空间相关性，收敛检验方法从最初的 σ 收敛检验、截面数据绝对 β 收敛检验、面板数据条件 β 收敛检验到动态空间收敛检验，检验方法越来越科学，准确度也在不断提高，得到了许多有价值的研究结论。目前，针对我国粮食主产区农业 TFP 收敛性进行系统性研究的成果还相对较少。因此，本章在利用 SBM-Global Malmquist 生产率指数法和 SFA 方法对我国粮食主产区农业 TFP 进行测算的基础上，进一步对农业 TFP 的收敛性进行系统分析。

第二节　收敛理论分析

收敛理论以经济增长理论为基础，与新古典经济增长理论以及新经济增长理论有着密切关联。新古典经济增长理论以外生技术进步为核心，认为不同国家或地区拥有不同的资本积累，技术进步率存在差异，产生了不同的劳动生产率，造成了国家或地区之间不同的经济增长水平，从而形成了区域经济增长收敛理论的基础；而新经济增长理论则是在新古典经济增长理论的基础上，以内生技术进步和规模收益递增来解释各国经济增长率的差异和经济增长的长期性，并对区域经济增长的收敛性提出了质疑。收敛的概念分为两种，第一种是绝对收敛，无论条件如何，落后国家或地区比先进国家或地区增长得更快，逐步追赶上先进国家或地区；第二种是条件收敛，这意味着在技术相同且其他条件相同的情况下，人均产出低的国家或地区的增长率要高于人均产出高的国家或地区。也就是说，当经济远离均衡状态时，其增长速度要快于接近均衡状态时的增长速度。

一　基于新古典经济增长理论的收敛理论

在新古典经济增长理论中有一些重要的假设，对收敛理论的形成起到了重要作用。一是外生技术进步假设，从外部假定了人均产出增长率，因此这一增长率与生产函数、储蓄率、折旧率以及人口增长率无关；二是规模收益不变假设，意味着人均边际资本收益递减，由于发达国家和地区人均资本量大于不发达国家或地区人均资本量，也就是说不发达国家或地区资本的边际收益高于发达国家或地区资本的边际收益，因而不发达国家或地区有着相对更快的经济增长速度；三是技术公共物品假设，所有的国家或地区有着共同的初始技术水平和增长率。根据新古典经济增长模型，可以得到如下增长方程：

$$\ln(y_{i,t}/y_{i,t-1}) = \alpha_{i,t} - (1 - e^{-\beta})\ln y_{i,t-1} + u_{i,t} \tag{4-1}$$

其中，t 表示年份，i 表示国家或地区。对于所有国家或地区，如果截距一致，且 β 大于 0，那么根据式（4-1），由于落后国家或地区基期产出较少，这些地区具有更大的增长率，也就是说基期产出越少，增长率越大。因此，相对贫穷的国家或地区比富裕的国家或地区的经济增长更快。也就是说新古典经济增长理论支持经济落后国家或地区追赶先进国家或地区的收敛假说。

新古典经济增长理论认为，经济增长差距是由制度缺陷引起的市场失灵导致的。随着市场机制的逐步完善，当生产要素可以自由流动时，由于在不发达国家或地区有着更高的边际收益，资本和劳动力等生产要素将会从发达国家或地区流向不发达国家或地区，最终使不同国家或地区要素的边际收益趋同，不同国家或地区间的人均资本存量趋于一致，长期内不同国家或地区的经济增长差距将逐步缩小，经济增长将收敛。新古典经济增长理论能够很好地解释发展中国家的经济增长率明显高于发达国家的原因。根据新古典经济增长理论，各个国家的经济增长率最终会趋于一致，但在现实中各国之间经济增长存在长期差异，新古典经济增长理论也不能合理解释作为外生变量的技术进步来自何处，一些学者认为新古典经济增长理论存在缺陷。

二 基于新经济增长理论的收敛理论

由于第二次世界大战之后国家之间出现了贫富差距持续扩大的现象，和新古典经济增长理论长期内各国经济增长差距逐步缩小的预期并不一致，一些经济学家利用新经济增长理论对这种现象进行了解释。新经济增长理论将技术进步内生化，同时将专业知识和人力资本引入模型。这一理论认为人力资本也是资本的重要组成部分，教育培训可以提高劳动者素质，从而增加人力资本，通过使用先进的设备提高知识资本，人力资本和知识资本的增加将会改善由物质资本投入导致的边际报酬递减现象，而劳动力在国际范围内表现出从低收入国家向高收入国家流动的规律。发达国家由于具有较高的人力资本水平，和欠发达国家相比，经济增长不但没有趋缓，反而加快，而经济落后国家由于人力资本欠缺，本国经济发展缓慢，甚至停滞。

新经济增长理论认为技术扩散将带动地区间技术水平的趋同，落后地区可以学习和引进发达地区的先进技术，从而有助于经济落后地区追赶发达地区，但落后地区也可能过于依赖发达地区的技术而疏于自主技术创新，导致难以缩小生产效率差距。

第三节　收敛检验方法

收敛主要分为 σ 收敛以及 β 收敛两大类，是指在封闭的经济环境下，不同经济体经济增长速度与其初期静态指标之间呈现负相关关系。相对来讲，欠发达地区具有更快的经济增长速度，从而最终赶超经济发达地区。σ 收敛是指不同指标横截面上的人均收入或产出的标准差会随着时间变化逐渐缩小，最后趋于稳态水平的现象（Sala-i-Martin，1996）。

β 收敛又分为绝对 β 收敛（Absolute Convergence）和条件 β 收敛（Conditional Convergence），其中绝对 β 收敛是无条件的，贫穷的国家具

有更快的速度，人均收入或产出趋于相同的稳态水平。众多研究发现，对于结构性差异较大的经济体，收敛到同一水平是非常困难的，更多的是趋于不同的稳态水平，资源禀赋条件相似、制度和文化背景基本一致的经济体会呈现明显的收敛趋势，Galor（1996）将这种初期经济水平接近、具有相似经济结构的经济体之间达到的收敛定义为条件 β 收敛。条件 β 收敛则认为各个经济体均有相应的一个稳态水平，这个稳态水平取决于各个经济体自身与发展相关的条件。各个经济体的发展速度取决于当前发展水平与稳态水平的差距，差距越大的经济体发展速度越快，从而有别于新古典经济增长理论中越贫穷的国家发展越快的观点，因为贫穷的国家可能囿于自身条件，稳态水平原本就比较低。

除了 σ 收敛以及 β 收敛之外，还有一个相关的概念叫俱乐部收敛（Club Convergence），其含义为：不同经济体依其初始条件差异会在发展上形成不同的俱乐部，俱乐部内部条件相似的经济体在发展上会出现收敛。下文对收敛检验方法进行梳理。

一　σ 收敛

σ 收敛通常采用发展指标在横截面上的反映离散程度的统计指标来衡量，如标准差、变异系数等，如果这一指标随时间逐步下降，那么就说明存在 σ 收敛。如果用 $Y_{i,t}$ 表示第 i 个经济体第 t 年的 GDP，N 表示经济体的个数，$\overline{Y_t}$ 表示第 t 年各经济体的 GDP 平均值，σ_t 表示第 t 年的标准差，那么 σ 收敛的检验方程为：

$$\sigma_t = \sqrt{\frac{1}{N}\sum_{i=1}^{N}(Y_{i,t} - \overline{Y_t})^2}$$

二　绝对 β 收敛

绝对 β 收敛是指在各经济体具有相同的基本经济特征的情况下，长期内各经济体人均 GDP 差距不断缩小，最终收敛于相同的稳态水平，用来考察经济增长率与初始经济发展水平之间是否存在负相关关系。借鉴 Barro 和 Sala-i-Martin（1992）、Bernard 和 Durlauf（1996）的分析思路，绝对 β 收敛的检验方程为：

$$\frac{1}{T}(\ln y_{i,t+T} - \ln y_{i,t}) = \alpha - \frac{(1 - e^{-\beta T})}{T}\ln y_{i,t} + \varepsilon_{i,t}$$

其中，i 表示第 i 个经济体，T 代表观测期长度，t 表示期初，$t+T$ 表示期末，$y_{i,t}$ 表示第 i 个经济体在期初的人均 GDP，$y_{i,t+T}$ 表示第 i 个经济体在期末的人均 GDP，$\ln y_{i,t+T} - \ln y_{i,t}$ 表示 T 时期内 GDP 的增长速度，α 表示截距，β 表示收敛系数，$\varepsilon_{i,t}$ 为随机扰动项。如果 $\beta > 0$，则表明存在绝对 β 收敛，否则不存在绝对 β 收敛。根据此检验方程可以验证落后地区对发达地区的追赶效应，以及不同经济体是否能够趋于一个共同的稳态水平。

绝对 β 收敛的速度 λ 与收敛系数 β 的关系为 $\beta = 1 - e^{-\lambda T}$。

三 条件 β 收敛

相对于绝对 β 收敛，条件 β 收敛研究的是不同经济体在各自不同的经济条件下，是否能够收敛于各自不同的稳态水平。在绝对 β 收敛检验方程的基础上，增加控制变量来描述各经济体不同的经济条件，条件 β 收敛的检验方程为：

$$\frac{1}{T}(\ln y_{i,t+T} - \ln y_{i,t}) = \alpha - \frac{(1 - e^{-\beta T})}{T}\ln y_{i,t} + \lambda X_{i,t} + \varepsilon_{i,t}$$

其中，$X_{i,t}$ 为各种控制变量，表示不同经济体存在的各种差异，其他变量和参数的含义与绝对 β 收敛检验方程相同。如果 $\beta > 0$，则表明在考虑了不同经济体的差异后，各经济体能够收敛于自身的稳态水平，即存在条件 β 收敛，否则不存在条件 β 收敛。

四 俱乐部收敛

俱乐部收敛是指一个集团中的各经济体如果有相同或类似的经济特

征，那么它们将具有相同或类似的增长路径或稳态水平，集团内部各经济体之间将存在收敛趋势，但集团之间无收敛趋势。俱乐部收敛的检验方程为：

$$\gamma_{i,t} = \alpha_1 - \alpha_2 \ln y_{i,0} + \varepsilon_{i,t}$$

其中，$\gamma_{i,t}$ 为集团 i 第 t 年人均 GDP 增长率，$y_{i,0}$ 为基期集团 i 的人均 GDP 水平，α_1 为常数项，α_2 为待估参数，$\varepsilon_{i,t}$ 为随机扰动项。若 $\alpha_2 > 0$，则集团内各经济体呈俱乐部收敛。

第四节 21 世纪以来中国粮食主产区农业全要素生产率收敛分析

第三章利用 SBM-Global Malmquist 生产率指数法和 SFA 方法进行了实证研究，对我国粮食主产区农业 TFP 进行了测算，测算结果显示，我国不同粮食主产省（区）农业 TFP 增长具有明显差异。农业 TFP 增长是否有利于各粮食主产省（区）之间农业发展水平差距的缩小？是否出现了新古典经济增长理论所预想的收敛现象？下文将分别对前文采用非参数方法和参数方法得到的我国粮食主产区农业 TFP 实证结果进行 σ 收敛检验以及 β 收敛检验。

一 σ 收敛检验

前文已经对各种收敛检验方法进行了梳理，本章选用学者们广泛运用的标准差和变异系数来验证粮食主产区农业 TFP 是否存在 σ 收敛，标准差和变异系数的计算公式为：

$$标准差：\sigma_t = \sqrt{\frac{1}{N} \sum_{i=1}^{N} (TFP_{i,t} - \overline{TFP_t})^2}$$

$$变异系数：cv_t = \sqrt{\frac{1}{N} \sum_{i=1}^{N} (TFP_{i,t} - \overline{TFP_t})^2} / \overline{TFP_t}$$

其中，σ_t 表示第 t 年的标准差，cv_t 表示第 t 年的变异系数，用 $TFP_{i,t}$ 表示我国第 i 个粮食主产省（区）第 t 年的农业 TFP 值；$\overline{TFP_t}$ 表示第 t 年各粮食主产省（区）的 TFP 平均值；$N=13$，表示我国粮食主产省（区）的个数。

（一）SBM-GML 指数法下粮食主产区农业 TFP 的 σ 收敛分析

表 4 - 1 显示的是 SBM-GML 指数法下我国粮食主产区农业 TFP 的标准差和变异系数。根据第三章测算出来的各粮食主产省（区）的农业 TFP 指标，利用前文中标准差的计算公式，我们首先可以计算出全国以及东北粮食主产区、黄淮海粮食主产区和长江流域粮食主产区农业 TFP 指标的标准差，考察其是否随着时间的变化而减小，对 σ 收敛情况进行判断，然后计算出区域农业 TFP 的变异系数进行对比。

表 4 - 1　SBM-GML 指数法下 2001～2020 年我国粮食主产区
农业 TFP 的 σ 收敛检验

年份	全国粮食主产区		东北粮食主产区		黄淮海粮食主产区		长江流域粮食主产区	
	标准差	变异系数	标准差	变异系数	标准差	变异系数	标准差	变异系数
2001	0.0461	0.0457	0.0467	0.0448	0.0425	0.0417	0.0307	0.0308
2002	0.0339	0.0337	0.0230	0.0225	0.0292	0.0286	0.0367	0.0347
2003	0.0713	0.0693	0.0361	0.0338	0.0777	0.0729	0.0514	0.0489
2004	0.0553	0.0486	0.0314	0.0283	0.0495	0.0422	0.0570	0.0498
2005	0.0596	0.0605	0.0165	0.0170	0.0079	0.0075	0.0537	0.0544
2006	0.0475	0.0476	0.0483	0.0479	0.0150	0.0144	0.0266	0.0274
2007	0.0443	0.0413	0.0258	0.0238	0.0397	0.0374	0.0519	0.0451
2008	0.0346	0.0319	0.0340	0.0310	0.0314	0.0290	0.0361	0.0352
2009	0.0603	0.0599	0.0236	0.0229	0.0328	0.0316	0.0692	0.0799
2010	0.0437	0.0408	0.0304	0.0296	0.0287	0.0259	0.0362	0.0361
2011	0.0388	0.0354	0.0356	0.0318	0.0406	0.0379	0.0279	0.0264
2012	0.0335	0.0316	0.0459	0.0422	0.0115	0.0109	0.0291	0.0294
2013	0.0698	0.0653	0.0352	0.0322	0.0108	0.0101	0.0975	0.0977
2014	0.0219	0.0216	0.0152	0.0151	0.0260	0.0254	0.0198	0.0198

年份	全国粮食主产区		东北粮食主产区		黄淮海粮食主产区		长江流域粮食主产区	
	标准差	变异系数	标准差	变异系数	标准差	变异系数	标准差	变异系数
2015	0.0274	0.0268	0.0083	0.0082	0.0313	0.0311	0.0194	0.0188
2016	0.0528	0.0507	0.0434	0.0441	0.0467	0.0450	0.0340	0.0323
2017	0.0812	0.0856	0.1378	0.1544	0.0349	0.0362	0.0443	0.0449
2018	0.0280	0.0272	0.0110	0.0106	0.0245	0.0234	0.0307	0.0309
2019	0.0570	0.0523	0.0194	0.0180	0.0386	0.0360	0.0728	0.0684
2020	0.0627	0.0565	0.0743	0.0678	0.0510	0.0453	0.0613	0.0539

资料来源：根据第三章实证分析结果整理得出。

表4-1的数据显示，2001年我国粮食主产区农业 TFP 的标准差和变异系数分别为 0.0461 和 0.0457，2020 年标准差和变异系数变为 0.0627 和 0.0565；2001 年我国东北粮食主产区农业 TFP 的标准差和变异系数分别为 0.0467 和 0.0448，2020 年标准差和变异系数变为 0.0743 和 0.0678；2001 年我国黄淮海粮食主产区农业 TFP 的标准差和变异系数分别为 0.0425 和 0.0417，2020 年标准差和变异系数变为 0.0510 和 0.0453；2001 年我国长江流域粮食主产区农业 TFP 的标准差和变异系数分别为 0.0307 和 0.0308，2020 年标准差和变异系数变为 0.0613 和 0.0539。从这几组数据来看，我国粮食主产区农业 TFP 的标准差和变异系数呈上升趋势，因此可以初步判断：我国粮食主产区农业 TFP 指标不存在 σ 收敛趋势。

为了能够更准确地对我国粮食主产区农业 TFP 指标的 σ 收敛趋势进行判断，构造两个简单的方程来进行检验：

$$\sigma = m_i + n_i t$$

$$cv = a_i + b_i t$$

其中，σ 表示标准差；cv 表示变异系数；i 代表区域类别，$i = 1$ 代表全国粮食主产区，$i = 2$ 代表东北粮食主产区，$i = 3$ 代表黄淮海粮食主产区，$i = 4$ 代表长江流域粮食主产区；t 代表时间变量，$t = 1, 2, \cdots, 20$。

当系数 $n_i > 0$、$b_i > 0$ 且通过显著性检验时，我国粮食主产区农业 TFP 差距逐步扩大，呈现发散趋势；反之，当系数 $n_i < 0$、$b_i < 0$ 且通过显著性检验时，我国粮食主产区农业 TFP 差距在逐步缩小，存在 σ 收敛趋势。对我国粮食主产区以及各区域农业 TFP 的 σ 收敛情况进行回归检验，相关的 n_i、b_i 估计值和显著性检验结果如表 4 - 2 所示。

表 4 - 2　SBM-GML 指数法下粮食主产区农业 TFP 的 σ 收敛检验结果

区域	系数	估计值	t 统计量	p 值
全国粮食主产区	n_1	0.020	0.086	0.933
	b_1	0.004	0.017	0.987
东北粮食主产区	n_2	0.222	0.965	0.347
	b_2	0.227	0.991	0.335
黄淮海粮食主产区	n_3	− 0.094	− 0.399	0.695
	b_3	− 0.086	− 0.367	0.718
长江流域粮食主产区	n_4	0.087	0.371	0.715
	b_4	0.073	0.311	0.759

表 4 - 2 显示，我国粮食主产区以及东北粮食主产区、黄淮海粮食主产区和长江流域粮食主产区农业 TFP 均没有呈现 σ 收敛趋势，从具体指标上看，也不存在发散趋势。

为更直观地显示我国粮食主产区农业 TFP 指标的标准差变化趋势，根据表 4 - 1 中的数据绘制了 2001 ~ 2020 年我国粮食主产区农业 TFP 指标的标准差散点图。图 4 - 1 显示，20 年来，我国粮食主产区农业 TFP 指标标准差变动没有明显规律，并未呈现明显的收敛或发散趋势。东北粮食主产区、黄淮海粮食主产区和长江流域粮食主产区相应的散点图不再一一绘制。

（二）SFA 方法下粮食主产区农业 TFP 的 σ 收敛分析

根据第三章利用 SFA 方法计算出的各粮食主产省（区）的农业 TFP 指标，计算全国粮食主产区、东北粮食主产区、黄淮海粮食主产区和长

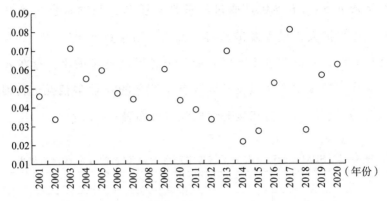

图 4 – 1　2001～2020 年我国粮食主产区农业 TFP 标准差

江流域粮食主产区农业 TFP 指标的标准差和变异系数，2001～2020 年各区域 TFP 指标标准差的变化趋势如图 4 – 2 所示。

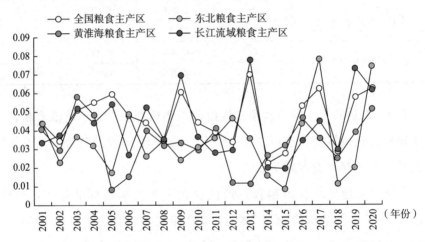

图 4 – 2　2001～2020 年 SFA 方法下我国粮食主产区农业 TFP 指标标准差变化趋势

图 4 – 2 显示，我国各大粮食主产区农业 TFP 指标标准差上下波动频繁，变化趋势缺乏规律性，没有呈现出明显的收敛或发散趋势。为更加准确地判断我国粮食主产区各区域农业 TFP 是否存在 σ 收敛趋势，我们仍通过回归分析进行检验：

$$\sigma = p_i + q_i t$$

$$cv = j_i + k_i t$$

其中，σ 表示标准差；cv 表示变异系数；i 代表区域类别，$i=1$ 代表全国粮食主产区，$i=2$ 代表东北粮食主产区，$i=3$ 代表黄淮海粮食主产区，$i=4$ 代表长江流域粮食主产区；t 代表时间变量，$t=1$，2，$\cdots$，20。

当系数 $q_i > 0$，$k_i > 0$ 且通过显著性检验时，我国粮食主产区农业 TFP 差距逐步扩大，呈现发散趋势；反之，当系数 $q_i < 0$，$k_i < 0$ 且通过显著性检验时，我国粮食主产区农业 TFP 差距在逐步缩小，存在 σ 收敛趋势。对我国粮食主产区以及各区域农业 TFP 的 σ 收敛情况进行回归检验，相关的 q_i、k_i 估计值和显著性检验结果如表 4 - 3 所示。

表 4 - 3 SFA 方法下粮食主产区农业 TFP 的 σ 收敛检验结果

区域	系数	估计值	t 统计量	p 值
全国粮食主产区	q_1	0.065	0.278	0.784
	k_1	0.053	0.235	0.733
东北粮食主产区	q_2	0.166	0.713	0.485
	k_2	0.141	0.687	0.452
黄淮海粮食主产区	q_3	0.008	0.033	0.974
	k_3	0.012	0.036	0.935
长江流域粮食主产区	q_4	0.109	0.467	0.646
	k_4	0.083	0.431	0.568

表 4 - 3 数据显示，我国粮食主产区以及东北粮食主产区、黄淮海粮食主产区和长江流域粮食主产区农业 TFP 均没有呈现 σ 收敛趋势，也不存在发散趋势。

前文对根据 SBM-Global Malmquist 生产率指数法和 SFA 方法得到的我国粮食主产区农业 TFP 进行了 σ 收敛检验，检验结果具有很强的一致性，即两种方法下粮食主产区的农业 TFP 均不存在 σ 收敛趋势。

二 绝对 β 收敛检验

为进一步验证我国粮食主产区农业 TFP 增长率是否趋于同一稳态水

平，即农业 TFP 水平较低的粮食主产省（区）对农业 TFP 水平较高的粮食主产省（区）是否存在追赶效应，下面将利用第三章根据 SBM-Global Malmquist 生产率指数法和 SFA 方法测算得到的 TFP 指标开展绝对 β 收敛检验。绝对 β 收敛检验的实质在于考察粮食主产省（区）的农业 TFP 增长率与自身的初始产出水平之间是否存在负相关关系，如果存在负相关关系，则表明存在绝对 β 收敛，即初期产出水平落后的省份 TFP 增长速度比初期领先的省份更快，前者对后者存在追赶效应，所有省份将趋于同一稳态水平。

在对 Barro 和 Sala-i-Martin（1992）、Bernard 和 Durlauf（1996）的检验模型进行适当调整后，本章采用的绝对 β 收敛检验方程如下：

$$(\ln TFP_{i,t+T} - \ln TFP_{i,t})/T = \alpha + \beta \ln TFP_{i,t} + \varepsilon_{i,t}$$

其中，$TFP_{i,t+T}$ 和 $TFP_{i,t}$ 分别代表检验期和基期第 i 个粮食主产省（区）的农业 TFP，T 为基期和检验期的时间跨度，$T = 20$，α 和 β 是待估计参数，$\varepsilon_{i,t}$ 为随机扰动项。如果 $\beta < 0$ 且通过了显著性检验，则表示我国粮食主产省（区）农业增长呈现出绝对收敛趋势，即各省（区）农业 TFP 增长速度与初期产出水平负相关。

鉴于农业产出容易受到自然条件的影响，一些年份的产出数据缺乏代表性，为尽可能地消除可能出现的异常数据的影响，本章选取 2001～2003 年各粮食主产省（区）农业 TFP 指标的平均值作为基期指标，2018～2020 年各粮食主产省（区）农业 TFP 指标的平均值作为检验期指标，首先对前文采用 SBM-Global Malmquist 生产率指数法估算的省级 TFP 指标进行了绝对 β 收敛检验。和前文 σ 收敛检验相似，绝对 β 收敛检验仍然分为全国粮食主产区、东北粮食主产区、黄淮海粮食主产区和长江流域粮食主产区四个区域，具体结果见表 4 - 4。

表 4 - 4 显示，全国粮食主产区对应的验证模型待估参数 β_1 的估计值为 0.0133，且没有通过显著性检验，因此我国粮食主产区农业 TFP 不存在绝对 β 收敛，即各粮食主产省（区）的农业发展不存在统一的稳态

水平。我国东北粮食主产区、黄淮海粮食主产区对应的验证模型待估参数 β_2 和 β_3 均大于 0，且未通过显著性检验，而长江流域粮食主产区对应的验证模型待估参数 β_4 虽然小于 0，但没有通过显著性检验。因此，对三大粮食主产区农业 TFP 的绝对 β 收敛检验证实了我国粮食主产区省际农业 TFP 并不存在绝对 β 收敛趋势，即不同粮食主产区之间没有共同的稳态水平。

表 4 - 4　SBM-GML 指数法下粮食主产区农业 TFP 绝对 β 收敛检验结果

区域	系数	估计值	t 统计量	p 值
全国粮食主产区	β_1	0.0133	0.735	0.385
东北粮食主产区	β_2	0.0217	0.673	0.428
黄淮海粮食主产区	β_3	0.0109	0.528	0.411
长江流域粮食主产区	β_4	- 0.0022	- 0.171	0.836

注：由于绝对 β 收敛检验与待估参数 β 直接相关，本表只列出参数 β 的估计值及显著性检验情况。

本章采用同一检验模型对采用 SFA 方法得到的我国粮食主产区农业 TFP 进行绝对 β 收敛检验，以 2001～2003 年各粮食主产省（区）农业 TFP 指标的平均值作为基期的观测值，以 2018～2020 年农业 TFP 指标的平均值作为检验期的观测值，参数估计结果见表 4 - 5。

表 4 - 5 显示，全国粮食主产区、东北粮食主产区、黄淮海粮食主产区以及长江流域粮食主产区对应的验证模型待估参数的估计值均大于 0，且未通过显著性检验，因此我国粮食主产区农业 TFP 不存在绝对 β 收敛，即各粮食主产省（区）的农业发展不存在统一的稳态水平。也就是说，SFA 方法测度得到的各粮食主产省（区）农业 TFP 的绝对 β 收敛检验结论与采用 SBM-Global Malmquist 生产率指数法估算的省级 TFP 指标绝对 β 收敛检验结论基本一致，这可能是由我国粮食主产区不同的农业生产条件导致的。

表 4 - 5   SFA 方法下粮食主产区农业 TFP 绝对 β 收敛检验结果

区域	系数	估计值	t 统计量	p 值
全国粮食主产区	β_1	0.0274	0.635	0.322
东北粮食主产区	β_2	0.0143	0.438	0.529
黄淮海粮食主产区	β_3	0.0067	0.127	0.725
长江流域粮食主产区	β_4	0.0114	0.231	0.538

注：由于绝对 β 收敛检验与待估参数 β 直接相关，本表只列出参数 β 的估计值及显著性检验情况。

三　条件 β 收敛检验

前文对我国粮食主产区整体以及各区域进行了 σ 收敛和绝对 β 收敛检验，从我国粮食主产区整体情况来看，农业 TFP 没有表现出 σ 收敛和绝对 β 收敛趋势，但并不能排除我国粮食主产区农业 TFP 存在条件 β 收敛的可能性。σ 收敛和绝对 β 收敛均不考虑粮食主产区自身条件的差异，而条件 β 收敛承认落后经济体与发达经济体之间发展水平差距的持续性，考察的是在各自特定经济条件下，不同的经济体能否趋于各自不同的稳态水平，即对于绝对 β 收敛，各经济体趋于相同的稳态水平，而对于条件 β 收敛，不同经济体趋于不同的稳态水平。

通过对国内外现有文献的梳理，条件 β 收敛的检验方法主要有两种。一种是采用 Barro 和 Sala-i-Martin（1992）提出的函数进行检验，在绝对 β 收敛检验模型中加入各种控制变量（见本章第二节），然后通过检验待估参数的符号来判断是否具有条件 β 收敛趋势。采用这种方法存在的主要问题是，对于控制变量的选择往往缺乏科学的标准，主观性较强，容易加入某些原本不太重要的控制变量或遗漏一些重要的控制变量，导致检验结果出现偏差。另一种是 Miller 和 Upadhyay（2002）提出的面板数据固定效应模型，利用这种方法进行条件 β 收敛检验具有诸多优点。

首先，面板数据固定效应模型不需要另外加入控制变量，这样就能够避免第一种方法控制变量选择的主观性所带来的将冗余变量引入模型

或遗漏重要变量的问题，还可以避免选择多个控制变量可能出现的多重
共线性问题、某些控制变量数据不易获取等问题。其次，利用面板数据
固定效应模型不仅可以考虑各个经济体自身特定的稳态水平，还可以兼
顾各经济体的稳态水平的时变效应。最后，采用固定效应模型可以允许
随机误差和因变量之间存在相关关系，对于研究复杂影响机制的区域经
济问题具有较大优势。因此，本章根据 Miller 和 Upadhyay（2002）的研
究方法，采用面板数据双向固定效应对我国粮食主产区以及东北粮食主
产区、黄淮海粮食主产区、长江流域粮食主产区的农业 TFP 指数进行条
件 β 收敛检验。

根据以上分析，借鉴前人的研究经验，可以构建我国粮食主产区农
业 TFP 条件 β 收敛检验的面板数据固定效应模型：

$$\ln(TFP_{i,t}/TFP_{i,t-1}) = \alpha + \beta \ln TFP_{i,t-1} + \varepsilon_{i,t}$$

其中，$t = 1，2，\cdots，20$，代表时间变量；i 代表地区变量；
$\ln(TFP_{i,t}/TFP_{i,t-1})$ 表示粮食主产区农业 TFP 的增长率；β 是模型的回
归系数。如果 $\beta < 0$ 且通过了显著性检验，则表示我国粮食主产省（区）
农业 TFP 增长呈现出条件 β 收敛趋势，第 i 个粮食主产省（区）的农业
TFP 会趋于自身的稳态水平。α 为面板数据固定效应项，对应不同粮食
主产省（区）的稳态水平。利用面板数据进行估计时，为了消除周期性
波动和偶然因素的影响，往往会把研究的时间区间划分为几个区段，以
每个区段内的农业 TFP 平均值作为各个时期的 TFP 指标。本章为了充分
利用数据，未对时间进行分段，仍然使用年度数据。

条件 β 收敛的收敛速度 λ 的计算公式为：

$$\beta = -(1 - e^{-\lambda T})$$

利用前文采用 SBM-Global Malmquist 生产率指数法估算的 2001 ~
2020 年我国 13 个粮食主产省（区）农业 TFP 指标的面板数据，根据面
板数据固定效应模型进行条件 β 收敛检验。表 4 - 6 是全国粮食主产区以

及东北粮食主产区、黄淮海粮食主产区、长江流域粮食主产区农业 TFP
条件 β 收敛检验的结果。全国以及东北粮食主产区、黄淮海粮食主产区、
长江流域粮食主产区条件收敛模型的参数 β 均通过 5% 的显著性检验，
并且所有地区的 β 估计值均小于 0。2001～2020 年全国粮食主产区农业
TFP 存在条件 β 收敛，表明对我国粮食主产区农业生产条件差异进行控
制后，粮食主产区农业 TFP 出现明显的收敛趋势，收敛速度为 1.41%[①]，
也就是说粮食主产区农业 TFP 虽然不收敛于一个共同的稳态水平，但存
在向各自的稳态水平进行收敛的趋势。从三大粮食主产区来看，东北粮
食主产区、黄淮海粮食主产区以及长江流域粮食主产区由于各自农业生
产条件的差异，具有各自不同的稳态水平，且农业 TFP 正逐步收敛于各
自的稳态水平。东北粮食主产区、黄淮海粮食主产区以及长江流域粮食
主产区也具有显著的条件 β 收敛趋势，收敛速度分别为 1.99%、1.76%、
1.12%。

表 4 - 6　SBM-GML 指数法下粮食主产区农业 TFP 条件 β
收敛检验结果

区域	系数	估计值	t 统计量	p 值
全国粮食主产区	β_1	- 0.2348	- 2.1324	0.0327
东北粮食主产区	β_2	- 0.3152	- 2.6326	0.0112
黄淮海粮食主产区	β_3	- 0.2836	- 2.3217	0.0231
长江流域粮食主产区	β_4	- 0.1913	- 1.9725	0.0486

注：由于条件 β 收敛检验与待估参数 β 直接相关，本表只列出参数 β 的估计值及显著性检验
情况。

本章采用同一检验模型对采用 SFA 方法得到的我国粮食主产区农业
TFP 进行条件 β 收敛检验，固定效应模型的估计结果见表 4 - 7。表 4 - 7
显示，东北粮食主产区、黄淮海粮食主产区对应的条件收敛检验模型的
参数 β 均通过 5% 的显著性水平检验，全国粮食主产区和长江流域粮食

[①]　根据公式 $\beta = -(1 - e^{-\lambda T})$ 计算得出。

主产区通过了 10% 的显著性水平检验，并且所有地区的 β 估计值均小于 0。2001~2020 年全国粮食主产区农业 TFP 存在条件 β 收敛，表明对我国粮食主产区农业生产条件差异进行控制后，粮食主产区农业 TFP 出现明显的收敛趋势，也就是说粮食主产区农业 TFP 虽然不收敛于一个共同的稳态水平，但存在向各自的稳态水平进行收敛的趋势，全国粮食主产区的条件 β 收敛速度为 0.46%。从三大粮食主产区来看，东北粮食主产区、黄淮海粮食主产区以及长江流域粮食主产区由于各自农业生产条件的差异，具有各自不同的稳态水平，且农业 TFP 正逐步收敛于各自的稳态水平。东北粮食主产区、黄淮海粮食主产区以及长江流域粮食主产区也具有显著的条件 β 收敛趋势，收敛速度分别为 0.73%、0.83%、0.57%。

表 4-7　SFA 方法下粮食主产区农业 TFP 条件 β 收敛检验结果

区域	系数	估计值	t 统计量	p 值
全国粮食主产区	β_1	-0.0831	-1.6123	0.0935
东北粮食主产区	β_2	-0.1287	-1.9833	0.0469
黄淮海粮食主产区	β_3	-0.1453	-2.0128	0.0453
长江流域粮食主产区	β_4	-0.1023	-1.8247	0.0738

注：由于条件 β 收敛检验与待估参数 β 直接相关，本表只列出参数 β 的估计值及显著性检验情况。

如上所述，本章采用面板数据固定效应模型对我国粮食主产区以及东北粮食主产区、黄淮海粮食主产区、长江流域粮食主产区的农业 TFP 是否存在条件 β 收敛进行了检验。结果显示，在考虑了各粮食主产区农业生产条件差异的情况下，对于以上各区域，采用 SBM-Global Malmquist 生产率指数法和 SFA 方法计算得到的农业 TFP 均具有条件 β 收敛趋势。结合前面对于绝对 β 收敛的检验，可以发现，由于资源禀赋条件和农业发展水平的差异，我国各粮食主产区的农业 TFP 最终不会收敛于一个共同的稳态水平，但会向着各自的稳态水平进行收敛。

第五节　本章小结

本章以第三章利用 SBM-Global Malmquist 生产率指数法和 SFA 方法得到的我国粮食主产省（区）农业 TFP 作为基础数据，利用经济计量方法对我国粮食主产区农业 TFP 的收敛趋势分别进行了 σ 收敛检验、绝对 β 收敛检验以及条件 β 收敛检验。

首先，本章使用标准差和变异系数来验证粮食主产区农业 TFP 是否存在 σ 收敛。通过绘制 2001～2020 年我国粮食主产区以及东北粮食主产区、黄淮海粮食主产区和长江流域粮食主产区 TFP 指标的标准差曲线图和散点图发现，我国各大粮食主产区农业 TFP 指标的标准差上下波动频繁，变化趋势缺乏规律性，没有呈现出明显的收敛或发散趋势。为提高检验的准确度，本章构造了回归方程进行 σ 收敛检验，结果显示，我国粮食主产区以及东北粮食主产区、黄淮海粮食主产区和长江流域粮食主产区农业 TFP 均没有呈现 σ 收敛趋势，从具体指标上看，也不存在发散趋势。

其次，本章通过对 Bernard 和 Durlauf（1996）的检验模型进行适当调整，构造了绝对 β 收敛检验方程，对我国粮食主产区、东北粮食主产区、黄淮海粮食主产区以及长江流域粮食主产区的农业 TFP 进行了绝对 β 收敛检验。各检验方程中的待估参数 β 大多大于 0，并且没有通过显著性检验。检验结果证实，我国粮食主产区农业 TFP 不存在绝对 β 收敛，即各粮食主产省（区）的农业发展不存在统一的稳态水平。

最后，本章对我国粮食主产区的农业 TFP 指标进行了条件 β 收敛检验。在检验方法选择方面，为避免采用控制变量方法可能出现的控制变量选择主观性，以及由此带来的重要变量遗漏或变量冗余等问题，选取面板数据固定效应模型进行条件 β 收敛检验。检验结果显示，对于我国粮食主产区、东北粮食主产区、黄淮海粮食主产区以及长江流域粮食主产区，采用 SBM-Global Malmquist 生产率指数法和 SFA 方法计算得到的农业 TFP 均具有条件 β 收敛趋势。结合前面对绝对 β 收敛的检验，可以发现，由于资源禀赋条件和农业发展水平的差异，我国各粮食主产区的农业 TFP 最终不会收敛于一个共同的稳态水平，但考虑了农业自身的生产条件差异后，我国粮食主产区农业 TFP 会向着各自的稳态水平进行收敛。

第五章　中国粮食主产区农业全要素生产率的影响因素分析

　　前文对我国粮食主产区农业 TFP 指数进行了测算和分析，研究发现，我国粮食主产区农业 TFP 的发展不均衡，东北粮食主产区、黄淮海粮食主产区以及长江流域粮食主产区存在显著差异。提高粮食主产区农业 TFP 水平对实现我国农业可持续增长和保障国家粮食安全具有重要意义，因此，对我国粮食主产区农业 TFP 影响因素进行深入研究很有必要，本章将着重探讨我国农业 TFP 增长的内在机理，为提升我国粮食主产区农业 TFP 提供实证依据。

　　新经济增长理论对经济增长提出了许多深刻的见解，现代经济增长的分析均是在新经济增长理论框架下进行的。在经典的索洛模型中只有劳动和资本两种要素，内生增长模型从两个方向进行了拓展，一是将技术进步内生化，二是将人力资本引入资本概念，对资本概念进行了拓展。一些经济学家认为，中国农业要实现可持续发展，就必须转变农业发展方式，依靠提高农业 TFP，特别是与技术进步有关的生产力来促进农业增长。中国粮食主产区的农业产出增长与农业生产的基本物质条件、农村经济社会环境以及农业发展政策和制度安排等因素有着密切的关系。也就是说，我国粮食主产区农业 TFP 的变动既与农业生产的内部投入要素相关，也与各种环境因素相关，下文将对影响我国粮食主产区农业 TFP 增长的因素进行探讨和检验。

第一节　影响因素的选择

本书绪论已经对我国农业 TFP 影响因素的相关文献进行了梳理，众多学者针对这一问题进行了深入研究，研究主要涉及两个方面，即影响因素选择以及作用机制与效果，本章不再专门进行文献综述。农业 TFP 增长的影响因素纷繁复杂，由于研究视角不同，学者们选择的影响因素差异性很大，主要涉及农业政策、农业生产要素质量、农业基础设施条件、地理条件、农业技术研究与推广、农业财政投资、农村金融发展、城镇化水平、农村人力资本、农业灾害情况等诸多方面，如表 5 - 1 所示。

表 5 - 1　近年来部分研究成果中农业 TFP 影响因素的选择

作者	影响因素选择
龙少波和张梦雪（2021）	城镇化水平、人力资本、农业生产结构、受灾状况、农业税负、农业机械化水平
蒋艳芝等（2021）	经济发展水平、农业发展情况、科技水平、交通基础设施情况、财政金融环境、通信基础设施条件
安博文等（2021）	经济发展水平、城镇化水平、政府财政干预
杜慧彬（2021）	生态文明建设、地区科研技术水平、地区工业化水平、城镇化水平、农业产业结构、农业机械化、农民收入、人力资本、基础设施
李明文（2020）	农业结构合理化指数和高级化指数、服务化指数、单位面积机械化水平、单位面积肥施用量、单位面积灌溉水平、人均 GDP、第一产业占比、财政支出占比、城镇化率、农村用电量
秦升泽和吴平（2020）	农业调整系数、城镇化进程、受灾率、农村人力资本
刘战伟（2018）	农业金融发展水平、农村人力资本、农业产业结构调整、工业化水平、对外开放水平、农业科技水平
李文华（2018）	工业化进程、城镇化水平、制度性因素、对外开放水平、人力资本水平、农业经营规模
王留鑫和洪名勇（2018）	灌溉面积占比、产业结构、财政支农支出占比、工资性收入占比、城镇化水平

作者	影响因素选择
高帆（2015）	灌溉面积占比、人力资本含量、工资性收入占比、农业总产值占比、粮食播种面积占比、农业财政支出占比
罗芳和马卫民（2015）	人均 GDP、教育水平、财政支农力度、分税制改革、农业税与粮食直补

通过回顾近年来对农业 TFP 影响因素展开研究的相关文献，学者们对影响因素的选择主要集中在五个方面，分别为农业政策因素、农业生产要素质量、农业生产条件、农业产业结构以及经济社会发展水平。一是农业政策因素，一些学者认为农业税费征收变化、农村金融政策以及农业支持政策等会通过影响公共产品的供给从而对农业 TFP 产生影响。二是农业生产要素质量，在农业生产中，耕地和人力资本的质量会对农业产生直接的影响，学者们通常采用单位面积灌溉水平、灌溉面积占比、单位面积机械化水平等作为反映耕地质量的指标，农村劳动力决定了农业生产中的要素组合以及农业科技的传播和应用，从而影响到农业产出效率，反映农村人力资本水平的常用指标为受教育水平或受教育年限。三是农业生产条件，学者们主要选用农业机械化水平、农业基础设施建设水平等指标作为反映农业生产条件的适宜指标。四是农业产业结构，在市场经济条件下，由市场决定资源配置和经济结构的调整，农林牧渔业结构以及种植业内部结构的优化调整，均会提高农业资源配置效率，从而对农业 TFP 增长产生影响。五是经济社会发展水平，对于这一影响因素，学者们选择的指标相对较多，主要包括人均 GDP、城镇化率、工业化进程等指标。根据前人的研究以及数据的可获得性，本章选取农村金融发展水平、农村人力资本、城镇化水平、对外开放水平、农业产业结构、农业基础设施条件、农业机械化水平等 7 个因素来考察我国粮食主产区农业 TFP 增长的影响因素。

第二节　影响因素的含义及测度

根据本书研究目标、前人的相关研究以及数据的可获得性，本章选取了 7 个可能影响我国粮食主产区农业 TFP 的指标，其含义如下。

一　农村金融发展水平

作为国民经济中的基础产业，长期以来农业利润率低于社会平均水平，比较效益低下，因此，农业对自身资金积累以及外部资金的吸引能力相对较弱，但现代农业的发展需要更多的资金投入。目前，我国农村金融资金匮乏的局面尚未得到根本改变，金融体制有待完善，农业信贷供给以及农民贷款获批的可能性较低，限制了农民对农业的要素投入和现代农业科技的推广与应用。农村金融的发展有利于降低涉农资金的交易成本和使用成本，推动更多的资金投入农业领域，为农业的适度规模化发展提供支持，从而带动农业技术、人才等资源要素向农业领域流动，促进农业产出增加和效率改善，提升农业 TFP。本章以农村金融发展规模作为反映农村金融发展水平的指标。

二　农村人力资本

农村人力资本主要包括农业从业人员的投入量以及从业人员的受教育水平两方面含义，预期人力资本对农业 TFP 具有促进作用，本章以农业从业人员数量与从业人员平均受教育年限的乘积来度量农村人力资本。借鉴高帆（2015）的做法，将不识字或识字较少的劳动力的受教育年限设定为 0 年，小学文化程度的受教育年限设定为 6 年，初中文化程度的受教育年限设定为 9 年，高中或中专文化程度的受教育年限设定为 12 年，大专及以上文化程度的受教育年限设定为 16 年。

三　城镇化水平

城镇化水平是城镇人口占总人口的比重。在人口总量缓慢增长的背景下，这一指标反映了城市人口增加的速度，也体现了农业人口向城市转移的速度。城镇化水平的提升给农业 TFP 带来了双重影响。一方面，随着农村人口向城市流动，通过土地流转等政策安排，农村碎片化的耕地出现了集中的趋势，有利于农业经营规模的扩大；另一方面，随着城镇化进程的加快，城市规模扩张，这会与农业经营争夺水土资源，也使得环境保护问题更加突出，使得农业发展所面临的资源环境约束凸显。

四　对外开放水平

改革开放 40 余年来，我国积极、稳妥、有序地扩大农业对外开放，农业全面对外开放的格局基本形成，对国内农业发展产生了深刻而积极的影响。我国统筹利用国际国内两个市场、两种资源的能力逐步提高，积极发挥农业的比较优势，农产品进出口贸易大幅增长，农业与世界市场的关联程度日益增强。一方面，推动了农民的收入增长，促进了农业增效，有助于加快我国的乡村振兴进程；另一方面，有效地调剂了国内农产品余缺，满足了人民群众对优质农产品的需求。已有研究证实，对外开放水平的提高将提升地区的农业 TFP 水平（郑云，2011）。本章将对外开放水平作为我国粮食主产区农业 TFP 增长的影响因素进行分析探讨。

五　农业产业结构

农业产业结构反映了农业各生产部门的结构关系，农业产业结构与资源配置效率密切相关。合理的产业结构能够契合区域资源条件，合理配置各种要素资源，提高要素利用效率，实现农业产出增加，从而对农业 TFP 增长产生影响。农业产业结构的优化升级是经济社会发展的必然结果，在这个过程中，各种资源要素会在农业内部重新优化配置，从而促进农业 TFP 的提升。因此，本章也将农业产业结构纳入分析模型。

六　农业基础设施条件

农业基础设施条件是农业生产和农产品流通顺利进行的保障。西方发达国家对农业基础设施建设非常重视，不断增加农业基础设施投资，从而提高了农业综合生产能力和农业资源的利用效率。我国也高度重视农业基础设施建设。改革开放以来，我国农业基础设施建设得到了很大改善，农村土地整治、农田水利建设、中低产田改造以及农业综合开发都取得了很好的成效。由于农业基础设施条件包含的范围较广，从数据的可获得性方面考虑，本章以有效灌溉面积占比来表示农业基础设施的完善程度以及要素投入质量。

七　农业机械化水平

2020 年我国农作物耕种收综合机械化率已达 71.25%，农业机械已经成为我国现代农业的重要组成部分，以机械逐步代替人力、畜力和其他低效率的工具，是从传统农业阶段迈向现代农业阶段的关键环节。农业机械的使用可以使农民从繁重的体力劳动中解放出来，实现农业专业化分工，为农业规模经营提供物质基础，有助于提高单位面积土地的产出效率，预期农业机械的广泛使用将提高农业 TFP。

表 5－2 列出了以上 7 个影响因素变量及其度量方法，数据主要来源于历年《中国统计年鉴》、《中国农村统计年鉴》、《中国金融年鉴》以及各省统计年鉴，其中部分数据来源于 Wind 数据库。

表 5－2　影响因素变量的度量

变量	符号	指标度量
农村金融发展水平	*rfdl*	各地区农业贷款与第一产业增加值之比
农村人力资本	*labor*	农业从业人口与平均受教育年限的乘积
城镇化水平	*ul*	城镇人口占总人口的比重

变量	符号	指标度量
对外开放水平	*ol*	固定资产投资完成额中外资所占的比重
农业产业结构	*ais*	粮食作物播种面积占农作物播种面积的比重
农业基础设施条件	*aic*	有效灌溉面积占农作物播种面积的比重
农业机械化水平	*aml*	农业人均机械总动力

第三节 模型构建与检验

一 模型设定

根据前文对影响因素的选择以及度量，本章建立如下面板数据回归模型展开分析：

$$\ln Y_{it} = \beta_0 + \beta_1 \ln rfdl_{it} + \beta_2 \ln labor_{it} + \beta_3 \ln ul_{it} + \beta_4 \ln ol_{it} +$$
$$\beta_5 \ln ais_{it} + \beta_6 \ln aic_{it} + \beta_7 \ln aml_{it} + u_{it}$$

等式右边变量前的待定系数即弹性系数，反映了自变量每变动 1 个单位对因变量变动的影响。其中，Y 表示被解释变量，包括农业 TFP（TFP）、技术效率（EC）、技术进步（TC），对应前文采用 SBM-Global Malmquist 生产率指数法计算得出的我国粮食主产区农业 TFP、技术效率和技术进步[①]；变量 *rfdl*、*labor*、*ul*、*ol*、*ais*、*aic*、*aml* 的含义见表 5-2；$\beta_0 \sim \beta_6$ 为待估参数；u_{it} 为随机误差项；$i = 1$，2，…，13，表示我国 13 个粮食主产省（区）；t 表示年份。本章采用 2001~2020 年中国 13 个粮食主产省（区）的面板数据，时间跨度为 20 年。

二 Hausman 检验

面板数据回归分析模型包括随机效应模型和固定效应模型，通过

---

① 本章中的粮食主产区农业 TFP、技术效率和技术进步数据，均以前文采用 SBM-Global Malmquist 生产率指数法计算得到的数据为准，不再考虑采用 SFA 方法计算得到的数据。

Hausman 检验来进行选择，分别以 $\ln TFP$、$\ln EC$ 和 $\ln TC$ 作为被解释变量，采用 Stata 15.0 进行 Hausman 检验。结果显示，被解释变量为 $\ln TFP$ 时，Prob > chi2 = 0.3261 > 0.1，当显著性水平为 0.1 时，不能拒绝原假设，应选用随机效应模型；被解释变量为 $\ln EC$ 时，Prob > chi2 = 0.5237 > 0.1，当显著性水平为 0.1 时，不能拒绝原假设，应选用随机效应模型；被解释变量为 $\ln TC$ 时，Prob > chi2 = 0.6378 > 0.1，当显著性水平为 0.1 时，不能拒绝原假设，应选用随机效应模型。因此，Hausman 检验的结果显示，当被解释变量为 $\ln TFP$、$\ln EC$ 和 $\ln TC$ 时，面板数据回归均应选择随机效应模型。

三　平稳性检验

本章选取了 2001～2020 年我国 13 个粮食主产省（区）的面板数据，由于时间跨度大，选取的变量较多，为了避免出现由选用数据的非平稳性导致的伪回归问题，并保证结果的可信性，进行面板数据回归前需进行平稳性检验。本章选用 LLC、Fisher-ADF 以及 Fisher-PP 三种面板数据单位根检验方法进行平稳性检验，结果见表 5-3。样本数据中各变量除农村金融发展水平通过 0.05 的显著性水平检验外，其余变量均通过了显著性水平为 0.01 的平稳性检验，即拒绝有单位根的假设，说明本章所选取的农村金融发展水平、农村人力资本、城镇化水平、对外开放水平、农业产业结构、农业基础设施条件、农业机械化水平等 7 个影响因素变量均是平稳序列，可以利用随机效应模型进行实证分析。

表 5-3　单位根检验结果

检验	$\ln TFP$	$\ln EC$	$\ln TC$	$\ln rfdl$	$\ln labor$
LLC 检验	-2.6532 (0.0032)	-3.3283 (0.0025)	-2.3356 (0.0022)	-6.4663 (0.0127)	-2.7635 (0.0000)
Fisher-ADF 检验	88.3423 (0.0000)	194.3254 (0.0000)	54.3412 (0.0000)	78.6323 (0.0000)	112.6528 (0.0000)

续表

检验	lnTFP	lnEC	lnTC	ln$rfdl$	ln$labor$
Fisher-PP 检验	225.2863 （0.0000）	76.3167 （0.0000）	217.4572 （0.0000）	184.8125 （0.0000）	139.7372 （0.0000）
检验	lnul	lnol	lnais	lnaic	lnaml
LLC 检验	−4.7329 （0.0000）	−3.6937 （0.0000）	−8.2155 （0.0000）	−5.7127 （0.0000）	−15.3227 （0.0000）
Fisher-ADF 检验	132.3427 （0.0000）	126.7138 （0.0000）	322.3376 （0.0000）	242.2735 （0.0000）	63.5126 （0.0000）
Fisher-PP 检验	173.2877 （0.0000）	254.8113 （0.0000）	176.7352 （0.0000）	183.7328 （0.0000）	152.1131 （0.0000）

注：括号内数据为各变量一阶差分检验统计量的 p 值。

第四节　模型估计与结果分析

本章分别以 lnTFP、lnEC 和 lnTC 为被解释变量，利用随机效应模型得到如表 5-4 所示的回归结果。F 检验表明，三个回归方程的结果拟合度均较好。根据回归结果，各影响因素对农业 TFP、农业技术效率和农业技术进步的影响如下。

表 5-4　随机效应模型回归结果

变量	lnTFP（1）	lnEC（2）	lnTC（3）
常数项	−0.1501 （0.2988）	0.4533*** （0.0000）	−0.6712*** （0.0000）
ln$rfdl$	0.0216* （0.0624）	0.0168* （0.0783）	0.0053 （0.3175）
ln$labor$	0.0375** （0.0183）	0.0258*** （0.0013）	0.0112** （0.0247）
lnul	0.2637*** （0.0000）	0.1329*** （0.0000）	0.1156*** （0.0000）
lnol	0.0067 （0.3651）	−0.0147 （0.2783）	0.0235 （0.4376）

续表

变量	$\ln TFP$ (1)	$\ln EC$ (2)	$\ln TC$ (3)
$\ln ais$	-0.5347 ***	-0.3461 **	-0.1677
	(0.0000)	(0.0358)	(0.2163)
$\ln aic$	0.2637 **	0.2365 ***	0.0068
	(0.0153)	(0.0000)	(0.1573)
$\ln aml$	0.0273 ***	0.0138 **	0.0124
	(0.0046)	(0.0338)	(0.1467)
R^2	0.8357	0.8741	0.6812
F 值	66.8342 ***	84.2377 ***	28.4136 ***
	(0.0000)	(0.0000)	(0.0000)

注：*、**、*** 分别表示在 10%、5%、1% 的水平下显著，括号内为 p 值。

表 5-4 第（1）列数据显示了被解释变量为 $\ln TFP$ 时，方程中各参数的估计情况。研究结果显示，农村金融发展水平对粮食主产区农业 TFP 具有促进作用，但显著性水平相对较低。随着农村金融发展水平的提高，农业贷款资金的投入能够引导更多的资源要素流向农业领域，促进农业产出的增加和效率的提升。实证研究结果显示，农业贷款占第一产业增加值的比重每增加 1%，粮食主产区农业 TFP 增长 0.0216%。农村人力资本对粮食主产区农业 TFP 具有促进作用，且在 5% 的水平下显著。根据本章的度量方法，农业从业人口与平均受教育年限的乘积每增长 1%，粮食主产区农业 TFP 增长 0.0375%，即农业从业人口越多、平均受教育年限越长，越有利于提升粮食主产区农业 TFP。城镇化水平对粮食主产区农业 TFP 有显著的正向影响，城镇化水平每提高 1%，粮食主产区农业 TFP 增长 0.2637%。城镇化水平的提高，有利于农业经营规模的扩大以及农业机械的应用，与此同时，也能够更有效地为农业发展提供物质和技术保障，促进农业 TFP 增长。对外开放水平对粮食主产区农业 TFP 的影响为正，但不显著，表明对外开放水平的提升并没有对粮食主产区农业 TFP 增长产生显著影响。本章以粮食作物播种面积占农作物播种面积的比重来度量农业产业结构，实证研究结果显示，粮食作物

播种面积占农作物播种面积的比重每增加 1%，粮食主产区农业 TFP 减少 0.5347%，即粮食主产区粮食播种面积越大，越不利于提升粮食主产区农业 TFP。由于本章对农业产出的测度采用的是农林牧渔业总产值这一指标，实证结果意味着现阶段农民种粮的收益仍然比较低下，可能会对我国的粮食安全战略产生消极影响，需要引起充分的重视。本章以有效灌溉面积占农作物播种面积的比重来度量农业基础设施条件，研究数据显示，有效灌溉面积占比每增加 1%，我国粮食主产区农业 TFP 会增长 0.2637%，有效灌溉面积占比的增加意味着农业基础设施的改善，也提升了农业生产要素的质量。农业人均机械总动力对我国粮食主产区农业 TFP 有显著的促进作用，农业人均机械总动力每增加 1%，我国粮食主产区农业 TFP 会增长 0.0273%。农业机械化水平的提高，有利于提高单位生产要素的产出效率。

表 5-4 第（2）列数据显示了被解释变量为 $\ln EC$ 时，方程中各参数的估计情况。实证结果显示，能够对粮食主产区农业技术效率产生显著影响的因素包括农村金融发展水平、农村人力资本、城镇化水平、农业产业结构、农业基础设施条件以及农业机械化水平，其中农村人力资本、城镇化水平、农业基础设施条件三个因素的显著性水平达到了 1%。农业从业人口与平均受教育年限的乘积每增长 1%，粮食主产区农业技术效率提高 0.0258%，即农业从业人口越多、平均受教育年限越长，越有利于提高粮食主产区的农业技术效率；城镇化水平每提高 1%，粮食主产区农业技术效率提高 0.1329%；有效灌溉面积占比每增加 1%，粮食主产区农业技术效率提高 0.2365%。数据显示，农村金融发展水平对粮食主产区农业技术效率有正向影响，但显著性水平不高；农业产业结构对粮食主产区农业技术效率有负向影响，且通过了 5% 的显著性检验；农业机械化水平对粮食主产区农业技术效率有正向影响，也通过了 5% 的显著性检验。

表 5-4 第（3）列数据显示了被解释变量为 $\ln TC$ 时，方程中各参

数的估计情况。实证结果显示，能够对粮食主产区农业技术进步产生显著影响的因素只有农村人力资本和城镇化水平，其中城镇化水平的显著性水平达到了 1%。城镇化水平每提高 1%，我国粮食主产区的农业技术进步率提高 0.1156%，城镇化为农业发展创造了物质条件，能够提供发展现代农业所需要的拥有较高科技含量的化肥、种子以及机械设备，并推动现代农业科技的快速发展。农村人力资本能够对粮食主产区农业技术进步产生促进作用，且通过了 5% 的显著性检验，农业从业人口与平均受教育年限的乘积每增长 1%，粮食主产区农业技术进步率提高 0.0112%。

第五节　本章小结

本章分别对我国粮食主产区农业 TFP、技术效率和技术进步增长的影响因素进行了分析。根据前人的研究以及数据的可获得性，选取了农村金融发展水平、农村人力资本、城镇化水平、对外开放水平、农业产业结构、农业基础设施条件、农业机械化水平等 7 个因素进行了考察。

在这些因素中，农村金融发展水平能够对我国粮食主产区农业 TFP 增长和农业技术效率的提升产生正向影响，但显著性水平不高，仅仅通过了 10% 的显著性检验。农村人力资本对我国粮食主产区农业 TFP 增长、农业技术效率以及农业技术进步均有显著的正向影响，本章采用农业从业人口和平均受教育年限的乘积来度量农村人力资本，我国的城镇化进程仍在稳步推进，农业劳动力仍然在源源不断地流向非农领域，因此要提高农村的人力资本，只有努力提高农村存量劳动力的受教育水平。城镇化水平是所有影响因素中对我国粮食主产区农业 TFP、农业技术效率、农业技术进步均有正向影响，且均通过 1% 的显著性检验的唯一因素。而对外开放水平则是所有影响因素中唯一对我国粮食主产区农业

TFP、农业技术效率、农业技术进步均没有显著影响的因素。农业产业结构对粮食主产区农业 TFP 和农业技术效率有显著的负向影响，而对农业技术进步的影响不显著，而以有效灌溉面积占比度量的农业基础设施条件以及农业机械化水平也均会对农业 TFP 和农业技术效率产生显著的正向影响，这两个因素对农业技术进步的影响均不显著。本章通过分析各影响因素对我国粮食主产区农业 TFP、农业技术效率以及农业技术进步的影响，为后续研究的顺利开展奠定了基础。

第六章　基于微观视角的粮食主产区农户农业生产效率*分析

现有对我国农业 TFP 增长的研究，多数是以国家、区域或省级宏观数据为基础，从农户微观角度开展的研究较为少见，宏观数据会弱化农户之间的异质性。由于研究数据以加总的形式进行统计，平均化会导致难以客观认识作为农业最基本单元的农户的生产效率，众多学者利用宏观数据得到的研究结论往往也存在一定差异。在我国，农业生产仍然是以家庭为单位展开的，因此农业生产效率和农户家庭的要素生产率密切相关。20 世纪 70 年代末，我国开始实施的家庭联产承包责任制也证实了农户家庭生产效率提升对农业发展的重要意义，因此，对于我国粮食主产区农业 TFP 及其构成的研究，从农户的微观视角开展研究能够与利用宏观数据得到的研究结论相互佐证，具有一定的现实意义。从农户微观视角进行研究需要考虑样本量和样本代表性等问题，在前文利用各粮食主产省（区）宏观数据开展研究的基础上，本章从农户的微观视角来考察农户农业生产效率及其影响因素，以期得到有价值的研究结论。

由于农业和非农产业劳动生产率存在差距，农村劳动力由传统农业部门向现代工业部门转移，或者从农村向城市转移，是一个必然的现象。

　＊　由于计算方法的差异，本章以"综合效率"代表农户农业生产效率。

随着我国工业化、城镇化进程的快速推进，大量农村劳动力持续向外转移，留在农村务农的年轻人越来越少，不少农村出现务农劳动力老龄化和农户兼业化、副业化现象。我国农村劳动力老龄化发展很快，据测算，目前农业从业人员中50岁以上人口比重已经超过50%，中国农业已变成"老人农业"，进城的农村年轻劳动力无人愿意返乡种田。农民纯收入中来自农业的比重不断下降，农户兼业程度持续加深，碎片分割的小规模经营导致农业生产的低效率。由于农业收入对农户家庭总收入的贡献持续下降以及低效率，农业经营处于艰难维持的状态。通过对农户兼业经营的国际经验借鉴，要改变这种不利的形势，必须通过农地流转来实现耕地集中，提高农业生产效率，而农村劳动力向非农业领域的不断转移带动了农户家庭收入结构的变化，导致农户兼业化程度逐渐加深。这一现象导致土地资源和劳动力资源的重新配置，从而对农业生产效率产生相应的影响。不同农户在自身特征、生产要素、土地流转、兼业程度等方面的差异会对农业生产效率产生何种影响？从农户的角度考虑，怎样才能提高农业TFP？

第一节 农业生产效率相关文献回顾

本书绪论已对有关农业TFP的众多文献进行了系统的梳理，主要包括农业TFP的来源、我国农业TFP研究的历史变迁、农业TFP影响因素和测度方法等，这些研究的开展得到了诸多有价值的结论，在研究过程中主要利用全国或省级宏观加总数据对农业TFP进行测算，并对影响农业TFP增长的因素进行分析。一些学者已经意识到利用宏观加总数据进行分析会忽视农户的微观个体差异，导致对农户个体农业生产效率考察的缺失（李谷成等，2007）。因此，学者们开始尝试从微观视角对农户农业生产效率开展研究，主要包括以下几个方面。

农户土地流转及经营规模与农业生产效率之间的关系。王震和辛贤

（2022）对土地跨村流转能否实现水稻生产率增长进行了检验，实证研究结果显示，相对于土地在村庄内流转，跨村流转能显著提高水稻 TFP 和土地生产率，土地跨村流转能同时促进新型农业经营主体水稻 TFP 和土地生产率的增长，而对于传统农户只能促进土地生产率的增长。张琛（2022）利用全国农村固定观察点九省农户的面板数据进行了实证研究，结果显示，目前我国农户土地要素存在资源错配问题，消除土地资源配置扭曲可实现农户 TFP 的大幅提升。张丽媛和万江红（2021）探讨了耕地细碎化对农业生产效率的影响，将农地分为绝对连片、适度连片和分散化三种类型，研究证实农地集中连片有助于提高农业生产效率，并且适度连片的效果优于绝对连片的效果，认为大规模农户无须追求绝对连片。程申（2019）研究发现，土地经营规模与粮食生产率呈现负相关关系。章德宾（2018）通过实证研究对蔬菜主产区种植规模和农户农业生产效率之间的关系进行了测算，研究发现，露地蔬菜种植户中，大规模农户比小规模农户更有效率，大规模农户效率高的原因主要是技术进步率和整体效率高，整体效率高又是由大规模农户规模效率较高引发的。陈海磊等（2014）研究发现，农户的农业生产效率对生产规模有显著的负向影响，生产效率高的农户更倾向于转入土地，土地是从低效率农户转到高效率农户，土地流转是有效率的。陈训波等（2011）研究发现，农地流转会降低农业的技术效率，但是会提高农业的规模效率，且规模效率的正效应大于技术效率的负效应。

农业支持政策对农业生产效率的影响。周杨（2021）研究发现，大豆生产者补贴政策改革促进了大豆 TFP 的有效提升，但存在显著的时间异质性。高鸣等（2016）、高鸣（2017）、高鸣和宋洪远（2018）对脱钩收入补贴对小麦 TFP 的影响进行了系统研究，研究发现，脱钩收入补贴对促进小麦 TFP 增长的作用不明显，脱钩收入补贴对小麦生产技术效率影响的差异在缩小，对低收入农户具有更大效用，可以缓解低收入农户的生产约束。此外，研究还发现，粮食直接补贴未能促进小麦 TFP 的提高，脱钩收入补贴主要通过改进小麦生产技术影响小麦生产率，而非影响小麦生产的投入产出比。

对农户农业 TFP 的测算方法。一些学者以柯布－道格拉斯生产函数为基础，采用固定效应方法对农户农业 TFP 进行了估计（张琛，2022；王璐等，2020；盖庆恩等，2017；朱喜等，2011）。姚增福和刘欣（2016）利用 DEA 模型中投入主导型的规模报酬可变模型（VRS）和 CCR 优化模型对农业 TFP 进行了测算。张东玲和焦宇新（2022）基于规模报酬可变假定，采用基于数据包络分析的全局 Malmquist 指数计算农业 TFP。周杨（2021）构建超效率数据包络模型（SE-DEA）和倾向得分双重差分模型（PSM-DID），研究了大豆生产者补贴政策对大豆 TFP 的影响。高鸣和宋洪远（2018）使用 IV－Tobit 模型分析了脱钩收入补贴对不同收入水平农户小麦生产率的影响。刘晗等（2018）通过构建包含技术无效率的随机前沿生产函数，检验了社会分工对农户经营效益的影响。

基于农户微观视角开展农业生产效率研究，农户在年龄、受教育年限、家庭劳动力人数、家庭涉农固定资产等方面具有异质性，农户家庭特征变量对农业生产效率的影响不容忽视，已有相关研究均考虑了相关变量对农户农业生产效率增长的影响。此外，随着工业化、城镇化的加速推进，农民非农收入呈现持续增长趋势。目前，农户家庭经营纯收入中来自第一产业的收入已经下降到 30% 以下，农户家庭经营的兼业化程度日渐加深，因此，除了考虑土地流转、耕地细碎化、农业政策等因素外，本章将农户家庭经营的兼业状况也作为一个影响农户农业经营效率的重要因素考虑在内。在效率测算方面，为了选取更合理的估计方法，选用 DEA-BCC 模型和 Tobit 回归模型对农户农业生产效率及其影响因素开展研究。

第二节　农业生产效率理论分析

毋庸置疑，要素投入增加以及生产效率提升是农业产出增长的来源。新中国成立以来，农业要素投入的增加为我国农业产出增长做出了巨大贡献，但我国的农村劳动力、水土资源面临着刚性约束，资源的稀缺性决定了农业的长远发展不可能依赖资源要素的无限扩张，农业产出增长只能依赖要素生产效率的提高。已有研究证实，现阶段我国农业产出增长中50%以上来自农业 TFP 增长的贡献（周端明，2009），因此对农业TFP 及其影响因素进行测度意义重大。前文基于我国粮食主产区宏观投入及产出数据对农业 TFP 进行了测度，分别采用了非参数法中的Malmquist 指数方法以及参数法中的随机前沿生产函数方法，宏观数据主要来自国家统计局及各粮食主产省（区）的年度统计数据，这些数据主要由统计部门收集、加总得到。众多学者利用宏观面板数据，采用多种指标对农业生产效率进行度量，其中包括土地生产率、劳动生产率等单效率指标，也可以采用农业 TFP 指标来度量。农业 TFP 衡量的是农业产出增长中扣除要素投入增加的部分，其中包含了效率改善、规模效应增强、要素质量提高、专业化分工、组织创新和制度变迁等方面的内容（李谷成，2009c）。在实证研究中，农业 TFP 又可以分解为技术效率和技术进步。

从农户的视角进行微观考察，需要通过实地调研来获取数据，尽管需要投入大量的人力、物力，但实地调研获取的数据能够清晰地反映农户作为我国粮食主产区基本生存单元的投入、产出和生产效率状况，得到的研究结论可以和利用宏观数据得到的研究结论相互印证，也具有一定价值。

在工业化、城镇化进程中，从农户经营的微观视角考察，农业生产呈现出一些鲜明的阶段性特点。一方面，农户经营具有普遍的兼业化特点；另一方面，农村劳动力非农化加速了土地流转，农户规模经营与小农户经营并存，规模经营的农户与小农户之间在对农业经营的重视程度、经营模式和经营效益方面往往存在较大差异。已有研究证实，土地流转以及兼业经营状况会对农户经营方式以及农业生产效率产生重大影响（陈斌开等，2020；杨宗耀等，2020），因此在农户农业生产效率及其影响因素的研究过程中，不能忽略不同规模农户间的差异。本章根据农户参与土地流转的情况，将农户分为土地转入户和未流转农户两类[1]开展研究。本章将通过问卷调查获取农户农业经营的投入、产出数据，并基于 DEA 方法的 BCC 模型对我国粮食主产区样本农户的农业生产效率进行静态研究，从而得到农户农业经营的综合效率、技术效率和规模效率，并在此基础上对农户农业生产效率的影响因素进行研究。

第三节　农业生产效率实证研究设计

一　计量分析方法

由于 DEA 方法相对比较成熟，本章首先采用 DEA 方法分别对土地转入户和未流转农户的农业生产效率进行测度。DEA 方法用于评价多投入多产出情况下决策单元间的相对有效性（Charnes et al.，1978），随着研究方法的不断改进，DEA 模型已经从规模报酬不变的 CCR 模型扩展到规模报酬可变的 BCC 模型和分析规模报酬变化的 NIRS 模型（Coellt et al.，2005）。土地流转的目的在于，在农业要素投入不变的情况下，增加农业产出，从而实现农户效益的最大化。因此本章选取规模报酬可变的产出导向型模型 DEA-BCC，具体模型如下：

---

[1] 在调研中，转出土地的农户多将土地全部转出，不再继续从事农业经营，只有极少数农户只流转部分土地，由于样本数较少，不再设置"土地转出户"的类别对其生产效率进行专门研究。

$$\max\theta$$

$$\sum_{j=1}^{n} \lambda_j x_j + s^- = x_0$$

$$\sum_{j=1}^{n} \lambda_j y_j - s^+ = \theta y_0$$

$$\sum_{j=1}^{n} \lambda_j = 1$$

$$s^+ \geq 0, s^- \geq 0, \lambda_j \geq 0, j = 1, 2, \cdots, n$$

此模型中，θ（$0 < \theta \leq 1$）代表综合效率，其值越接近1，说明决策单元越有效；λ_j 为第 j 个决策单元的权重变量；s^+ 为产出不足变量，s^- 为投入冗余变量；x_j、y_j 分别为第 j 个决策单元的投入、产出变量；x_0、y_0 分别为决策单元的自身投入、产出变量。

本章将农户分为土地转入户和未流转农户，利用 DEA 模型可以得到相关农户农业综合效率、技术效率和规模效率，那么农户的不同兼业化程度对农业综合效率会产生怎样的影响？由于农户农业生产的综合效率值在 0 和 1 之间，宜采用受限因变量 Tobit 模型来进行研究（张宁等，2006）。Tobit 回归模型采用极大似然估计法，可用于分析连续变量和虚拟变量。具体模型如下：

$$\theta = \alpha + \beta_i X_i + \varepsilon$$

其中，θ 为通过 DEA-BCC 模型得到的农户综合效率，α 为常数值，β_i 为回归系数，X_i 为各类影响因素，ε 为随机误差项。

二　变量测度与数据来源

（一）变量测度

本章以土地、资本、人力、化肥施用量四个方面的调查数据为投入指标，根据调研问卷中的变量设置，以家庭实际经营的土地面积为土地投入指标，以从事农业生产的人数作为人力投入指标，以农业固定资产投入为资本投入指标，并以家庭农业收入为产出指标，对样本农户的农业生产效率进行测度,从兼业程度、农户家庭资源禀赋特征和外部环境等几个方面对农户农业生产效率的影响进行了研究。设置的变量主要包括农户及家庭特征变量、农地特征变量、地区特征变量以及农业政策变量。采用 EViews 15.0 软件测量各变量对农业生产效率的影响。

1. 农户及家庭特征变量

农户个体及家庭是农业生产的主体,对农业综合效率有直接影响,本章从农户及家庭特征中选取户主年龄、受教育年限、劳动力人数、固定资产投入四个变量表征。一般认为,户主年龄越大,从事农业生产的能力相对越弱,其生产效率就越低。受教育程度较高的农户,对于新型种植技术的接受能力较强,有利于提高其生产效率。家庭中从事农业生产的劳动力人数越多,生产能力越强,因此预期劳动力人数对生产效率有正向影响。农业的固定资产投入越多,如耕机、水泵、农药化肥投入等,耕地利用程度和农业产值也越高,因此预期固定资产投入对生产效率有正向影响。

2. 农地特征变量

农地资源禀赋直接关系到农户农业生产效率的高低,本章选取经营的土地面积、农地细碎化程度、农地流转过程中是否签订转租合同三个变量表征。理论上,农户经营土地面积越大,越有利于实现规模化经营,其生产效率越高。农地细碎化程度用家庭经营农地面积与地块数比例表示,预期对生产效率产生负向影响。农地流转中签订转租合同能够保障农户的农业生产效益,预期对生产效率产生正向影响。

3. 地区特征变量

中部地区主要由平原、山地、丘陵等地形地貌构成,不同地域的土地生产条件、可耕作性存在差异,如平原地区水土肥沃,有利于大规模种植业的发展,预期对农业生产效率有正向影响;山地、丘陵地势起伏不平,海拔相对较高,较难发展耕作业,预期对农业生产效率有负向影响。

4. 农业政策变量

农业生产效率除了受到农户个人、家庭、农地资源的影响，还有可能受到外部政策环境的影响，如农业补贴政策的实施情况和农业技能培训情况。一般来说，惠农补贴促使农户积极投入生产，参与农业技能培训可以提高农户的生产技术使用能力，两者均能有效提升农业生产效率。

（二）数据来源

"中原熟，天下足"，河南用全国 1/16 的耕地生产了全国 1/4 的小麦、1/10 的粮食，曾在 2004~2015 年实现了粮食产量连增，近年来粮食产量稳定在 1300 亿斤左右。随着国内区域粮食调剂形势演变为"北粮南运"，河南成为 6 个粮食调出省之一，是我国重要的粮食主产区，以河南农户为研究对象进行研究具有一定的代表性。2019 年 9~12 月，本书课题组对河南北部的鹤壁市浚县、中部的周口市商水县及南部的南阳市下辖的邓州市三个产粮大县（市）农村住户开展了问卷调查。为保证调查数据的质量，课题组主要由研究生和本科生组成，并对学生进行了专门培训，每个县（市）选择 300 户，调研人员进行入户调研。共发放问卷900 份，回收问卷 861 份，剔除其中的无效问卷，剔除标准主要有两个：一是剔除填写缺漏太多的问卷；二是剔除填答有明显矛盾的问卷。最后保留有效问卷 807 份，有效问卷率为 89.7%。

三　变量描述性统计

表 6-1 显示的是相关变量的描述性统计结果，根据本章的研究设计，在描述性统计中将所有抽样农户分为土地转入户和未流转农户。对于农户及家庭特征变量，土地转入户户主的平均年龄为 52.20 岁，略高于未流转农户户主的平均年龄；从户主受教育程度来看，土地转入户的户主受教育程度偏低；从劳动力人数来看，土地转入户平均为 3.42 人，高于未流转农户；从固定资产投入来看，土地转入户投入 4.36 万元，也高于未流转农户。对于农地特征变量，土地转入户平均经营耕地 18.23

亩，而未流转农户平均经营耕地只有 5.42 亩；从耕地块数来看，土地转入户的耕地平均块数也多于未流转农户耕地平均块数。从耕地地区特征来看，浚县、邓州市和商水县耕地条件相对较好，农户的耕地主要位于平原地区。对于农业政策变量，土地转入户得到补贴和受到技能培训的情况优于未流转农户。从农户兼业情况来看，未流转农户的兼业程度相对较深，兼业类型指标达到了 2.87，而土地转入户的兼业类型指标为 2.29。根据本书对农户兼业的定义，未流转农户家庭收入中农业收入所占的比重相对来说要低于土地转入户家庭收入中农业收入所占的比重。

表 6-1　相关变量的定义及描述性统计（$N = 807$）

类别	变量名称	土地转入户		未流转农户	
		均值	标准差	均值	标准差
因变量	农户综合效率	0.87	0.58	0.82	0.54
农户及家庭特征变量	户主年龄（岁）	52.20	26.32	49.43	27.17
	受教育程度	1.43	0.62	1.52	0.67
	劳动力人数（人）	3.42	1.25	2.75	1.44
	固定资产投入（万元）	4.36	14.43	3.48	7.32
农地特征变量	经营土地面积（亩）	18.23	36.76	5.42	7.36
	土地细碎化程度（块）	3.41	7.66	2.36	3.24
	是否签订合同	0.38	0.41	0	0
地区特征变量	地区特征	0.78	0.27	0.69	0.31
农业政策变量	农业补贴	0.95	4.88	1	0
	技能培训	0.45	0.66	0.42	0.37
农户兼业类型	兼业类型	2.29	1.58	2.87	1.26

注：农户综合效率采用 DEA-BCC 模型计算得到；户主年龄变量为户主实际年龄；受教育程度变量度量方法为 1 = 不识字或很少，2 = 小学，3 = 初中，4 = 高中或中专，5 = 大专及以上；劳动力人数为农户家庭实际从事农业劳动的人数；固定资产投入为农业经营中的固定资产投入，以万元为单位；经营土地面积为农户家庭实际经营的土地面积，以亩为单位；土地细碎化程度为土地块数，以块为单位；是否签订合同度量方法为未签订合同 = 0，签订合同 = 1；地区特征度量方法为丘陵、山地 = 0，平原 = 1；农业补贴度量方法为未得到补贴 = 0，得到补贴 = 1；技能培训度量方法为未得到培训 = 0，得到培训 = 1；兼业类型度量方法为纯农户 = 1，Ⅰ兼农户 = 2，Ⅱ兼农户 = 3，非农户 = 4。

四 农户分化状况

世界农业发展的历史经验表明，随着经济社会的发展，农户家庭收入中农业经营收入的比重会不断降低，总体上，农户必然会经历从纯农户到Ⅰ兼农户、从Ⅰ兼农户到Ⅱ兼农户、从Ⅱ兼农户到非农户的发展阶段。本书采用中国社会科学院农村发展研究所的分类方法[①]，通过调查样本农户农业经营收入和家庭总收入，然后依据农户农业收入占家庭总收入的比重来确定农户的类别。根据我们采用的分类方法，得到了如表6-2所示的农户分类结果，样本农户中纯农户、Ⅰ兼农户、Ⅱ兼农户和非农户的比重分别为5.2%、27.3%、60.3%和7.2%，Ⅱ兼农户在所有样本农户中的比重远远超过了其他类型的农户，这和日本20世纪70年代中期的农户结构非常接近[②]（晖峻众三，2011）。由于长期以来日本对农业进行过度保护，政府支农资金甚至超过了农业GDP，造成农产品价格扭曲，小规模Ⅱ兼农户经营农业依然有利可图，加上日本农民将先人传下来的土地视为家产，认为将其世代相传是家族成员的责任，变卖、废弃土地被视为家族的衰败，土地关系到家族的荣誉，因此其延续经营和保有土地的愿望强烈。从20世纪70年代中期开始日本农户总数持续减少，但Ⅱ兼农户的比例持续上升，至20世纪末Ⅱ兼农户的比例达到了68.0%。农户兼业化是世界范围内农业经营的一种普遍现象，不论是发达资本主义国家还是发展中国家，农户兼业经营现象均广泛存在。而我国学者对农户兼业现状的判断存在较大差别，这种情况可能是由不同学者所使用的数据资料的出处以及农户类型划分标准的差异造成的。但梳理众多文献会发现，从20世纪末至今，我国农户的兼业程度日益加深。

---

① 中国社会科学院农村发展研究所的分类方法为：家庭总收入中农业收入占95%以上的农户为专业农户，家庭总收入中农业收入占50%~95%的为Ⅰ兼农户，家庭总收入中非农收入占50%~95%的为Ⅱ兼农户，家庭总收入中农业收入占5%以下的为非农户。

② 根据日本农林水产省《农林水产统计便览》和《农业调查》整理，1975年日本农户构成中专业农户（纯农户）占12.4%，Ⅰ兼农户占25.4%，Ⅱ兼农户占62.1%。

表 6 - 2　农户分类情况

单位：人，%

农户类别	纯农户	Ⅰ兼农户	Ⅱ兼农户	非农户
农业收入占家庭总收入的比重	[95, 100]	[50, 95)	[5, 50)	[0, 5)
农户数量	42	220	487	58
占比	5.2	27.3	60.3	7.2

第四节　农业生产效率实证分析结果

一　农户农业生产效率的分组比较

本章运用 DEA-BCC 模型对土地转入户以及未流转农户的综合效率、技术效率、规模效率进行了测算，并进行了对比。从表 6 - 3 可以看出，未流转农户综合效率相对较低，仅为 0.763，是较低的技术效率和规模效率双重作用的结果。土地转入户的综合效率相对较高，达到了 0.865，其技术效率和规模效率也均高于未流转农户。

表 6 - 3　农户的农业生产效率均值

农户类型	技术效率	规模效率	综合效率
样本农户	0.912	0.891	0.813
土地转入户	0.928	0.932	0.865
未流转农户	0.883	0.837	0.763

未流转农户的技术效率和规模效率双双处于最低的原因在于，家庭耕地规模较小，农业家庭经营只能获取有限的收入，远不足以支撑家庭开支，为获取更多的收入，家庭劳动力会更多地投入非农劳动，尤其是家里的青壮年劳动力。家庭成员中素质较低的妇女和老人往往会从事农业劳动，从而使农业生产条件受到影响，而妇女和老人的经营能力也相对低下，农业生产的技术效率不可避免地会受到损失，较小的土地经营

规模也对应了较低的规模效率。而对于土地转入户，在转入土地后，他们往往寄希望于通过农业经营获得更多的收益，势必会加大农业资本投入，而由于土地经营面积的扩大，家庭成员中能力较强、素质较高的劳动力也会投入到农业生产过程中，这有利于农业新技术的推广和应用，而家庭经营土地面积的增加会从某种程度上实现规模经济。因此，通过对比土地转入户和未流转农户的技术效率和规模效率会发现，未流转农户家庭经营的技术效率和规模效率均低于土地转入户。这说明土地流转就是土地向生产技术水平更高、经营规模更大的农户转移的过程。这也与农户家庭的经营重心有密切的关系。未流转农户主要通过非农产业来获取家庭收入，自然会把家庭主要资产以及优质劳动力转移到非农产业，从而导致农业生产效率的下降。

二　农户农业生产效率的影响因素分析

为从农户分化等角度分析农户类型差异对农业生产效率的影响，本章采用 Tobit 回归模型进行了实证研究，结果如表 6－4 所示。

表 6－4　粮食主产区农户农业生产效率影响因素

类别	变量	农户类型	
		土地转入户	未流转农户
	常数项	－ 2.863 *** （－ 5.34）	－ 1.325 （－ 1.29）
农户及家庭特征变量	户主年龄	－ 0.136 （－ 1.26）	－ 0.231 ** （－ 2.01）
	受教育程度	0.289 *** （3.63）	0.136 ** （1.99）
	劳动力人数	0.065 （0.67）	0.257 * （1.85）
	固定资产投入	0.127 *** （4.61）	0.115 *** （4.17）
农地特征变量	经营土地面积	0.102 ** （2.23）	0.087 ** （1.98）
	是否签订合同	0.116 （1.28）	—
	土地细碎化程度	－ 0.037 （－ 0.94）	－ 0.043 （－ 1.07）
地区特征变量	地区特征	0.145 ** （2.53）	0.173 ** （2.88）

类别	变量	农户类型	
		土地转入户	未流转农户
农业政策变量	农业补贴	0.356*** （4.96）	0.242** （2.35）
	技能培训	0.247*** （2.59）	0.158** （1.97）
农户兼业类型	农户兼业	1.677*** （9.12）	−0.824*** （−4.36）
	显著性水平	<0.0001	<0.0001

注：***、**、*分别表示在1%、5%、10%的水平下显著，括号内为t统计量。

（一）农户分化对农户农业生产效率的影响

如表6-4所示，对于土地转入户，农户兼业类型对农业生产效率有显著的正向影响，兼业程度对农业生产效率有显著的正向影响。转入土地的农户往往寄希望于通过农业经营获得更多农业收入，会主动增加在土地和农业生产资料上的投入，在农业生产过程中会更积极地使用新技术和科学的管理方法，以实现农业的提质增效。兼业农户通过非农就业获取收入，在转入土地后，会将这些收入用于提高农业生产能力，购买先进的农业机械设备、高效的农药和化肥，并有较为充足的资本去雇用劳动力进行规模化生产。农户从纯农户向兼业农户分化后，虽然农户投入农业生产中的劳动力数量减少，但兼业农户资本投入对劳动力的替代效应更大，在劳动力减少的情况下，资本的增加改善了农业生产条件，农户农业生产效率不减反增。

对于未流转土地的农户，兼业类型对其农业生产效率有显著的负向影响。由于未流转农户的农业经营规模较小，其投入农业生产中的劳动力和资本数量会随之减少。随着兼业程度的加深，未流转土地的农户家庭收入以非农收入为主，农业收入只占家庭收入的较小比例，农户依靠农业经营获取更多收入的积极性在减弱。与此同时，在有限耕地资源的情况下，这类农户农业经营规模很小，甚至仅仅是不愿意放弃土地经营权或不愿意放弃农民身份，仍维持对土地的耕种，这类农户的农业生产积极性和资源要素投入相对于土地转入户差别较大，因此农业生产效率相对较低。

（二）农户及家庭特征变量对农户农业生产效率的影响

户主年龄对所有农户的农业生产效率均有负向影响，并且户主年龄对未流转农户农业生产效率的影响通过了5%的显著性水平检验。户主年龄越大，劳动能力越弱，从事农业生产的效率越低。户主的受教育程度对农户的农业生产效率具有正向影响，受教育程度越高，农业生产效率也越高，并且户主受教育程度对土地转入户农业生产效率的影响通过了1%的显著性水平检验。农户的文化水平越高，就越容易接受、学习、掌握和采用新技术、新机械。对于土地转入户来讲，由于耕地规模的扩大，他们更趋向于利用自身素质，以及采用新技术和新方法来提高农业生产效率。家庭农业劳动力人数对土地转入户和未流转农户农业生产效率具有正向影响，其中对未流转农户农业生产效率的影响通过了10%的显著性水平检验。固定资产投入对土地转入户和未流转农户农业生产效率均有显著的正向影响。原因在于，土地转入户和未流转农户在农业生产中投入更多的劳动力和资源后，能够进一步实现劳动力、土地和资本的优化配置，从而提高配置效率。

（三）农地特征变量对农户农业生产效率的影响

回归结果显示，经营土地面积对土地转入户和未流转农户的农业生产效率均有显著的正向影响，均通过了5%的显著性水平检验。土地转入户通过土地流转获得土地的动力在于，获取更多的土地以实现规模经济。对于未流转农户，经营较大的耕地也可以使农业生产效率维持在一个较高的水平。是否签订合同会对土地转入户产生正向影响，但未通过显著性检验，而土地细碎化程度对土地转入户和未流转农户的农业生产效率均会产生负向影响，但均未通过显著性检验。

（四）地区特征变量对农户农业生产效率的影响

地区特征变量均会对土地转入户和未流转农户的农业生产效率产生

正向影响，即耕地位于平原地区的农户农业生产效率会高于丘陵、山地等条件较差地区的农户。平原地区更有利于农业机械作业，实现规模经营，也有利于农产品的转运和销售。

（五）农业政策对农户农业生产效率的影响

回归结果显示，农业补贴和技能培训对土地转入户和未流转农户农业生产效率均有正向影响，且均通过了显著性检验。参与农业技能培训，可以使农民掌握农业经营的新技术和新方法，通过改良耕作技术和提高管理水平，更好地实现农业经营的规模经济，从而提高农业生产效率。现有补贴政策对农户农业生产效率具有显著的正向影响，如何将农业补贴和农业经营的增质提效结合起来，最大限度地发挥农业支持政策的效益，值得深入思考。

第五节　本章小结

在对河南省鹤壁市浚县、周口市商水县及南阳市下辖的邓州市三个产粮大县（市）进行问卷调查的基础上，本章利用 DEA-BCC 模型和 Tobit 回归模型对粮食主产区样本农户的农业综合效率进行了测度，对影响因素进行了检验。

由于规模经营农户与小农户在对农业经营的重视程度、经营模式和经营效益方面往往存在较大差异，本章根据农户参与土地流转情况，将农户分为土地转入户和未流转农户两类开展研究。转入土地的农户农业综合效率、技术效率和规模效率均高于未流转农户，未流转农户这三个指标均处于较低水平，农户农业综合效率的低下是技术效率和规模效率双低共同作用的结果。这说明土地流转就是土地向生产技术水平更高、经营规模更大的农户转移的过程，土地流转会带来农户农业生产效率的提升。

对于转入土地的农户和未参与土地流转的农户，兼业程度对农户农业生产效率的影响正好相反。对于转入土地的农户，兼业程度越深，农业生产效率越高；而对于未流转农户，兼业程度越深，农业生产效率越低。对于土地转入户，他们通过非农就业获取收入后，会将这些收入用于提高农业生产能力，购买先进的农业机械设备、高效的农药和化肥，并有较为充足的资本去雇用劳动力进行规模化生产。在劳动力减少的情况下，资本的增加改善了农业生产条件，农户农业生产效率不减反增。而对于未流转农户，由于农业经营规模有限，农户对农业生产的重视程度不足，随着兼业程度的加深，农业收入在家庭收入中所占的比重逐步降低，农户会把更多的精力和资源投入非农领域，难以精心经营、精耕细作。因此，对于未流转农户，兼业程度越深，农业生产效率越低。

本章还对农户及家庭特征、农地特征、地区特征和农业政策等变量对农户农业生产效率的影响进行了检验。首先，农户及家庭特征变量包括户主年龄、受教育程度、劳动力人数和固定资产投入。户主年龄对所有农户的农业生产效率均有负向影响，受教育程度对所有农户的农业生产效率均具有正向影响，家庭农业劳动力人数对土地转入户和未流转农户农业生产效率均具有正向影响，其中对未流转农户农业生产效率的影响通过了10%的显著性水平检验，固定资产投入对土地转入户和未流转农户的农业生产效率均有显著的正向影响。其次，农地特征变量包括经营土地面积、是否签订合同和土地细碎化程度。经营土地面积对土地转入户和未流转农户的农业生产效率均有显著的正向影响，是否签订合同会对土地转入户产生正向影响，但未通过显著性检验，而土地细碎化程度对土地转入户和未流转农户的农业生产效率均会产生负向影响，但均未通过显著性检验。再次，地区特征变量均会对土地转入户和未流转农户的农业生产效率产生正向影响，即耕地位于平原地区的农户农业生产效率会高于丘陵、山地等条件较差地区的农户。最后，农业补贴和技能培训对农户农业生产效率均有正向影响，且均通过了显著性检验。

第七章　研究结论与政策建议

第一节　研究结论

本书尝试从宏观和微观两个角度对我国粮食主产区农业 TFP 及其影响因素进行测度。围绕我国 13 个粮食主产省（区）从五个方面进行了考察，分别为我国粮食主产区的演变及农业增长、农业 TFP 测算与分解、农业 TFP 的收敛性分析、农业 TFP 影响因素分析、微观视角下粮食主产区农业 TFP 研究。本书将 TFP 定义为一国或地区在一定时期内生产的总产出与总投入之比，所有要素投入在特定规模、结构、素质和科技水平下有机组合的综合产出效率。TFP 增长率为产出增长率超出各要素投入增长率线性组合后的部分，即索洛余值。本书对经济增长的理论演变进行了梳理，系统回顾了古典经济增长理论、新古典经济增长理论、新经济增长理论和现代经济增长理论的发展轨迹和主要学者的观点，对各种 TFP 测度方法的基本原理和特点进行了归纳总结，奠定了较好的理论和方法基础，主要结论包括以下几个方面。

一是提升粮食主产区农业 TFP 是实现农业供给侧结构性改革目标的重要途径。粮食主产区在国家粮食安全战略中占有重要地位，为保障国家粮食等重要农产品的有效供给，我国付出了巨大的资源和环境代价，以高投入、高产出和高废物为典型特征的"三高"型农业发展模式已经不可持续，要实现我国农业供给侧结构性改革的目标，实现农业高质量发展，提高我国农业国际竞争力，就必须千方百计地扩大 TFP 对农业增长的贡献，促进农业增长动能的转换，实现创新驱动和高质量发展。

二是 21 世纪以来，我国粮食主产区农业 TFP 增长保持了较快速度，但不同区域、不同粮食主产省（区）存在较大差异。采用非参数法中的 SBM-Global Malmquist 生产率指数法以及参数法中的 SFA 方法对 2001 ~ 2020 年我国粮食主产区农业 TFP 增长的测度结果显示，21 世纪以来，我国粮食主产区的农业 TFP 增长主要是由技术进步驱动的。根据我国粮食主产区各地农业生产的资源禀赋条件、地理区域分布特点，将 13 个粮食主产省（区）划分为东北粮食主产区、黄淮海粮食主产区和长江流域粮食主产区，对粮食主产区农业 TFP 增长的区域差异进行了研究，粮食主产区农业 TFP 增长具有突出的区域增长不平衡特征，不同区域技术进步存在较大差异，而技术效率方面无明显差异，两种方法得到的黄淮海粮食主产区和东北粮食主产区的 TFP 指数均明显大于长江流域粮食主产区。通过对比 SBM-Global Malmquist 生产率指数法以及 SFA 方法得到的研究结论，前者测算出的农业 TFP 指数和农业技术效率指数相对偏大，并且两种方法测算的技术效率指数在省际层面的表现存在较大差异，说明农业 TFP 测算结果受实证研究方法的影响较大。

三是我国粮食主产区 σ 收敛检验、绝对 β 收敛检验以及条件 β 收敛检验情况不一致。通过绘制 2001 ~ 2020 年我国粮食主产区以及东北粮食主产区、黄淮海粮食主产区和长江流域粮食主产区 TFP 指标的标准差曲线图和散点图发现，我国各大粮食主产区农业 TFP 指标标准差上下波动频繁，变化趋势缺乏规律性，没有呈现出明显的收敛或发散趋势。为提高检验的准确度，使用标准差和变异系数构造了回归方程进行 σ 收敛检验，结果显示，我国粮食主产区以及东北粮食主产区、黄淮海粮食主产区和长江流域粮食主产区农业 TFP 均没有呈现 σ 收敛趋势，从具体指标上看，也不存在发散趋势；通过构造绝对 β 收敛检验方程证实，我国粮食主产区农业 TFP 不存在绝对 β 收敛，即各粮食主产省（区）的农业发展不存在统一的稳态水平；选取面板数据固定效应模型进行条件 β 收敛检验，检验结果显示，对于我国粮食主产区、东北粮食主产区、黄淮海粮食主产区以及长江流域粮食主产区，采用 SBM-Global Malmquist 生产率指数法和 SFA 两种方法计算得到的农业 TFP 均具有条件 β 收敛趋势。由于资源禀赋条件和农业发展水平的差异，我国各粮食主产区的农业 TFP 最终不会收敛于一个共同的稳态水平，考虑了农业自身生产条件差异后，我国粮食主产区农业 TFP 会向着各自的稳态水平进行收敛。

四是对我国粮食主产区农业 TFP 增长的影响因素进行了考察。实证研究发现，农村金融发展水平能够对我国粮食主产区农业 TFP 增长和农业技术效率的提升产生正向影响，但显著性水平不高，仅仅通过了10%的显著性检验；农村人力资本对我国粮食主产区农业 TFP 增长、农业技术效率以及农业进步均有显著的正向影响；城镇化水平是所有影响因素中对我国粮食主产区农业 TFP、农业技术效率、农业技术进步均有正向影响，且均通过了1%的显著性检验的唯一因素；而对外开放水平则是所有影响因素中唯一对我国粮食主产区农业 TFP、农业技术效率、农业技术进步均没有显著影响的因素；农业产业结构对粮食主产区农业 TFP 和农业技术效率有显著的负向影响，对农业技术进步的影响不显著；以农业有效灌溉面度量的农业基础设施条件以及农业机械化水平也会对农业 TFP 和农业技术效率产生显著的正向影响，这两个因素对农业技术进步的影响均不显著。

五是从农户的微观视角出发，基于对河南省鹤壁市浚县、周口市商水县及南阳市下辖的邓州市三个产粮大县（市）的问卷调查，利用 DEA-BCC 模型对我国粮食主产区样本农户的综合效率、技术效率和规模效率进行了测度。由于规模经营农户与小农户在对农业经营的重视程度、经营模式和经营效益方面往往存在较大差异，本书根据农户是否参与土地流转将农户分为土地转入户和未流转农户两类，分别进行了农业生产效率的测度和影响因素的检验。实证研究发现，粮食主产区转入土地的农户农业生产综合效率、技术效率和规模效率均高于未流转农户，未流转农户这三个指标均处于较低水平，农户农业综合效率的低下是技术效率和规模效率双低共同作用的结果。这说明土地流转就是土地向生产技术水平更高、经营规模更大的农户转移的过程，土地流转会带来农户农业生产效率的提升。对于转入土地的农户和未参与土地流转的农户，兼业程度对农户农业生产效率的影响正好相反。对于转入土地的农户，兼业程度越深，农业生产效率越高；而对于未流转农户，兼业程度越深，农业生产效率越低。本书还对农户及家庭特征、农地特征、地区特征和农业政策等变量对农户农业生产效率的影响进行了检验。

第二节　政策建议

粮食主产区在国家粮食安全战略中具有举足轻重的地位。21 世纪以来，粮食主产区占全国粮食产量的比重已经接近 80%，我国粮食生产格局也发生了很大变化，粮食生产的重心逐步北移，北方地区粮食主产区在全国粮食生产中的地位凸显，南方地区粮食供需失衡日益严重，提升我国粮食主产区农业 TFP 是实现农业供给侧结构性改革目标的重要途径。本书以定性研究和定量研究方法，利用宏微观数据对我国粮食主产区的农业 TFP 及其影响因素进行了测度，为本书提出具有针对性的提升粮食主产区农业 TFP 的政策建议奠定了基础。

一是大力推进农业科技创新。实证研究证实，我国粮食主产区农业 TFP 增长主要是由技术进步驱动的，那么提升粮食主产区农业 TFP 就要高度注重农业科技的研发和推广。首先，推动农业核心技术取得突破，力争在基因组学、作物育种等"卡脖子"领域取得研发突破，促进农业科技的多元化发展，农业科技研发要实现粮食作物、经济作物和饲料作物的全覆盖，从重视农业种植技术向兼顾资源要素的优化配置和环境保护转变。其次，注重农业科技人才的培育，激发各类农业创新主体和科研平台的活力，加快建成一大批世界一流的涉农高水平大学、农业研究机构和农业科技龙头企业，培养一大批专业素质优良的农业科研杰出人才。再次，建立高效的农业科技推广服务和转移转化体系，培育扶持一批农业科技服务公司，提高地方农业科技推广人才的待遇，建设一批现代化的农业科技示范基地，加快推进重大农业科研成果在农业生产中的推广和应用。最后，持续开展新型职业农民培训，培养一批具有中高级学历的农业产业发展带头人，提高新型职业农民的文化素质，为农业科技的加速推广应用培养更多的乡土人才，提升粮食主产区的人力资本。

二是稳步提升城镇化质量和水平。结合"三农"政策改革，强化对农村剩余劳动力的推拉作用。首先，建立农村转移人口市民化的有效机制，加快农村Ⅱ兼农户离农进程。我国农户中Ⅱ兼农户已经占有很大比重，研究发现，农户耕地面积越小，兼业化程度越高。也就是说，Ⅱ兼农户在农业中的滞留是土地细碎化的重要原因，而促进农地集中、提高农业经营效率的首要任务便是促使Ⅱ兼农户离开农业，实现纯农户向Ⅰ兼农户、Ⅰ兼农户向Ⅱ兼农户、Ⅱ兼农户向非农户的蜕变。通过制定并实施具有包容性的社会政策，进城农民能够与市民共享城市资源和社会福利，真正实现经济立足、社会接纳、身份认同和文化融合，增强城镇化对农村剩余劳动力的吸纳能力。其次，探索建立进城农民承包地、宅基地有偿退出长效机制。采用多种途径推动农民永久退出承包地和宅基地，促进Ⅱ兼农户向非农户转变。提高农民在土地增值中的分配比例，考虑将土地的市场价格作为农民退出承包地和宅基地的补偿标准，当退出承包地和宅基地能够得到合理补偿时，将会加速Ⅱ兼农户完全脱离农村、融入城市。最后，设立农村宅基地异地置换制度，提高农村宅基地使用效率，使得农村流转人口能够在非农就业的城市近郊留得住，并提高幸福感，减少农村宅基地的闲置浪费现象。

三是着力优化区域农业资源要素配置效率。实证研究发现，我国粮食主产省（区）以及三大粮食主产区农业 TFP 存在较大差异，说明我国粮食主产区资源要素的优化配置还有很大的提升空间。优化资源要素的配置效率也是提高农业 TFP 的重要途径，农业产业结构调整以及产业的内部调整均可以提高资源配置效率，因此，从这个意义上来看，农业供给侧结构性改革和提升农业 TFP 具有统一性，市场需求以及价格机制决定了农业生产什么、生产多少以及怎么生产，市场机制决定资源配置，在保障国家粮食安全的前提下，促进农业资源配置实现效率最大化和效益最大化，为粮食主产区农业高质量发展提供有力支撑。强化粮食主产区对职业农民的科技培训，加大农业人力资本投入力度，也有利于提高农户家庭内部对农业生产要素的优化配置能力。

四是持续强化现代农业物质装备支撑。首先，改善农业基础设施条件。实施高标准粮田建设工程，加大土地综合整治和农业综合开发力度，持续改善粮食主产区农田水利基础设施，推进中低产田改造，加强土壤改良、疏浚沟渠、田间道路等农业设施建设，积极推进大中小型水库、灌排体系等重大水利工程和小型农田水利设施建设。其次，积极推进主要农作物的全程机械化，重点加快推广水稻育插秧、小麦精播和油菜种植等机械化播插技术和机械化收获技术，提高主要农作物生产全程机械化水平，同时发展设施农业、茶叶、果蔬、畜牧、水产养殖等重点生产作业环节的机械化。最后，提升智慧农业发展水平。充分利用互联网、云计算和物联网技术，促进农业与信息技术深度融合，大力发展智慧农业，通过运用云计算、大数据等先进信息技术，更加便捷地掌握天气变化数据；加强对农作物病虫和动物疫病的监测，建设农作物病虫害疫情监测中心、田间监测点；利用空间地理信息、遥感等技术，提高农业生产的监测水平、预警水平和产量评估水平，提升农业对气象灾害、疫病灾害和市场风险的应急响应能力，推动形成资源利用高效、生态系统稳定、产地环境良好、产品质量安全的农业发展新格局。

五是大力完善农村金融服务体系。促进农村金融与现代农业融合发展，提高农业综合生产能力，推进农村产业兴旺。首先，推进农村金融的多元化发展，吸引更多的金融资源流向农业领域。一方面，拓展涉农资金来源，解决农村融资困难问题；另一方面，降低农民的融资成本和交易成本。可以采取一些优惠政策措施，如实施差异化的存款准备金率和贷款贴息政策，适度放宽对金融机构进入农业的约束，并引导涉农金融机构规范化、合法化发展，加强对涉农金融机构的监管。其次，注重农村金融产品创新，努力推出免抵押、免担保、低利率的普惠金融产品，逐步推进农村承包地经营权和农民住房财产权抵押贷款，有效盘活农业资源和农户资产，提高农民对先进农业技术、大型农业机械的投资能力，增加农业规模化经营的资金投入，促进农业加速发展。最后，重视对农民进行金融知识培训，增加农民金融知识，提高农民诚信意识，引导农民合理使用资金，规避金融风险。

六是提高农业支持的针对性和有效性，大力培育粮食主产区专业农户。农业支持向专业农户倾斜，扶持规模经营农户和农业组织。粮食主产区农户大量兼业会带来耕地高度分散经营，而有意愿在农村长期经营农业的农户难以实现规模和高效的农业经营。政府应鼓励和扶持有能力实现农业规模经营、有意愿成为专业农户的农村家庭，对其进行有针对性的指导和培训。通过普及农业生产知识、进行农业技能培训，实现科技种植，使农业生产效率能够得到提高，使农户参与市场竞争的能力也能得到增强，应将这样的农户家庭成员培养成新型职业农民。现阶段，我国政府还不具备全面覆盖、大规模补贴农业的能力，应增强补贴的针对性和有效性，提高政策实施效率，突出重点。借鉴日本农户兼业经营的经验教训，适度保护农业，逐渐消除农业补贴的收入效应，加大对专业农户的补贴力度，建立政策补贴与重要农产品生产挂钩机制，政策补贴与农产品种植面积或产量挂钩，依据农户实际经营的土地面积发放农业补贴，而非家庭承包地面积，农业补贴向种粮大户和专业农户倾斜，多种多补。通过市场机制，压缩Ⅱ兼农户的利益空间，使Ⅱ兼农户经营农业无利可图，加快其退出农业的步伐。

第三节　研究不足及未来展望

本书基于我国粮食主产区的省际数据，分别采用 SBM-Global Malmquist 生产率指数法和 SFA 两种方法对粮食主产区农业 TFP 进行了测算，并对 TFP 增长的敛散性和影响因素进行了检验，得到了一些较有价值的研究结论，但由于受到研究数据可获得性等因素的限制，未能对具体粮食品种的 TFP 开展深入研究。由于不同粮食品种的要素投入和产出关系存在较大差异，所以采用总量数据研究总投入、总产出，从农业增长的全局来看，研究结论较为可信。如果能够对具体粮食品种开展针对性研究，研究结论将更有应用价值，但需要考虑对各种投入产出要素的数据进行科学剥离或探寻可靠的研究数据来源，具有较大挑战性。

此外，由于人力、物力等条件所限，以农户为研究对象开展的微观研究中，问卷调查的样本主要来自河南省北部的鹤壁市浚县、中部的周口市商水县及南部的南阳市下辖的邓州市三个产粮大县（市）。由于地理位置不同、经济社会发展水平差异、农业资源禀赋条件的异质性，我国不同粮食主产省（区）的农业发展条件和水平也会存在较大差异，所以，在后续研究中，如果条件允许，扩大样本的地域覆盖面、增加样本数量将有利于得到更为合理的研究结论。

参考文献

安博文，李春玉，侯震梅．农业全要素生产率影响因素分析——来自新疆 81 个县域的经验数据 [J]．内蒙古农业大学学报（社会科学版），2021，23（5）：28-35．

蔡昉．中国经济增长如何转向全要素生产率驱动型 [J]．中国社会科学，2013（1）：56-71+206．

蔡跃洲，付一夫．全要素生产率增长中的技术效应与结构效应——基于中国宏观和产业数据的测算及分解 [J]．经济研究，2017，52（1）：72-88．

陈斌开，马宁宁，王丹利．土地流转、农业生产率与农民收入 [J]．世界经济，2020，43（10）：97-120．

陈海磊，史清华，顾海英．农户土地流转是有效率的吗？——以山西为例 [J]．中国农村经济，2014（7）：61-71+96．

陈家涛，张坤鹏，苗长虹．高质量发展背景下黄河流域中下游绿色生产率时空分异研究 [J]．人文地理，2021，36（5）：138-147．

陈锡文．论农业供给侧结构性改革 [J]．中国农业大学学报（社会科学版），2017，34（2）：5-13．

陈训波，武康平，贺炎林．农地流转对农户生产率的影响——基于 DEA 方法的实证分析 [J]．农业技术经济，2011（8）：65-71．

陈燕翎，庄佩芬，彭建平．吸收能力视角下贸易开放对农业绿色全要素

生产率的影响 [J]. 东南学术, 2021, 281 (1): 181 – 191.

程申. 农户土地经营规模与粮食生产率的关系 [D]. 中国农业大学, 2019.

崔焕金, 曾蓓. 我国粮食安全政策演进的阶段性特征与启示: 1978—2020 [J]. 经济学家, 2021 (7): 120 – 128.

〔英〕大卫·李嘉图. 政治经济学及赋税原理 [M]. 郭大力, 王亚南译. 译林出版社, 2014.

董逢谷. TFP 的指数体系因素分析估计及其新界定 [J]. 财经研究, 2001 (6): 53 – 59.

杜慧彬. 生态文明建设背景下宁夏农业全要素生产率研究 [D]. 宁夏大学, 2021.

杜江, 王锐, 王新华. 环境全要素生产率与农业增长: 基于 DEA-GML 指数与面板 Tobit 模型的两阶段分析 [J]. 中国农村经济, 2016 (3): 65 – 81.

杜江. 中国农业全要素生产率增长及其时空分异 [J]. 科研管理, 2015, 36 (5): 87 – 98.

樊胜根. 中国农业生产与生产率的增长: 新的测算方法及结论 [J]. 农业技术经济, 1998 (4): 27 – 35.

范丽霞, 李谷成. 全要素生产率及其在农业领域的研究进展 [J]. 当代经济科学, 2012 (1): 109 – 119 + 128.

方福前, 张艳丽. 中国农业全要素生产率的变化及其影响因素分析——基于 1991—2008 年 Malmquist 指数方法 [J]. 经济理论与经济管理, 2010 (9): 5 – 12.

盖庆恩, 朱喜, 程名望, 史清华. 土地资源配置不当与劳动生产率 [J]. 经济研究, 2017, 52 (5): 117 – 130.

高帆. 我国区域农业全要素生产率的演变趋势与影响因素——基于省际面板数据的实证分析 [J]. 数量经济技术经济研究, 2015, 32 (5): 3 – 19 + 53.

高鸣，宋洪远，Michael Carter. 粮食直接补贴对不同经营规模农户小麦生产率的影响——基于全国农村固定观察点农户数据 [J]. 中国农村经济，2016（8）：56-69.

高鸣，宋洪远. 脱钩收入补贴对粮食生产率的影响——基于农户收入差异的视角 [J]. 农业技术经济，2018（5）：15-27.

高鸣. 脱钩收入补贴对小麦生产率有影响吗？——基于农户的微观证据 [J]. 中国农村经济，2017（11）：47-61.

葛静芳，李谷成，尹朝静. 我国农业全要素生产率核算与地区差距分解——基于 Fare-Primont 指数的分析 [J]. 中国农业大学学报，2016，21（11）：117-126.

葛鹏飞，王颂吉，黄秀路. 中国农业绿色全要素生产率测算 [J]. 中国人口·资源与环境，2018，28（5）：66-74.

顾海，孟令杰. 中国农业 TFP 的增长及其构成 [J]. 数量经济技术经济研究，2002，19（10）：15-18.

郭海红，刘新民. 中国农业绿色全要素生产率的时空分异及收敛性 [J]. 数量经济技术经济研究，2021，38（10）：65-84.

郭海红，刘新民. 中国农业绿色全要素生产率时空演变 [J]. 中国管理科学，2020，28（9）：66-75.

郭海红，张在旭，方丽芬. 中国农业绿色全要素生产率时空分异与演化研究 [J]. 现代经济探讨，2018（6）：85-94.

郭萍，余康，黄玉. 中国农业全要素生产率地区差异的变动与分解——基于 Färe-Primont 生产率指数的研究 [J]. 经济地理，2013，33（2）：141-145.

郭庆旺，贾俊雪. 中国全要素生产率的估算：1979-2004 [J]. 经济研究，2005（6）：51-60.

国家统计局. 中华人民共和国 2020 年国民经济和社会发展统计公报 [R]. http://www.gov.cn/xinwen/2021-02/28/content_5589283.htm.

2021 - 02 - 28.

何一鸣，罗必良，高少慧. 农地制度变迁与农业经济绩效——一个权利
　　管制放松的理论视角 [J]. 财贸研究，2014，25 (4)：39 - 47.

胡晨沛，李辉尚，曲春红. 基于时空异质弹性生产函数的地区农业全要素
　　生产率变迁特征研究 [J]. 农业技术经济，2021 (7)：103 - 114.

黄安胜，许佳贤，郑晶，刘振滨. 全国视域下的粮食主产区农业全要素
　　生产率实证分析——基于 1998 - 2012 年省际面板数据 [J]. 湖北农
　　业科学，2014，53 (24)：6137 - 6141.

〔日〕晖峻众三. 日本农业 150 年 (1850—2000 年) [M]. 胡浩等译. 中
　　国农业大学出版社，2011.

纪成君，夏怀明. 我国农业绿色全要素生产率的区域差异与收敛性分析
　　[J]. 中国农业资源与区划，2020，41 (12)：136 - 143.

姜长云，李俊茹. 关于农业农村现代化内涵、外延的思考 [J]. 学术界，
　　2021 (5)：14 - 23.

蒋和平，苏基才. 1995 - 1999 年全国农业科技进步贡献率的测定与分析
　　[J]. 农业技术经济，2001 (5)：12 - 17.

蒋艳芝，丁志超，李光泗. 高质量增长背景下农业全要素生产率影响因
　　素分析——以江苏省为例 [J]. 河北农业大学学报 (社会科学版)，
　　2021，23 (3)：26 - 32.

揭懋汕，郭洁，陈罗烨，雪燕，薛领. 碳约束下中国县域尺度农业全要
　　素生产率比较研究 [J]. 地理研究，2016，35 (5)：898 - 908.

金芳，金荣学. 农业产业结构变迁对绿色全要素生产率增长的空间效应分
　　析 [J]. 华中农业大学学报 (社会科学版)，2020 (1)：124 - 134 +
　　168 - 169.

金怀玉，菅利荣. 中国农业全要素生产率测算及影响因素分析 [J]. 西
　　北农林科技大学学报 (社会科学版)，2013，13 (2)：29 - 35 + 42.

金绍荣，任赞杰，慕天媛. 农业保险对我国农业全要素生产率的动态影

响——基于中国 2007 - 2018 年省级面板数据的实证研究 [J]. 西南大学学报 (自然科学版)，2022，44 (4)：134 - 143.

井深，肖龙铎. 农村正规与非正规金融发展对农业全要素生产率的影响——基于中国省级面板数据的实证研究 [J]. 江苏社会科学，2017 (4)：77 - 85.

李谷成，陈宁陆，闵锐. 环境规制条件下中国农业全要素生产率增长与分解 [J]. 中国人口·资源与环境，2011 (11)：153 - 160.

李谷成，范丽霞，冯中朝. 资本积累、制度变迁与农业增长——对 1978 ~ 2011 年中国农业增长与资本存量的实证估计 [J]. 管理世界，2014 (5)：67 - 79 + 92.

李谷成，冯中朝，范丽霞. 农户家庭经营技术效率与全要素生产率增长分解 (1999 ~ 2003 年) ——基于随机前沿生产函数与来自湖北省农户的微观证据 [J]. 数量经济技术经济研究，2007，24 (8)：25 - 34.

李谷成，冯中朝. 中国农业全要素生产率增长：技术推进抑或效率驱动——一项基于随机前沿生产函数的行业比较研究 [J]. 农业技术经济，2010 (5)：4 - 14.

李谷成. 技术效率、技术进步与中国农业生产率增长 [J]. 经济评论，2009 a (1)：60 - 68.

李谷成. 人力资本与中国区域农业 TFP 增长——基于 DEA 视角的实证分析 [J]. 财经研究，2009 b (9)：115 - 128.

李谷成. 中国农村经济制度变迁、农业生产绩效与动态演进 [J]. 制度经济学研究，2009 c (3)：20 - 54.

李谷成. 中国农业生产率增长的地区差距与收敛性分析 [J]. 产业经济研究，2009 d (2)：41 - 48.

李明文. 要素禀赋、结构升级与农业全要素生产率提升 [D]. 沈阳农业大学，2020.

李欠男，李谷成，高雪，尹朝静. 农业全要素生产率增长的地区差距及空

间收敛性分析 [J]. 中国农业资源与区划, 2019, 40 (7): 28 - 36.

李欠男, 李谷成, 尹朝静. 农业绿色全要素生产率增长的分布动态演进 [J]. 统计与信息论坛, 2020, 35 (10): 119 - 128.

李士梅, 尹希文. 中国农村劳动力转移对农业全要素生产率的影响分析 [J]. 农业技术经济, 2017 (9): 4 - 13.

李文华. 基于 DEA-Malmquist 指数的中国农业全要素生产率时空差异及影响因素分析 [J]. 山东农业大学学报 (社会科学版), 2018, 20 (2): 96 - 103 + 173 - 174.

李翔, 杨柳. 华东地区农业全要素生产率增长的实证分析——基于随机前沿生产函数模型 [J]. 华中农业大学学报 (社会科学版), 2018 (6): 62 - 68 + 154.

李展, 崔雪. 中国农业全要素生产率的再测算: 基于 KLEMS-TFP 视角 [J]. 经济问题探索, 2021 (5): 95 - 107.

刘晗, 王燕, 王钊. 社会化分工能否提高农户经营效益——来自种植业农户的多维检验 [J]. 农业技术经济, 2018 (12): 53 - 63.

刘建国, 李国平, 张军涛. 经济效率与全要素生产率研究进展 [J]. 地理科学进展, 2011 (10): 1263 - 1275.

刘守英. 集体地权制度变迁与农业绩效——中国改革 40 年农地制度研究综述性评论 [J]. 农业技术经济, 2019 (1): 4 - 16.

刘霞婷, 李强, 吴超, 马锦怡. 中国农业全要素生产率动态分析——基于 SFA 模型和 Log (t) 回归方法 [J]. 中国农业资源与区划, 2022, 43 (1): 50 - 59.

刘亦文, 欧阳莹, 蔡宏宇. 中国农业绿色全要素生产率测度及时空演化特征研究 [J]. 数量经济技术经济研究, 2021, 38 (5): 39 - 56.

刘战伟. 中国农业全要素生产率的动态演进及其影响因素分析 [J]. 中国农业资源与区划, 2018, 39 (12): 104 - 111.

刘志彪, 凌永辉. 结构转换、全要素生产率与高质量发展 [J]. 管理世界，2020，36（7）：15－29.

龙少波，张梦雪.中国农业全要素生产率的再测算及影响因素——从传统迈向高质量发展［J］.财经问题研究，2021（8）：40－51.

吕娜，朱立志.中国农业环境技术效率与绿色全要素生产率增长研究［J］.农业技术经济，2019（4）：95－103.

罗芳，马卫民.我国粮食主产区农业全要素生产率的测算及影响因素［J］.贵州农业科学，2015，43（2）：204－207＋222.

罗斯炫，何可，张俊飚.改革开放以来中国农业全要素生产率再探讨——基于生产要素质量与基础设施的视角［J］.中国农村经济，2022（2）：115－136.

马国群，谭砚文.环境规制对农业绿色全要素生产率的影响研究——基于面板门槛模型的分析［J］.农业技术经济，2021（5）：77－92.

马克思.资本论［M］.人民出版社，2018.

孟祥海，周海川，杜丽永，沈贵银.中国农业环境技术效率与绿色全要素生产率增长变迁——基于种养结合视角的再考察［J］.农业经济问题，2019（6）：9－22.

宁吉喆.当前我国宏观经济形势、展望与政策建议［J］.宏观经济管理，2020（1）5－7＋13.

彭甲超，易明，付丽娜.中国农业全要素生产率的再检验——基于省级面板数据农业中间消耗品的分析［J］.中国管理科学，2021，29（6）：223－237.

钱丽，肖仁桥，陈忠卫.碳排放约束下中国省际农业生产效率及其影响因素研究［J］.经济理论与经济管理，2013，33（9）：100－112.

乔榛，焦方义，李楠.中国农村经济制度变迁与农业增长［J］.经济研究，2006（7）：73－82.

秦升泽，吴平.农业全要素生产率影响因素的社会嵌入性研究［J］.华中农业大学学报（社会科学版），2020（2）：59－66＋164－165.

全炯振．中国农业全要素生产率增长的实证分析：1978～2007年——基于随机前沿分析（SFA）方法［J］．中国农村经济，2009（9）：36－47．

〔法〕萨伊．政治经济学概论［M］．陈福生，陈振骅译．商务印书馆，2020．

沈洋，周鹏飞．农业绿色全要素生产率测度及收敛性分析——基于碳汇和碳排放双重视角［J］．调研世界，2022（4）：58－68．

石慧，孟令杰．中国省际间农业全要素生产率差距影响因素分析［J］．南京农业大学学报（社会科学版），2007（2）：28－34＋56．

石慧，孟令杰，王怀明．中国农业生产率的地区差距及波动性研究——基于随机前沿生产函数的分析［J］．经济科学，2008，165（3）：20－33．

石慧，吴方卫．中国农业生产率地区差异的影响因素研究——基于空间计量的分析［J］．世界经济文汇，2011（3）：59－73．

石自忠，王明利．制度变迁对中国农业经济增长的影响［J］．华中农业大学学报（社会科学版），2018（5）：49－58＋162－163．

史常亮，朱俊峰，揭昌亮．中国农业全要素生产率增长地区差异及收敛性分析——基于固定效应SFA模型和面板单位根方法［J］．经济问题探索，2016（4）：134－141．

田红宇，祝志勇．中国粮食生产效率及影响因素分析——基于DEA-Tobit两步法研究［J］．中国农业资源与区划，2018，39（12）：161－168．

王珏，宋文飞，韩先锋．中国地区农业全要素生产率及其影响因素的空间计量分析——基于1992～2007年省域空间面板数据［J］．中国农村经济，2010（8）：24－35．

王留鑫，洪名勇．我国农业全要素生产率的区域差异及影响因素——基于DEA-Malmquist指数省际面板数据的实证分析［J］．郑州航空工业管理学院学报，2018，36（3）：11－21．

王璐，杨汝岱，吴比. 中国农户农业生产全要素生产率研究 [J]. 管理世界，2020，36（12）：77 - 93.

王奇，王会，陈海丹. 中国农业绿色 TFP 变化研究：1992 - 2010 年 [J]. 经济评论，2012（5）：24 - 39.

王启现，李志强，刘振虎，刘自杰. "十五"全国农业科技进步贡献率测算与 2020 年预测 [J]. 农业现代化研究，2006（11）：416 - 419.

王淑红，杨志海. 农业劳动力老龄化对粮食绿色全要素生产率变动的影响研究 [J]. 农业现代化研究，2020，41（3）：396 - 406.

王震，辛贤. 土地跨村流转能否实现粮食生产率增长？——基于 15 省农户调查数据的实证分析 [J]. 中国农村观察，2022（2）：2 - 18.

魏丹，闵锐，王雅鹏. 粮食生产率增长、技术进步、技术效率——基于中国分省数据的经验分析 [J]. 中国科技论坛，2010（8）：140 - 145.

吴乐，王思语. 全球疫情冲击下的大国粮食安全 [N]. 河南日报，2020 - 09 - 04（理论版）.

吴乐，邹文涛. 我国粮食消费的现状和趋势及对策 [J]. 农业现代化研究，2011，32（2）：129 - 133.

〔美〕西奥多·W. 舒尔茨. 改造传统农业 [M]. 梁小民译. 商务印书馆，2010.

谢晓霞. 河南省农业全要素生产率研究 [D]. 河南大学，2012.

谢沂芹，胡士华. 信贷配置效率对农业全要素生产率的影响机制——基于中国 2011 - 2018 省际面板数据实证 [J]. 西南大学学报（自然科学版），2021，43（3）：124 - 131.

许世卫，王禹，潘月红，高利伟. 全球主要粮食生产与贸易格局演变分析及展望 [J]. 农业展望，2018，14（3）：73 - 87.

〔英〕亚当·斯密. 国富论 [M]. 郭大力，王亚南译. 商务印书馆，2014.

杨刚，杨孟禹. 中国农业全要素生产率的空间关联效应——基于静态与动态空间面板模型的实证研究 [J]. 经济地理，2013，33（11）：

122 – 129.

杨钧，李建明，罗能生．农村基础设施、人力资本投资与农业全要素生产率——基于空间杜宾模型的实证研究［J］．河南师范大学学报（哲学社会科学版），2019，46（4）：46 – 52.

杨骞，王珏，李超，刘鑫鹏．中国农业绿色全要素生产率的空间分异及其驱动因素［J］．数量经济技术经济研究，2019，36（10）：21 – 37.

杨小娟，陈耀，高瑞宏．甘肃省农业环境效率及碳排放约束下农业全要素生产率测算研究［J］．中国农业资源与区划，2021，42（8）：13 – 20.

杨正林．农村经济制度变迁与农业增长因素的贡献度［J］．改革，2007（11）：49 – 54.

杨宗耀，仇焕广，纪月清．土地流转背景下农户经营规模与土地生产率关系再审视——来自固定粮农和地块的证据［J］．农业经济问题，2020（4）：37 – 48.

姚成胜，胡宇，黄琳．粮食主产区农业现代化水平评价及其空间非均衡性演变［J］．农业现代化研究，2020，41（1）：34 – 44.

姚凤阁，胡静，李福新．我国粮食主产区农村金融服务效率分析［J］．商业研究，2018（7）：162 – 167.

姚增福，刘欣．现代农业全要素生产率分解及空间优化差异——来自湘南农户案例及VRS-DEA模型的实证检验［J］．经济地理，2016，36（12）：119 – 125.

叶初升，惠利．农业生产污染对经济增长绩效的影响程度研究——基于环境全要素生产率的分析［J］．中国人口·资源与环境，2016，26（4）：116 – 125.

易福金，周甜甜，陈晓光．气候变化、农业科研投入与农业全要素生产率［J］．南京农业大学学报（社会科学版），2021，21（4）：155 – 167.

尹朝静，高雪．纳入气候因素的中国农业全要素生产率再测算［J］．中南财经政法大学学报，2022（1）：110 – 122.

尹朝静. 科研投入、人力资本与农业全要素生产率 [J]. 华南农业大学
　　学报（社会科学版），2017，16（3）：27 - 35.

尹朝静，李谷成，范丽霞，高雪. 气候变化、科技存量与农业生产率增
　　长 [J]. 中国农村经济，2016（5）：16 - 28.

尹雷，沈毅. 农村金融发展对中国农业全要素生产率的影响：是技术进
　　步还是技术效率——基于省级动态面板数据的 GMM 估计 [J]. 财贸
　　研究，2014，25（2）：32 - 40.

应瑞瑶，潘丹. 中国农业全要素生产率测算结果的差异性研究——基于
　　Meta 回归分析方法 [J]. 农业技术经济，2012（3）：47 - 54.

曾先峰，李国平. 我国各地区的农业生产率与收敛：1980 ~ 2005 [J].
　　数量经济技术经济研究，2008（5）：81 - 92.

张琛. 土地资源错配对中国农户"加总"全要素生产率的影响研究
　　[J]. 财贸研究，2022，33（3）：40 - 50.

张东玲，焦宇新. 农业保险、农业全要素生产率与农户家庭经济韧性
　　[J]. 华南农业大学学报（社会科学版），2022，21（2）：82 - 97.

张帆，吴玲，王富林. 中国农业全要素生产率的空间关联网络结构及驱
　　动因素研究 [J]. 农业现代化研究，2020，41（4）：587 - 598.

张亨明，章皓月，朱庆生. "双循环"新发展格局下我国粮食安全隐忧
　　及其消解方略 [J]. 改革，2021（9）：134 - 144.

张恒，郭翔宇. 农业生产性服务业发展与农业全要素生产率提升：地区
　　差异性与空间效应 [J]. 农业技术经济，2021（5）：93 - 107.

张乐，曹静. 中国农业全要素生产率增长：配置效率变化的引入——基
　　于随机前沿生产函数法的实证分析 [J]. 中国农村经济，2013（3）：
　　4 - 15.

张丽，李容. 农机作业服务是否影响粮食全要素生产率——基于农业分
　　工的调节效应 [J]. 农业技术经济，2021（9）：50 - 67.

张丽媛，万江红. 农地连片的地块规模门槛分析——基于传统农区农户

数据的考察 [J]. 农村经济, 2021 (10): 44 – 52.

张宁, 胡鞍钢, 郑京海. 应用 DEA 方法评测中国各地区健康生产效率研究 [J]. 经济研究, 2006 (7): 2 – 105.

章德宾. 不同蔬菜种植规模农户农业生产效率研究: 主产区 2009—2016 年的调查 [J]. 农业技术经济, 2018 (7): 41 – 50.

赵文, 程杰. 中国农业全要素生产率的重新考察——对基础数据的修正和两种方法的比较 [J]. 中国农村经济, 2011 (10): 4 – 15 + 35.

郑晶, 温思美. 制度变迁对我国农业增长的影响: 1988 – 2005 [J]. 改革, 2007 (7): 40 – 47.

郑云. 中国农业全要素生产率变动、区域差异及其影响因素分析 [J]. 经济经纬, 2011 (2): 55 – 59.

周端明. 技术进步、技术效率与中国农业生产率增长——基于 DEA 的实证分析 [J]. 数量经济技术经济研究, 2009, 26 (12): 70 – 82.

周鹏飞, 谢黎, 王亚飞. 我国农业全要素生产率的变动轨迹及驱动因素分析——基于 DEA-Malmquist 指数法与两步系统 GMM 模型的实证考察 [J]. 兰州学刊, 2019 (12): 170 – 186.

周杨. 大豆生产者补贴政策改革与农户生产行为响应研究 [D]. 吉林农业大学, 2021.

朱喜, 史清华, 盖庆恩. 要素配置扭曲与农业全要素生产率 [J]. 经济研究, 2011, 46 (5): 86 – 98.

朱晓哲, 刘瑞峰, 马恒运. 中国农村土地制度的历史演变、动因及效果: 一个文献综述视角 [J]. 农业经济问题, 2021 (8): 90 – 103.

Adamopoulos, T., Brandt, L., Leight, J., Restuccia, D. Misallocation, selection and productivity: A quantitative analysis with panel data from China [R]. Working Paper, 2018.

Aigner, D. J., Lovell, C. A. K., Schmidt, P. Formulation and estimation of stochastic frontier production function models [J]. *Journal of Economet-*

rics, 1977, 6: 21 – 37.

Alexiadis, S. Convergence in agriculture: Evidence from the European regions [J]. *Agricultural Economics Review*, 2010, 11 (2): 84 – 96.

Arrow, K. J. The economic implications of learning by doing [J]. *Review of Economic Studies*, 1962, 29 (1): 155 – 173.

Banker, R. D. , Charnes, A. , Cooper, W. W. Some models for estimating technical and scale inefficiencies in Data Envelopment Analysis [J]. *Management Science*, 1984, 30: 1078 – 1092.

Banker, R. D. Estimating most productive scale size using data envelopment analysis [J]. *European Journal of Operational Research*, 1984, 17: 35 – 44.

Baron, R. M. , Kenny, D. A. The moderator-mediator variable distinction in social psychological research: Conceptual, strategic, and statistical consideration [J]. *Journal of Personality and Social Psychology*, 1986, 51: 1171 – 1182.

Barro, R. J. , Sala-i-Martin, X. Convergence across states and regions [J]. *Brookings Papers on Economic Activity*, 1991, 22 (1): 107 – 182.

Barro, R. J. , Sala-i-Martin, X. Convergence [J]. *The Journal of Political Economy*, 1992, 100 (2): 223 – 251.

Battese, E. , Coelli, T. Frontier production functions, technical efficiency and panel data: With application to paddy farmers in India [J]. *Journal of Productivity Analysis*, 1992, 3 (1/2): 153 – 169.

Battese, G. E. , Coelli, T. J. A model for technical inefficiency effects in a stochastic frontier production function for panel data [J]. *Empirical Economics*, 1995, 20 (2): 325 – 332.

Battese, G. E. , Corra, G. S. Estimation of a production frontier model: With application to the pastoral zone of Eastern Australia [J]. *Australian Jour-*

nal of Agricultural Economics, 1977, 21: 169 – 179.

Baumol, W. J. Productivity growth, convergence, and welfare: What the long-run data show [J]. *The American Economic Review*, 1986, 5: 1072 – 1085.

Bernard, A. B. , Durlauf, S. N. Interpreting tests of the convergence hypothesis [J]. *Journal of Econometrics*, 1996, 71 (1): 161 – 173.

Caves, D. W. , Christensen, L. R. , Diewert, W. E. The economic theory of index numbers and the measurement of input, output, and productivity [J]. *Econometrica*, 1982, 50 (6): 1393 – 1414.

Charnes, A. , Cooper, W. W. , Rhodes, E. Measuring the efficiency of decision making units [J]. *European Journal of Operational Research*, 1978, 2 (6): 429 – 444.

Cobb, C. W. , Douglas, P. H. A theory of production [J]. *American Economic Review*, 1928, 18 (1): 139 – 165.

Coellt, T. J. , Raodsp, O. , Donnell, C. J. , et al. *An Introduction to Efficiency and Productivity Analysis* [M]. New York, NY: Springer US, 2005.

Colby, H. , Diao, X. , Somwaru, A. Cross commodity analysis of China's grain sector: Sources of growth and supply growth [R]. Technical Bulletin No1884, Economic Research Service USDA, Washington, D. C. , 2000.

Eicher, T. , Turnovsky, S. Non-Scale models of economic growth [J]. *Economic Journal*, 1999, 109 (457): 394 – 415.

Fan, S. Effects of technological change and institutional reform on production growth in Chinese agriculture [J]. *American Journal of Agricultural Economics*, 1991, 73: 266 – 275.

Fan, S. Production and productivity growth in Chinese agriculture new measurement and evidence [J]. *Food Policy*, 1997, 22: 213 – 228.

Fare, R. , Grosskopf, S. , Lindgren, B. , Roos, P. Productivity changes in swedish pharmacies 1980 ~ 1989: A non-parametric Malmquist approach [J]. *Journal of Productivity Analysis*, 1992, 3: 85 – 101.

Fare, R, Grosskopf, S. , Lovell, C. A. K. *Production Frontiers* [M]. Cambridge: Cambridge University Press, 1994a.

Fare, R. , Grosskopf, S. , Norris, M. , Zhang, Z. Productivity growth, technical progress, and efficiency change in industrialized countries [J]. *American Economic Review*, 1994b, 84 (1): 66 – 83.

Farrell, M. J. The measurement of productive efficiency [J]. *Journal of the Royal Statistical Society*, 1957, 120 (3): 253 – 290.

Felipe, J. Total factor productivity growth in East Asia: A critical survey [J]. *The Journal of Development Studies*, 1999, 35: 1 – 41.

Galor, O. Convergence? Inferences from theoretical models [J]. *The Economic Journal*, 1996, 106 (437): 1056 – 1069.

Grifell-Tatjé, E. , Lovell, C. A. K. A generalized Malmquist productivity index [J]. *Sociedad de Estadística e Investigación Operativa*, 1999, 7: 81 – 101.

Grifell-Tatjé, E. , Lovell, C. A. K. A note on the Malmquist productivity index [J]. *Economics Letters*, 1995, 47 (2): 169 – 175.

Gregory, M. N. , Romer, D. , Weil, D. N. A contribution to the empirics of economic growth [J]. *Quarterly Journal of Economics*, 1992, 107 (2): 407 – 437.

Jin, S. , Huang, J. , Hu, R. , Rozelle, S. The creation and spread of technology and total factor productivity in China's agriculture [J]. *American Journal of Agricultural Economics*, 2002, 84: 916 – 930.

Jones, C. Growth: With or without scale effects? [J]. *American Economic Review*, 1999, 89 (5): 139 – 144.

Jones, C. R&D-based models of economic growth [J]. *Journal of Political Economy*, 1995, 4 (103): 759 – 784.

Jovanovic, B. Learning and Growth [A]//David M. Kreps, Kenneth F. Wallis. *Advances in Economics and Econometrics: Theory and Applications: Seventh World Congress.* Cambridge University Press, 1997.

Kalirajan, K. P. , Obwona, M. B. , Zhao, S. A decomposition of total factor productivity growth: The case of Chinese agricultural growth before and after reforms [J]. *American Journal of Agricultural Economics*, 1996, 78 (2): 331 - 338.

Kumbhakar, S. C. , Lovell, C. A. K. *Stochastic Frontier Analysis* [M]. Cambridge: Cambridge University Press, 2000.

Lin, Y. Rural reforms and agricultural growth in China [J]. *American Economic Review*, 1992, 82 (1): 34 - 51.

Lovell, C. A. K. , Pastor, J. T. Units invariant and translation invariant DEA models [J]. *Operations Research Letters*, 1995, 18 (3): 147 - 151.

McMillan, J. , Whalley, J. , Zhu, L. The impact of China's economic reforms on agricultural productivity growth [J]. *The Journal of Political Economy*, 1989, 97 (4): 781 - 807.

Mead, R. W. A revisionist view of Chinese agricultural productivity [J]. *Contemporary Economic Policy*, 2003, 21: 117 - 131.

Meeusen, W. , Broeck, J. Efficiency estimation from Cobb-Douglas production functions with composed error [J] . *International Economic Reviews*, 1977, 18: 435 - 444.

Miller, S. M. , Upadhyay, M. P. Total factor productivity and the convergence hypothesis [J]. *Journal of Macroeconomics*, 2002, 24 (2): 267 - 286.

Poudel, B. N. , Paudel, K. P. , Zilberman, D. Agricultural productivity convergence: Myth or reality? [J]. *Journal of Agricultural and Applied Economics*, 2011, 43 (1): 143 - 156.

Ray, S. C. , Desli, E. Productivity growth, technical progress, and efficiency change in industrialized countries: Comment [J]. *The American Economic Review*, 1997, 87 (5): 1033 – 1039.

Romer, D. *Advanced Macroeconomics* [M]. New York: The McGraw-Hill Companies, Inc, 1996.

Sala-i-Martin, X. The classical approach to convergence analysis [J]. *The Economic Journal*, 1996, 106: 1019 – 1036.

Solow, R. M. A contribution to the theory of economic growth [J]. *Quarterly Journal of Economics*, 1956, 70 (1): 65 – 94.

Solow, R. M. Technical change and the aggregate production function [J]. *The Review of Economics and Statistics*, 1957, 39: 312 – 320.

Tang, A. M. An analytical and empirical investigation of agriculture in mainland China, 1952 – 1980 [R]. Chung Hua Institution for Economic Research, Taipei, Taiwan, 1984.

Tinbergen, J. Professor Douglas' production function [J]. *Review of the International Statistical Institute*, 1942, 10 (1 – 2): 37 – 48.

Tone, K. A slacks-based measure of efficiency in data envelopment analysis [J]. *European Journal of Operational Research*, 2001, 130 (3): 498 – 509.

Wen, G. J. Total factor productivity change in China's farming sector: 1952 – 1989 [J]. *Economic Development and Cultural Change*, 1993, 42: 1 – 41.

Xu, Y. Agricultural productivity in China [J]. *China Economic Review*, 1999, 10 (2): 108 – 121.

You, L. , Rosegrant, M. , Fang, C. , Wood, S. Impact of global warming on Chinese wheat productivity [R]. International Food Policy Research Institute Discussion Paper, 2005, No. EPTD 143.

Young, A. The tyranny of numbers: Confronting the statistical realities of the east Asian growth experience [J]. *Quarterly Journal of Economics*, 1995, 110 (3): 641 – 680.

Zhang, B. , Carter, C. A. Reforms, the weather, and productivity growth in China's grain sector [J]. *American Journal of Agricultural Economics*, 1997, 79: 1266 – 1277.

附　录

附录 1　Frontier 4.1 软件主要测算程序

2	1 = ERROR COMPONENTS MODEL, 2 = TE EFFECTS MODEL
eg1 – dta. txt	DATA FILE NAME
eg1 – out. txt	OUTPUT FILE NAME
1	1 = PRODUCTION FUNCTION, 2 = COST FUNCTION
Y	LOGGED DEPENDENT VARIABLE (Y/N)
13	NUMBER OF CROSS – SECTIONS
21	NUMBER OF TIME PERIODS
273	NUMBER OF OBSERVATIONS IN TOTAL
9	NUMBER OF REGRESSOR VARIABLES (Xs)
Y	MU (Y/N) [OR DELTA0 (Y/N) IF USING TE EFFECTS MODEL]
4	ETA (Y/N) [OR NUMBER OF TE EFFECTS REGRESSORS (Zs)]
n	STARTING VALUES (Y/N)
	IF YES THEN　BETA0
	BETA1 TO
	BETAK
	SIGMA SQUARED
	GAMMA
	MU　　　　　　[OR DELTA0
	ETA　　　　　　DELTA1 TO
	DELTAP]

198

附录2　2000～2020年我国粮食主产区各省（区）农林牧渔业产值

单位：亿元，%

年份	河北	内蒙古	辽宁	吉林	黑龙江	江苏	安徽	江西	山东	河南	湖北	湖南	四川	总计	全国	占比
2000	1544.7	543.2	967.4	609.4	625.1	1869.7	1220.0	760.3	2294.3	1981.5	1125.6	1221.7	1413.3	16176.2	24915.8	64.92
2001	1680.5	555.9	1045.7	659.3	711.0	1956.1	1258.1	790.3	2454.4	2102.8	1172.8	1283.1	1466.8	17136.4	26179.6	65.46
2002	1729.2	587.0	1132.5	678.5	776.7	2011.5	1305.6	824.5	2526.0	2194.8	1203.3	1319.9	1600.6	17890.1	27390.8	65.31
2003	1956.9	666.4	1215.0	792.1	903.3	1952.2	1305.4	841.6	2902.5	2193.1	1342.1	1453.0	1784.5	19308.1	29691.8	65.03
2004	2375.9	851.3	1510.5	940.7	1136.6	2417.6	1644.4	1055.0	3453.3	2963.9	1695.4	1913.3	2252.3	24210.8	36239.0	66.81
2005	2600.8	980.2	1671.6	1050.5	1294.4	2577.0	1666.2	1143.0	3741.8	3309.7	1775.6	2056.2	2457.5	26324.5	39450.9	66.73
2006	2771.8	1085.9	1841.3	1155.5	1387.7	2707.1	1779.9	1228.3	4056.6	3589.7	1871.0	2131.9	2602.1	28208.8	42424.4	66.49
2007	3075.8	1276.4	2128.0	1359.8	1700.6	3064.7	2070.1	1426.9	4766.2	3879.9	2296.8	2632.2	3377.0	33054.4	48893.0	67.61
2008	3505.2	1525.7	2476.9	1614.8	2123.4	3590.6	2446.5	1680.5	5613.0	4669.5	2940.5	3324.5	3903.4	39414.5	58002.2	67.95
2009	3640.9	1570.6	2704.6	1734.3	2251.1	3816.0	2569.5	1733.8	6003.1	4871.5	2985.2	3207.9	3689.8	40778.3	60361.0	67.56
2010	4309.4	1843.6	3106.5	1850.3	2536.3	4297.1	2955.4	1900.6	6650.9	5734.2	3502.0	3787.5	4081.8	46555.6	69319.8	67.16
2011	4895.9	2204.5	3633.6	2275.1	3223.5	5237.4	3459.7	2207.3	7409.7	6218.6	4252.9	4508.2	4932.7	54459.1	81303.9	66.98
2012	5340.1	2449.3	4062.4	2502.0	3952.3	5808.8	3728.3	2399.3	7945.8	6679.0	4732.1	4904.1	5433.1	59936.6	89453.0	67.00
2013	5832.9	2699.5	4349.7	2670.6	4633.3	6158.0	4009.2	2578.4	8750.0	7198.1	5160.6	5043.6	5620.3	64704.2	96995.3	66.71
2014	5994.8	2779.1	4498.4	2763.0	4894.8	6443.4	4223.7	2726.5	9198.3	7549.1	5452.8	5304.8	5888.1	67716.8	102226.1	66.24
2015	5978.9	2751.6	4686.7	2880.6	5044.9	7030.8	4390.8	2859.1	9549.6	7541.3	5728.6	5630.7	6377.8	70451.4	107056.4	65.81

续表

年份	河北	内蒙古	辽宁	吉林	黑龙江	江苏	安徽	江西	山东	河南	湖北	湖南	四川	总计	全国	占比
2016	6083.9	2794.2	4421.8	2724.9	5197.8	7235.1	4655.5	3130.3	9325.9	7799.7	6278.4	6081.9	6831.1	72560.5	112091.3	64.73
2017	5373.4	2813.5	3851.6	2064.3	5586.6	7161.2	4597.9	3069.0	9140.4	7562.5	6129.7	5213.5	6955.5	69519.1	109331.7	63.59
2018	5707.0	2985.3	4061.9	2184.3	5624.3	7192.5	4672.7	3148.6	9397.4	7757.9	6207.8	5361.6	7195.6	71496.9	113579.5	62.95
2019	6061.5	3176.3	4368.2	2442.7	5930.0	7503.2	5162.1	3481.3	9671.7	8541.8	6681.9	6405.1	7889.3	77315.1	123967.9	62.37
2020	6742.5	3472.4	4582.6	2976.0	6438.1	7952.6	5680.9	3820.7	10190.6	9956.3	7303.6	7512.0	9216.4	85844.7	137782.2	62.30

注：表中数据为原始数据，未以不变价格折算。
资料来源：根据历年《中国统计年鉴》汇总整理。

附录 3 2000~2020 年我国粮食主产区各省（区）粮食产量

单位：万吨，%

年份	河北	内蒙古	辽宁	吉林	黑龙江	江苏	安徽	江西	山东	河南	湖北	湖南	四川	总计	全国	占比
2000	2551.1	1241.9	1140.0	1638.0	2545.5	3106.6	2472.1	1614.6	3837.7	4101.5	2218.5	2767.9	3372.0	32607.4	46217.5	70.55
2001	2491.8	1239.1	1394.4	1953.4	2651.7	2942.1	2500.3	1600.0	3720.6	4119.9	2138.5	2700.3	2926.5	32378.6	45263.7	71.53
2002	2435.8	1406.1	1510.4	2214.8	2941.2	2907.1	2765.0	1549.5	3292.7	4210.0	2047.0	2501.3	3132.4	32913.3	45705.8	72.01
2003	2387.8	1360.7	1498.3	2259.6	2512.3	2471.9	2214.8	1450.3	3435.3	3569.5	1921.0	2442.7	3054.1	30578.3	43069.5	71.00
2004	2480.1	1505.3	1720.0	2510.0	3001.0	2829.1	2743.0	1663.0	3516.7	4260.0	2100.1	2640.0	3146.1	34114.4	46946.9	72.67
2005	2598.6	1662.2	1745.8	2581.2	3092.0	2834.6	2605.3	1757.0	3917.4	4582.0	2177.4	2678.6	3211.1	35443.2	48402.2	73.23
2006	2702.8	1704.9	1725.0	2720.0	3346.0	3041.4	2860.7	1854.5	4048.8	5010.0	2210.1	2706.2	2893.4	36823.8	49747.9	74.02
2007	2841.6	1810.7	1835.0	2453.8	3462.9	3132.2	2901.4	1904.0	4148.8	5245.2	2185.4	2692.2	3027.0	37640.2	50160.3	75.04

续表

年份	河北	内蒙古	辽宁	吉林	黑龙江	江苏	安徽	江西	山东	河南	湖北	湖南	四川	总计	全国	占比
2008	2905.8	2131.3	1860.3	2840.0	4225.0	3175.5	3023.3	1958.1	4260.5	5365.5	2227.2	2805.0	3140.0	39917.5	52870.9	75.50
2009	2910.2	1981.7	1591.0	2460.0	4353.0	3230.1	3069.9	2002.6	4316.3	5389.0	2309.1	2902.7	3194.6	39710.2	53082.1	74.81
2010	2975.9	2158.2	1765.4	2842.5	5012.8	3235.1	3080.5	1954.7	4335.7	5437.1	2315.8	2847.5	3222.9	41184.1	54647.7	75.36
2011	3172.6	2387.5	2035.5	3171.0	5570.6	3307.8	3135.5	2052.8	4426.3	5542.5	2388.5	2939.4	3291.6	43421.6	57120.8	76.02
2012	3246.6	2528.5	2070.5	3343.0	5761.5	3372.5	3289.1	2084.8	4511.4	5638.6	2441.8	3006.5	3315.0	44609.8	58958.0	75.66
2013	3365.0	2773.0	2195.6	3551.0	6004.1	3423.0	3279.6	2116.1	4528.2	5713.7	2501.3	2925.7	3387.1	45763.4	60193.8	76.03
2014	3360.2	2753.0	1753.9	3532.8	6462.2	3490.6	3415.0	2143.5	4596.6	5772.3	2584.2	3001.3	3374.9	46241.3	60702.6	76.18
2015	3363.8	2827.0	2002.5	3647.0	6324.0	3561.3	3538.1	2148.7	4712.7	6067.1	2703.3	3002.9	3442.8	47341.2	62143.9	76.18
2016	3460.2	2780.3	2100.6	3717.2	6058.5	3466.0	3417.4	2138.1	4700.7	5946.6	2554.1	2953.2	3483.5	46776.4	61625.0	75.90
2017	3829.2	3254.5	2330.7	4154.0	7410.3	3610.8	4019.9	2221.7	5374.4	6524.2	2846.1	3073.6	3488.9	52138.2	66160.7	78.81
2018	3700.9	3553.3	2192.4	3632.7	7506.8	3660.3	4007.3	2190.7	5319.5	6648.9	2839.5	3022.9	3493.7	51768.9	65789.2	78.69
2019	3739.2	3652.5	2430.0	3877.9	7503.0	3706.2	4054.0	2157.5	5357.0	6695.4	2725.0	2974.8	3498.5	52371.0	66384.3	78.89
2020	3795.9	3664.1	2338.8	3803.2	7540.8	3729.1	4019.2	2163.9	5446.8	6825.8	2727.4	3015.1	3527.4	52597.5	66949.2	78.56

资料来源：根据历年《中国统计年鉴》汇总整理。

附录4 2000~2020年我国粮食主产区各省（区）肉类产量

单位：万吨，%

年份	河北	内蒙古	辽宁	吉林	黑龙江	江苏	安徽	江西	山东	河南	湖北	湖南	四川	总计	全国	占比
2000	419.4	143.4	225.7	216.3	151.6	328.0	297.8	184.4	560.2	502.0	248.8	434.7	555.5	4267.8	6125.4	69.67

续表

年份	河北	内蒙古	辽宁	吉林	黑龙江	江苏	安徽	江西	山东	河南	湖北	湖南	四川	总计	全国	占比
2001	445.7	149.6	224.7	192.9	137.5	343.1	306.7	193.8	595.4	537.9	264.3	456.8	541.3	4389.7	6333.9	69.30
2002	458.2	145.8	253.9	204.3	144.0	349.4	317.0	195.5	627.0	570.0	278.2	472.5	568.0	4583.8	6586.5	69.59
2003	502.4	162.7	280.1	218.5	151.5	354.8	329.6	195.2	662.1	603.6	301.1	503.8	581.8	4847.2	6932.9	69.92
2004	534.0	201.3	318.4	243.5	165.3	346.8	333.7	217.7	696.5	641.5	309.3	517.1	609.1	5134.2	7244.8	70.87
2005	571.9	229.5	347.9	260.2	173.5	352.3	340.1	237.1	753.9	685.9	327.3	523.5	653.6	5456.7	7743.1	70.47
2006	595.5	255.1	359.8	268.3	177.8	351.4	353.8	249.1	766.1	736.5	326.9	539.7	690.8	5670.8	8051.4	70.43
2007	396.1	205.0	348.0	231.7	165.0	305.6	323.8	244.7	618.7	542.9	310.0	422.7	564.2	4678.5	6865.7	68.14
2008	421.1	218.0	373.3	216.8	169.5	323.6	343.9	260.3	660.3	584.8	340.0	446.4	591.5	4949.5	7278.7	68.00
2009	426.6	234.0	389.2	226.2	187.6	344.4	362.5	276.0	684.1	615.0	367.0	476.3	632.8	5221.7	7649.7	68.26
2010	416.7	238.7	406.7	238.9	197.9	365.8	376.9	289.9	704.4	638.4	379.3	494.8	656.6	5405.0	7925.8	68.20
2011	418.2	237.4	408.2	243.9	201.2	375.9	375.5	295.6	711.1	641.7	381.9	489.5	651.2	5431.3	7957.8	68.25
2012	442.9	245.8	418.7	260.0	216.2	396.5	397.7	311.1	764.2	677.4	412.3	515.3	670.2	5728.3	8387.2	68.30
2013	448.8	244.9	420.1	262.7	221.3	383.2	403.8	321.9	774.8	699.1	430.1	519.2	690.4	5820.3	8535.0	68.19
2014	468.1	252.3	429.2	262.0	230.2	379.5	414.0	339.8	770.2	719.0	440.4	546.5	714.7	5965.9	8706.7	68.52
2015	462.5	245.7	429.4	261.1	228.7	369.4	419.4	336.5	774.0	711.1	433.3	540.1	706.8	5918.0	8625.0	68.61
2016	457.7	226.7	430.9	260.4	231.2	355.6	411.4	330.9	777.5	697.0	425.2	529.8	696.3	5830.6	8537.8	68.29
2017	474.2	265.2	385.4	256.1	260.3	342.3	415.2	326.1	866.0	655.8	435.3	543.3	653.8	5879.0	8654.4	67.93
2018	466.7	267.3	377.1	253.6	247.5	328.5	421.7	325.7	854.7	669.4	430.9	541.7	664.7	5849.5	8624.5	67.82
2019	433.4	264.6	367.9	243.2	237.1	274.5	402.8	299.8	704.0	560.4	349.2	459.4	559.5	5155.8	7758.8	66.45
2020	419.2	268.0	378.2	237.4	253.2	268.2	396.0	285.2	728.0	544.1	307.4	455.0	597.8	5137.7	7748.4	66.31

资料来源：根据历年《中国统计年鉴》汇总整理。

附录5　2000～2020年我国粮食主产区各省（区）油料产量

单位：万吨，%

年份	河北	内蒙古	辽宁	吉林	黑龙江	江苏	安徽	江西	山东	河南	湖北	湖南	四川	总计	全国	占比
2000	147.0	116.4	29.6	39.0	43.8	225.6	285.1	96.7	356.9	392.6	287.2	139.3	193.0	2352.2	2954.8	79.60
2001	153.8	80.6	46.3	34.3	36.3	232.5	298.8	90.5	377.3	362.6	279.4	137.4	181.0	2310.8	2864.9	80.66
2002	151.3	108.9	56.5	46.1	52.8	217.0	282.3	82.4	340.4	420.7	245.3	119.3	201.5	2324.5	2897.2	80.23
2003	163.1	102.3	61.4	57.1	44.7	199.5	231.4	76.0	361.8	309.9	272.7	125.7	217.1	2222.7	2811.0	79.07
2004	154.3	103.7	45.9	38.1	46.0	238.4	299.7	74.5	369.7	408.7	314.4	139.6	226.3	2459.3	3065.9	80.21
2005	152.7	122.2	36.8	54.4	60.6	216.0	270.7	76.1	363.9	449.6	293.9	141.0	232.3	2470.2	3077.1	80.28
2006	150.3	116.8	38.1	58.4	63.1	218.2	261.6	78.0	358.2	480.0	279.8	149.4	217.3	2469.2	3059.4	80.71
2007	138.1	79.4	26.4	28.7	21.3	145.1	199.2	82.7	328.6	484.0	254.8	110.1	204.3	2102.7	2568.7	81.86
2008	152.6	117.5	48.5	51.8	28.5	150.3	228.0	91.2	340.6	505.3	285.7	133.8	249.9	2383.7	2952.8	80.73
2009	143.3	119.6	55.3	50.4	28.2	162.2	240.3	102.0	334.5	533.0	314.1	179.2	261.8	2523.9	3154.3	80.01
2010	140.3	128.1	99.6	70.4	27.5	152.0	227.6	107.6	342.2	540.7	311.8	195.3	268.5	2611.6	3230.1	80.85
2011	141.8	133.9	119.8	69.6	23.3	144.1	213.8	113.6	341.0	532.4	304.7	215.3	278.4	2631.7	3306.8	79.58
2012	142.8	145.1	120.9	80.7	22.5	146.9	227.7	117.1	351.0	569.5	319.7	207.8	287.8	2739.5	3436.8	79.71
2013	151.1	158.1	113.6	84.0	19.0	150.4	225.4	119.3	349.6	589.1	333.2	224.4	290.4	2807.6	3517.0	79.83
2014	150.2	170.3	63.7	85.7	17.1	146.6	228.8	121.7	335.9	584.3	341.7	233.8	300.8	2780.6	3507.4	79.28
2015	151.6	193.6	46.1	76.4	18.3	143.1	227.9	124.0	324.1	599.7	339.6	242.9	307.6	2794.9	3537.0	79.02

续表

年份	河北	内蒙古	辽宁	吉林	黑龙江	江苏	安徽	江西	山东	河南	湖北	湖南	四川	总计	全国	占比
2016	156.5	220.0	81.3	82.5	21.7	131.9	214.8	122.0	326.8	619.1	329.8	242.9	311.3	2860.6	3629.5	78.82
2017	129.4	240.7	81.5	128.5	14.3	85.4	154.7	120.6	318.3	586.9	307.7	226.1	357.9	2752.0	3475.2	79.19
2018	121.4	201.5	78.1	87.5	11.2	86.0	158.0	120.8	310.9	631.0	302.5	234.4	362.5	2705.8	3433.4	78.81
2019	119.5	228.7	97.7	81.8	11.5	94.3	161.4	120.8	289.0	645.5	313.9	239.2	367.4	2770.7	3493.0	79.32
2020	119.5	217.3	99.7	81.4	12.3	93.0	162.5	122.7	290.9	672.6	344.5	260.7	392.9	2870.0	3586.4	80.02

资料来源：根据历年《中国统计年鉴》汇总整理。

附录6 2000~2020年我国粮食主产区各省（区）水果产量

单位：万吨，%

年份	河北	内蒙古	辽宁	吉林	黑龙江	江苏	安徽	江西	山东	河南	湖北	湖南	四川	总计	全国	占比
2000	677.3	21.4	250.0	48.6	19.2	176.4	110.6	42.3	966.7	364.7	215.7	150.5	252.6	3296.0	6225.1	52.95
2001	669.8	19.5	241.7	34.7	21.3	195.3	147.1	57.7	971.4	399.1	233.6	185.1	272.9	3449.2	6658.0	51.81
2002	748.5	17.7	234.4	80.3	32.0	194.6	173.9	65.2	427.0	223.1	223.1	183.2	306.7	2909.7	6952.0	41.85
2003	1270.7	123.3	396.9	253.2	356.7	601.9	609.1	273.2	2526.0	1318.5	611.6	512.4	464.9	9318.4	14517.4	64.19
2004	1346.3	129.3	430.1	215.0	315.6	620.0	719.6	291.0	2478.5	1638.6	542.7	499.4	494.8	9720.5	15340.9	63.37
2005	1397.9	178.8	451.3	235.3	352.6	606.4	711.6	325.4	2546.8	1842.2	566.8	519.5	527.2	10261.8	16120.1	63.66
2006	1453.1	220.5	478.4	223.8	413.8	628.5	733.6	356.9	2513.4	2005.6	625.2	568.2	535.3	10756.3	17239.9	62.39
2007	1491.5	208.1	532.7	232.8	373.3	642.7	749.5	381.2	2541.2	2088.6	654.7	630.6	592.0	11118.9	18136.3	61.31
2008	1532.9	238.2	591.7	273.9	367.5	682.9	691.9	444.5	2612.6	2129.6	686.2	663.1	635.1	11550.1	19220.2	60.09

续表

年份	河北	内蒙古	辽宁	吉林	黑龙江	江苏	安徽	江西	山东	河南	湖北	湖南	四川	总计	全国	占比
2009	1578.6	208.7	655.6	253.5	267.7	715.7	745.8	497.5	2728.3	2228.1	725.8	715.7	689.5	12010.5	20395.5	58.89
2010	1612.4	278.2	733.1	218.0	279.6	738.6	805.3	468.4	2793.8	2394.0	778.5	788.4	722.9	12611.2	21401.4	58.93
2011	1719.2	301.4	810.7	225.7	279.9	757.1	846.6	580.6	2850.8	2414.1	855.2	868.8	776.6	13286.7	22768.2	58.36
2012	1814.9	283.5	894.3	217.5	268.6	796.0	885.4	571.3	2924.5	2535.0	885.7	909.2	821.6	13807.5	24056.8	57.40
2013	1863.3	294.8	944.7	234.7	274.4	814.2	905.1	637.8	3028.8	2599.7	920.5	879.4	840.1	14237.5	25093.0	56.74
2014	2019.0	322.3	870.6	229.7	258.7	861.6	965.3	627.1	3134.0	2560.2	972.3	920.0	884.5	14625.3	26142.2	55.95
2015	2117.2	296.7	882.0	209.0	213.5	914.8	1029.8	663.4	3218.6	2665.1	966.3	981.0	934.2	15091.6	27375.0	55.13
2016	2138.5	316.3	802.3	241.1	259.9	893.0	1043.5	617.4	3255.4	2871.3	1010.4	1048.2	979.3	15476.6	28351.1	54.59
2017	1365.3	322.9	770.3	89.5	236.9	942.5	606.3	670.1	2804.3	2602.4	948.4	956.4	1007.9	13323.2	25241.9	52.78
2018	1347.9	264.2	788.9	148.1	170.8	934.1	643.8	684.4	2788.8	2492.8	998.0	1016.0	1080.7	13358.5	25688.4	52.00
2019	1391.5	280.4	820.7	153.9	165.0	983.6	706.3	693.3	2840.2	2589.7	1010.2	1062.0	1136.7	13833.5	27400.8	50.49
2020	1424.4	238.7	851.3	146.6	170.1	974.2	741.5	712.8	2938.9	2563.4	1066.8	1150.8	1221.3	14200.8	28692.4	49.49

资料来源：根据历年《中国统计年鉴》汇总整理。

附录7　2000~2020年我国粮食主产区各省（区）棉花产量

单位：万吨，%

年份	河北	内蒙古	辽宁	吉林	黑龙江	江苏	安徽	江西	山东	河南	湖北	湖南	四川	总计	全国	占比
2000	30.0	0.2	0.6	0	0	31.4	27.4	6.8	59.0	70.4	30.4	15.8	5.9	277.9	441.7	62.92
2001	41.9	0	0.8	0	0	46.1	35.7	8.1	78.1	82.8	37.4	19.0	3.0	352.9	532.4	66.28

续表

年份	河北	内蒙古	辽宁	吉林	黑龙江	江苏	安徽	江西	山东	河南	湖北	湖南	四川	总计	全国	占比
2002	40.2	0.3	0.3	0	0	36.3	33.7	6.7	72.2	76.5	36.3	15.3	2.4	320.2	491.6	65.13
2003	52.2	0.5	0.3	0.1	0	29.1	24.1	7.6	87.7	37.7	32.5	16.3	2.5	290.6	486.0	59.79
2004	66.5	0.7	0.5	0	0	50.3	41.2	8.5	109.8	66.7	39.5	20.3	3.3	407.3	632.4	64.41
2005	57.5	0.2	0.3	0.2	0	32.3	32.5	8.7	84.6	67.7	37.5	19.8	2.5	343.8	571.4	60.17
2006	62.8	0.2	0.2	0.3	0	38.1	40.8	9.5	102.3	83.0	44.9	24.8	1.6	408.5	674.6	60.55
2007	72.5	0.4	0.2	0.1	0	34.8	37.4	12.8	100.1	75.0	55.7	24.4	1.7	415.1	762.4	54.45
2008	73.7	0.3	0.2	0.5	0	32.6	36.3	11.2	104.1	65.1	51.3	24.7	1.6	401.6	749.2	53.60
2009	60.5	0.1	0.1	0.2	0	25.5	34.6	12.5	92.1	51.7	48.1	21.2	1.5	348.1	637.7	54.59
2010	57.0	0.1	0.1	0.5	0	26.1	31.6	13.1	72.4	44.7	47.2	22.7	1.4	316.9	596.1	53.16
2011	65.3	0.2	0.1	1.2	0	24.7	37.8	14.3	78.5	38.2	52.6	22.7	1.5	337.1	658.9	51.16
2012	56.4	0.2	0.1	0.8	0	22.0	29.4	15.2	69.8	25.7	54.5	25.1	1.3	300.5	683.6	43.96
2013	45.7	0.2	0.1	0.6	0	20.9	25.1	13.1	62.1	19.0	46.0	19.8	1.3	253.9	629.0	40.37
2014	43.1	0.2	0	0.1	0	16.0	26.3	13.4	66.5	14.7	36.0	12.9	1.2	230.4	617.8	37.29
2015	37.3	0	0	0	0	11.7	23.4	11.5	53.7	12.6	29.8	14.5	1.0	195.5	560.3	34.89
2016	30.0	0	0	0	0	7.4	18.5	7.3	54.8	9.8	18.8	12.3	0.9	159.8	529.9	30.16
2017	24.0	0	0	0	0	2.6	8.6	10.5	20.7	4.4	18.4	11.0	0.4	100.6	565.3	17.80
2018	23.9	0	0	0	0	2.1	8.9	7.2	21.7	3.8	14.9	8.6	0.4	91.5	610.3	14.99
2019	22.7	0	0	0	0	1.6	5.6	6.6	19.6	2.7	14.4	8.2	0.3	81.7	588.9	13.87
2020	20.9	0	0	0	0	1.1	4.1	5.3	18.3	1.8	10.8	7.4	0.2	69.9	591.0	11.83

资料来源：根据历年《中国统计年鉴》汇总整理。

附录8　2000～2020年我国粮食主产区各省（区）农业产值

单位：亿元，%

年份	河北	内蒙古	辽宁	吉林	黑龙江	江苏	安徽	江西	山东	河南	湖北	湖南	四川	总计	占比
2000	846.7	308.4	463.5	320.3	414.4	1096.0	675.3	387.3	1300.4	1264.3	615.7	633.8	785.4	9111.5	56.32
2001	899.4	307.6	503.1	405.9	450.6	1142.7	688.0	405.9	1401.3	1331.6	658.3	665.7	769.9	9630.0	56.20
2002	918.6	332.1	540.1	419.7	487.5	1165.5	712.4	421.5	1420.9	1360.3	671.2	666.6	807.4	9923.8	55.47
2003	958.3	336.0	497.3	438.3	502.9	981.2	617.9	383.7	1599.1	1137.7	733.4	671.7	804.7	9662.5	51.95
2004	1135.7	411.5	611.3	486.2	620.2	1242.4	842.0	491.1	1891.7	1602.9	921.6	874.0	987.7	12118.4	51.42
2005	1258.0	473.9	640.1	518.1	718.6	1291.1	818.5	510.5	2034.0	1790.4	932.1	947.7	947.7	12880.6	51.04
2006	1394.7	532.4	715.1	597.0	787.4	1389.6	905.6	556.9	2221.4	1996.2	1018.8	1023.5	1075.1	14213.7	51.79
2007	1639.1	620.4	837.5	641.5	971.9	1542.5	1054.0	621.3	2604.1	2254.5	1152.1	1243.2	1316.6	16498.7	51.80
2008	1760.7	716.6	896.9	749.2	1142.3	1746.8	1197.9	694.3	2895.7	2561.0	1395.8	1446.9	1607.5	18811.8	49.44
2009	1927.8	731.9	913.5	777.5	1206.8	1948.2	1289.8	729.7	3224.0	2833.3	1511.5	1596.6	1806.1	20496.6	52.24
2010	2470.1	900.4	1140.3	866.9	1369.2	2269.6	1544.4	801.4	3670.1	3540.8	1921.7	2059.6	2069.3	24623.8	54.91
2011	2775.3	1057.8	1307.2	1020.4	1801.8	2640.9	1714.8	917.8	3843.6	3599.9	2299.3	2391.7	2454.3	27824.9	52.97
2012	3095.3	1172.0	1539.6	1166.6	2315.6	2966.7	1867.6	1003.2	3960.6	3958.9	2488.1	2651.7	2764.9	30950.9	53.55
2013	3473.3	1328.1	1673.9	1261.7	2856.3	3167.8	2003.3	1072.8	4509.9	4202.3	2678.1	2726.8	2903.5	33857.6	54.33
2014	3453.4	1408.4	1734.1	1342.5	3015.6	3362.8	2119.2	1144.1	4765.8	4492.0	2761.7	2884.7	3078.6	35562.9	54.66
2015	3441.4	1418.3	2068.6	1400.4	2911.9	3722.1	2174.6	1326.9	4929.9	4610.7	2780.4	3043.5	3335.5	37164.2	54.98

续表

年份	河北	内蒙古	辽宁	吉林	黑龙江	江苏	安徽	江西	山东	河南	湖北	湖南	四川	总计	占比
2016	3459.4	1415.1	1859.5	1232.0	2873.9	3714.6	2234.1	1446.9	4641.3	4577.2	2921.3	3255.1	3711.0	37341.4	53.95
2017	2890.6	1434.7	1620.5	895.8	3471.3	3764.7	2241.4	1489.3	4403.2	4552.7	2962.5	2597.6	4004.2	36328.5	55.14
2018	3085.9	1512.5	1749.4	993.0	3635.0	3735.0	2253.7	1549.2	4678.3	4973.7	3033.8	2664.3	4153.7	38017.5	56.32
2019	3114.9	1606.3	1912.0	1014.1	3774.5	3828.6	2365.4	1624.3	4914.4	5408.6	3257.1	3052.1	4395.0	40268.1	55.26
2020	3413.3	1699.0	2056.8	1231.8	4044.1	4102.2	2525.4	1689.9	5168.4	6244.8	3492.5	3364.8	4701.9	43734.9	50.95

注: 最后一列为粮食主产区历年农业产值占农林牧渔业总产值的比重, 这里的农业主要指种植业。

资料来源: 根据历年《中国统计年鉴》汇总整理。

附录9 2000~2020年我国粮食主产区各省(区)林业产值

单位: 亿元, %

年份	河北	内蒙古	辽宁	吉林	黑龙江	江苏	安徽	江西	山东	河南	湖北	湖南	四川	总计	占比
2000	25.4	23.6	19.7	11.4	18.3	30.2	64.0	51.1	47.6	56.2	40.2	51.0	49.1	487.8	3.02
2001	34.0	26.1	21.8	11.3	15.7	30.8	66.2	54.0	47.2	57.0	27.1	51.9	50.9	494.0	2.88
2002	37.5	28.8	27.9	14.3	16.2	36.3	69.3	59.2	48.3	60.5	28.3	54.8	54.6	536.0	3.00
2003	41.3	47.9	38.4	33.8	59.1	31.5	73.4	70.5	53.7	69.1	34.8	81.7	59.3	694.3	3.73
2004	40.0	46.6	40.7	32.9	65.8	40.2	71.9	79.1	59.5	75.8	31.8	91.3	62.7	738.1	3.13
2005	40.1	39.8	44.5	39.9	67.3	45.3	78.4	87.4	57.6	83.9	37.3	101.0	101.0	823.4	3.26
2006	44.3	41.8	52.3	44.3	68.0	54.2	88.4	104.6	65.5	94.9	40.5	112.5	76.7	888.1	3.24
2007	52.4	63.7	60.3	48.8	79.0	58.9	100.5	126.5	82.0	104.8	41.9	144.1	87.2	1050.1	3.30
2008	55.9	72.7	69.4	55.0	89.6	64.9	114.5	150.8	102.2	122.9	49.7	155.4	87.2	1190.2	3.13

续表

年份	河北	内蒙古	辽宁	吉林	黑龙江	江苏	安徽	江西	山东	河南	湖北	湖南	四川	总计	占比
2009	70.7	78.2	70.0	58.9	85.2	70.8	125.1	161.8	101.3	134.1	57.7	174.2	112.5	1300.4	3.31
2010	51.3	76.6	82.5	68.3	95.5	78.1	135.3	186.8	86.5	115.3	65.4	207.4	112.9	1361.9	3.04
2011	58.8	93.2	107.4	81.9	110.2	92.8	182.1	206.1	100.0	127.3	86.1	239.1	130.1	1615.0	3.07
2012	77.9	97.8	128.7	98.1	134.5	99.7	209.5	228.9	107.0	140.9	100.1	260.0	151.5	1834.5	3.17
2013	96.3	96.1	136.5	98.1	180.6	107.3	233.1	252.7	120.3	152.3	122.0	287.7	179.4	2062.5	3.31
2014	108.1	96.4	152.4	104.4	195.7	118.2	283.1	274.2	131.5	152.4	157.0	304.8	196.0	2274.2	3.50
2015	121.5	99.4	166.1	109.8	204.2	129.1	290.1	293.7	139.9	134.3	180.6	317.4	205.8	2391.9	3.54
2016	132.3	98.6	143.7	107.2	219.9	129.3	291.1	324.6	147.5	121.3	203.4	321.6	219.1	2459.6	3.55
2017	175.5	99.9	140.3	69.4	175.2	136.7	319.1	296.5	165.1	128.9	213.3	325.0	346.8	2591.7	3.93
2018	186.6	100.3	149.5	73.3	186.4	147.3	332.9	319.6	181.6	129.0	235.2	387.1	358.7	2787.5	4.13
2019	231.4	100.9	117.4	68.1	193.9	162.0	351.2	342.8	197.7	140.8	258.5	430.7	372.2	2967.7	4.07
2020	255.4	89.8	121.0	71.9	192.4	172.8	387.5	367.8	214.2	126.7	254.4	428.0	379.8	3061.7	3.57

注：最后一列为粮食主产区历年林业产值占农林牧渔业总产值的比重。

资料来源：根据历年《中国统计年鉴》汇总整理。

附录10　2000～2020年我国粮食主产区各省（区）牧业产值

单位：亿元，%

年份	河北	内蒙古	辽宁	吉林	黑龙江	江苏	安徽	江西	山东	河南	湖北	湖南	四川	总计	占比
2000	613.7	205.5	304.2	268.7	175.7	430.5	349.4	221.8	599.2	641.6	338.8	455.9	541.5	5146.5	31.81
2001	685.9	216.2	332.3	236.4	224.6	448.5	371.6	226.1	654.7	693.8	352.6	480.3	605.0	5528.0	32.26

续表

年份	河北	内蒙古	辽宁	吉林	黑龙江	江苏	安徽	江西	山东	河南	湖北	湖南	四川	总计	占比
2002	707.1	220.6	361.3	238.8	252.1	456.0	391.7	233.9	698.4	750.7	354.8	508.7	692.9	5867.0	32.79
2003	820.6	267.1	422.0	298.4	294.2	458.9	443.5	254.0	698.4	835.9	383.7	575.1	832.3	6584.1	35.40
2004	1037.7	374.7	548.3	399.1	400.7	563.4	540.8	325.0	1022.8	1117.2	514.5	796.9	1097.6	8738.8	37.08
2005	1124.4	444.6	636.4	467.6	461.2	599.1	553.6	365.1	1125.0	1251.6	545.4	834.5	834.5	9243.1	36.63
2006	1136.8	487.3	654.6	483.5	480.7	571.4	540.4	368.2	1160.4	1299.1	523.8	808.3	1317.4	9831.8	35.83
2007	1147.0	559.7	830.8	635.3	585.0	704.4	637.4	435.6	1313.0	1326.1	686.2	1013.8	1827.1	11701.2	36.74
2008	1410.8	699.6	1052.4	770.2	813.1	916.5	806.9	556.0	1704.9	1761.2	1008.7	1463.4	2036.3	15000.0	39.42
2009	1350.1	721.4	1171.4	825.5	870.2	874.0	795.8	541.5	1683.8	1654.3	881.8	1100.4	1596.7	14067.0	35.85
2010	1443.8	822.4	1270.6	831.5	965.8	923.3	865.0	584.1	1774.5	1805.9	925.0	1118.2	1705.2	15035.1	33.53
2011	1674.0	998.3	1521.1	1074.5	1189.9	1190.5	1083.5	734.3	2171.9	2198.4	1205.8	1425.6	2127.2	18595.1	35.40
2012	1747.7	1118.9	1621.2	1130.4	1350.7	1226.2	1119.7	752.7	2285.9	2255.6	1334.0	1488.6	2269.9	19701.4	34.09
2013	1818.2	1208.5	1675.4	1198.5	1430.1	1222.2	1171.4	796.4	2359.0	2486.3	1395.4	1467.4	2267.6	20496.3	32.89
2014	1952.0	1205.7	1717.5	1195.0	1486.1	1182.7	1182.1	814.9	2418.3	2505.2	1427.7	1503.2	2318.8	20909.2	32.14
2015	1904.1	1160.9	1561.4	1244.9	1704.8	1262.1	1259.0	719.8	2523.2	2445.3	1503.3	1601.7	2515.6	21406.1	31.67
2016	1939.2	1202.9	1575.7	1252.8	1854.8	1331.5	1375.7	788.6	2540.8	2611.3	1715.2	1762.7	2551.7	22502.9	32.51
2017	1735.8	1200.6	1289.2	982.4	1701.7	1158.0	1321.7	709.7	2501.4	2368.9	1478.1	1505.8	2199.7	20153.0	30.59
2018	1813.8	1294.3	1346.2	1001.6	1542.4	1091.8	1315.8	672.2	2432.7	2067.7	1386.5	1464.6	2246.1	19675.2	29.15
2019	2035.4	1390.5	1479.5	1239.6	1671.8	1213.0	1628.9	888.9	2412.1	2316.5	1521.5	2003.1	2647.9	22448.7	30.81
2020	2309.7	1603.4	1604.7	1547.4	1913.6	1315.8	1900.2	1125.4	2571.9	2855.8	1864.8	2721.6	3613.8	26947.5	31.39

注：最后一列为粮食主产区历年牧业产值占农林牧渔业总产值的比重。

资料来源：根据历年《中国统计年鉴》汇总整理。

附录 11 2000～2020 年我国粮食主产区各省（区）渔业产值

单位：亿元，%

年份	河北	内蒙古	辽宁	吉林	黑龙江	江苏	安徽	江西	山东	河南	湖北	湖南	四川	总计	占比
2000	58.9	5.7	180.0	9.0	16.8	313.0	131.3	100.1	347.1	19.5	130.9	80.9	37.3	1430.5	8.84
2001	61.2	6.0	188.5	5.8	20.1	334.2	132.3	104.3	350.7	20.4	134.8	85.2	41.0	1484.5	8.66
2002	65.9	5.4	203.2	5.7	20.9	353.7	132.2	110.0	358.5	23.4	148.9	89.8	45.6	1563.2	8.74
2003	57.7	4.9	224.0	13.6	23.1	371.6	129.7	118.5	370.0	23.3	170.4	97.0	53.3	1657.2	8.91
2004	72.1	6.0	272.2	13.4	25.0	449.5	146.9	143.2	426.1	28.0	205.7	119.9	65.8	1973.6	8.37
2005	79.4	7.2	306.7	14.9	27.4	511.9	165.6	162.6	465.5	35.3	236.5	138.4	138.4	2289.8	9.07
2006	86.9	8.3	366.4	17.0	30.1	552.2	191.1	178.7	537.7	44.0	259.8	150.5	87.2	2509.7	9.15
2007	85.1	10.9	326.1	18.8	25.1	579.0	195.0	182.2	580.3	44.5	310.8	154.7	85.8	2598.5	8.16
2008	102.8	11.8	374.5	22.5	36.0	665.7	232.3	211.6	686.3	59.0	373.0	169.6	103.7	3048.8	8.01
2009	108.4	12.7	441.9	23.5	45.2	719.2	257.6	231.2	747.4	64.9	413.1	188.5	119.1	3372.7	8.60
2010	142.5	15.9	491.0	25.3	53.7	805.2	294.8	255.6	847.4	71.2	458.6	232.7	129.8	3823.8	8.53
2011	163.6	23.5	560.0	31.1	58.9	1060.4	346.2	272.2	999.1	72.5	508.8	255.0	147.2	4498.7	8.56
2012	177.7	26.1	618.7	34.1	77.9	1235.4	384.4	333.1	1267.1	86.4	626.2	279.9	163.8	5310.9	9.19
2013	178.7	29.0	689.3	36.7	82.5	1351.4	439.1	370.4	1397.4	93.5	748.4	309.9	177.5	5903.4	9.47
2014	191.0	29.1	699.8	40.1	102.7	1426.7	459.7	400.7	1481.7	105.1	844.2	338.9	192.4	6312.1	9.70
2015	198.7	30.8	689.8	39.9	117.6	1517.5	475.1	420.0	1524.7	123.6	922.8	366.9	210.5	6637.9	9.82
2016	211.0	33.0	639.6	43.0	129.2	1621.9	513.2	458.9	1485.6	128.3	1030.0	396.7	223.9	6914.3	9.99

续表

年份	河北	内蒙古	辽宁	吉林	黑龙江	江苏	安徽	江西	山东	河南	湖北	湖南	四川	总计	占比
2017	195.9	31.3	592.2	41.7	98.0	1623.4	476.2	453.1	1476.0	107.8	1089.1	393.1	234.9	6812.7	10.34
2018	207.5	29.2	628.5	39.0	105.7	1707.9	505.7	473.9	1425.9	122.7	1106.0	417.2	247.9	7017.1	10.40
2019	212.5	27.8	669.6	40.1	123.1	1741.0	521.3	476.5	1397.4	118.2	1152.7	441.8	263.5	7185.5	9.86
2020	243.2	27.8	617.5	41.4	115.6	1774.0	542.6	473.5	1432.1	117.6	1156.8	477.5	287.5	7307.1	8.51

注：最后一列为粮食主产区历年渔业产值占农林牧渔业总产值的比重。

资料来源：根据历年《中国统计年鉴》汇总整理。

附录 12 2000~2020 年我国粮食主产区各省（区）农作物播种面积

单位：千公顷，%

年份	河北	内蒙古	辽宁	吉林	黑龙江	江苏	安徽	江西	山东	河南	湖北	湖南	四川	总播面积	占比
2000	9024.4	5914.4	3622.0	4542.2	9329.5	7944.9	9005.8	5650.8	11147.3	13136.9	7584.1	8002.1	9609.1	104513.5	66.87
2001	8990.8	5707.3	3964.8	4890.1	9989.2	7777.4	8733.1	5534.7	11266.1	13127.7	7489.0	7931.7	9571.5	104973.4	67.42
2002	8935.1	5887.0	3809.2	4687.7	9858.4	7797.9	8997.6	5355.1	11047.8	13359.8	7335.0	7789.9	9564.6	104425.1	67.53
2003	8638.6	5752.8	3719.1	4716.8	9802.7	7681.5	9124.7	4997.4	10885.3	13684.4	7138.3	7731.2	9384.5	103257.2	67.75
2004	8695.4	5924.0	3723.3	4904.0	9888.4	7669.0	9200.4	5182.8	10638.6	13789.7	7155.9	7886.2	9387.5	104045.2	67.76
2005	8785.5	6215.7	3796.7	4954.1	10083.7	7641.2	9172.5	5251.4	10736.1	13922.7	7279.4	7977.6	9480.2	105296.8	67.72
2006	8777.3	6297.2	3766.8	4984.6	10467.9	7608.8	9145.1	5363.3	10727.9	14185.6	7350.3	8074.0	9665.1	106413.9	67.77
2007	8652.7	6761.5	3703.9	4944.0	11898.5	7404.7	8853.9	5245.1	10724.4	14087.8	7030.0	7390.7	9287.2	105984.4	69.27
2008	8713.2	6860.8	3716.2	4998.2	12088.4	7510.3	8976.6	5330.9	10764.0	14147.4	7298.3	7555.0	9438.9	107398.2	69.04
2009	8682.5	6927.8	3919.1	5077.5	12129.2	7558.2	9036.2	5376.4	10778.4	14181.4	7527.5	8019.3	9476.6	108690.1	69.12

续表

年份	河北	内蒙古	辽宁	吉林	黑龙江	江苏	安徽	江西	山东	河南	湖北	湖南	四川	总面积	占比
2010	8718.4	7002.5	4073.8	5221.4	12156.2	7619.6	9053.4	5457.7	10818.2	14248.7	7997.6	8216.1	9478.8	110062.4	69.41
2011	8773.7	7109.9	4145.7	5222.3	12222.9	7663.2	9022.9	5486.8	10865.4	14258.6	8009.6	8402.0	9565.6	110748.6	69.06
2012	8781.8	7154.0	4210.6	5315.1	12237.0	7651.6	8969.6	5524.9	10867.0	14262.2	8078.9	8511.9	9657.0	111221.6	68.63
2013	8749.2	7211.2	4208.8	5413.1	12200.8	7683.6	8945.6	5552.6	10976.4	14323.5	8106.2	8650.0	9682.2	111703.2	68.24
2014	8713.1	7356.0	4164.1	5615.3	12225.9	7678.6	8945.5	5570.5	11037.9	14378.3	8112.3	8764.5	9668.6	112230.6	67.94
2015	8739.8	7567.9	4219.9	5679.1	12294.0	7745.0	8950.5	5579.1	11026.5	14425.0	7952.4	8717.0	9689.9	112586.1	67.49
2016	8716.6	7921.9	4064.1	5676.3	12426.5	7676.9	8893.6	5560.9	10973.2	14472.3	7843.5	8793.3	9728.6	112747.7	67.54
2017	8381.6	9014.2	4172.3	6086.2	14767.6	7556.4	8726.7	5638.5	11107.8	14732.5	7956.1	8322.0	9575.0	116036.9	69.76
2018	8197.1	8824.1	4207.1	6080.9	14673.3	7520.2	8771.1	5555.8	11076.8	14783.4	7952.9	8111.1	9615.3	115369.1	69.54
2019	8132.7	8885.0	4217.1	6117.1	14770.1	7442.6	8782.0	5521.1	10933.1	14714.0	7815.9	8122.8	9693.0	115146.5	69.39
2020	8089.4	8882.8	4287.8	6151.0	14910.1	7478.4	8818.0	5644.4	10889.1	14688.0	7974.4	8400.1	9819.9	116033.4	69.28

注：最后一列为粮食主产区作物播种面积占全国农作物播种面积的比重。

资料来源：根据历年《中国统计年鉴》汇总整理。

附录13 2000~2020年我国粮食主产区各省（区）化肥用量

单位：万吨，%

年份	河北	内蒙古	辽宁	吉林	黑龙江	江苏	安徽	江西	山东	河南	湖北	湖南	四川	总用量	占比
2000	270.6	74.8	109.8	112.1	121.6	335.5	253.2	106.9	423.2	419.5	247.1	182.2	212.6	2869.1	69.20
2001	273.4	79.3	109.9	114.1	123.2	338.0	280.7	109.7	428.6	441.7	245.3	184.3	212.0	2940.1	69.12
2002	278.8	82.8	111.4	117.0	129.7	337.5	270.3	112.5	433.9	468.8	257.0	184.3	209.6	2993.6	68.99

续表

年份	河北	内蒙古	辽宁	吉林	黑龙江	江苏	安徽	江西	山东	河南	湖北	湖南	四川	总用量	占比
2003	283.3	93.2	112.6	122.3	125.7	334.7	281.3	111.0	432.7	467.9	270.3	188.3	208.4	3031.7	68.72
2004	289.9	104.4	117.9	159.1	143.8	336.8	277.6	123.5	451.0	493.2	281.9	203.2	214.7	3197.0	68.95
2005	303.4	116.7	119.9	138.1	150.9	340.8	285.7	129.4	467.6	518.1	285.8	209.9	220.9	3287.2	68.97
2006	304.9	128.5	121.1	146.7	162.2	342.0	294.3	132.6	489.8	540.4	292.5	214.7	228.2	3397.9	68.96
2007	311.9	140.3	127.5	154.4	175.2	342.0	305.0	132.7	500.3	569.7	299.9	219.6	238.2	3516.7	68.85
2008	312.4	154.1	128.8	163.8	180.7	340.8	307.4	133.0	476.3	601.7	327.7	223.4	242.8	3592.9	68.58
2009	316.2	171.4	133.6	174.2	198.9	344.0	312.8	135.8	472.9	628.7	340.3	231.6	248.0	3708.4	68.62
2010	322.9	177.2	140.1	182.8	214.9	341.1	319.8	137.6	475.5	655.2	350.8	236.6	248.0	3802.5	68.37
2011	326.3	176.9	144.6	195.2	228.4	337.2	329.7	140.8	473.6	673.7	354.9	242.5	251.2	3875.0	67.93
2012	329.3	189.0	146.9	206.7	240.3	331.0	333.5	141.3	476.3	684.4	354.9	249.1	253.0	3935.7	67.41
2013	331.0	202.4	151.8	216.8	245.0	326.8	338.4	141.6	472.7	696.4	351.9	248.2	251.1	3974.1	67.22
2014	335.6	222.7	151.6	226.7	251.9	323.6	341.4	142.9	468.1	705.8	348.3	247.8	250.2	4016.6	66.99
2015	335.5	229.4	152.1	231.2	255.3	320.0	338.7	143.6	463.5	716.1	333.9	246.5	249.8	4015.6	66.68
2016	331.8	234.6	148.1	233.6	252.8	312.5	327.0	142.0	456.5	715.0	328.0	246.4	249.0	3977.3	66.46
2017	322.0	235.0	145.5	231.0	251.2	303.9	318.7	135.0	440.0	706.7	317.9	245.3	242.0	3894.2	66.46
2018	312.4	222.7	145.0	228.3	245.6	292.5	311.8	123.2	420.3	692.8	295.8	242.6	235.2	3768.2	66.65
2019	297.3	218.4	139.9	227.1	223.3	286.2	298.0	115.6	395.3	666.7	273.9	229.0	222.8	3593.5	66.50
2020	285.7	207.7	137.6	225.3	224.2	280.8	289.9	108.8	380.9	648.0	267.3	223.7	210.8	3490.7	66.48

注：最后一列为粮食主产区农业化肥用量占全国农业化肥用量的比重。

资料来源：根据历年《中国统计年鉴》汇总整理。

附录14 2000～2020年我国粮食主产区各省（区）第一产业就业人数

单位：万人，%

年份	河北	内蒙古	辽宁	吉林	黑龙江	江苏	安徽	江西	山东	河南	湖北	湖南	四川	总计	占比
2000	1678.2	553.7	683.3	541.6	808.5	1502.7	2107.9	1004.4	2473.7	3569.0	1204.8	2104.4	2643.4	20875.6	58.68
2001	1675.4	546.4	681.7	535.9	808.3	1474.6	1991.1	997.9	2444.2	3482.5	1186.4	2079.6	2595.8	20499.8	56.14
2002	1662.6	563.3	692.9	524.2	811.0	1373.3	1945.8	1001.9	2381.4	3403.6	1168.1	2039.1	2516.0	20083.2	54.47
2003	1670.1	548.7	696.7	523.8	827.7	1250.0	1875.2	988.8	2276.9	3331.9	1144.1	2017.1	2426.6	19577.6	53.57
2004	1609.9	555.5	718.0	518.9	797.3	1153.2	1806.7	978.3	2192.5	3245.7	1139.5	1988.0	2379.3	19082.8	54.11
2005	1562.3	560.5	718.9	523.9	787.7	1076.7	1778.2	967.4	2056.5	3138.8	1133.9	1962.0	2329.9	18596.7	54.74
2007	1488.7	569.3	703.3	513.4	773.4	950.3	1651.4	914.3	1960.1	2920.3	1071.0	1900.5	2212.3	17628.3	56.06
2008	1488.4	556.7	598.2	511.0	775.6	917.1	1605.3	903.9	2001.2	2847.3	1016.7	1889.9	2192.7	17304.0	56.45
2009	1483.6	558.0	694.0	516.6	781.0	896.9	1579.6	882.1	1994.4	2764.9	990.1	1876.4	2158.3	17176.1	57.82
2010	1470.0	571.0	700.0	525.0	775.0	883.0	1538.0	867.0	2004.0	2712.0	921.0	1872.0	2142.0	16980.0	60.79
2020	816.0	443.0	631.0	472.0	538.0	675.0	815.0	455.0	1373.0	1223.0	897.0	836.0	1542.0	10716.0	60.49

注：最后一列为粮食主产区第一产业就业人数占全国第一产业就业人数的比重，一些年份的统计数据缺失。
资料来源：根据历年《中国统计年鉴》汇总整理。

附录15　2000~2020年我国粮食主产区各省（区）农业机械总动力

单位：万千瓦，%

年份	河北	内蒙古	辽宁	吉林	黑龙江	江苏	安徽	江西	山东	河南	湖北	湖南	四川	总动力	占比
2000	7000.4	1350.3	1339.8	1015.4	1613.8	2925.3	2975.9	902.3	7025.2	5780.6	1414.0	2209.7	1679.7	37232.4	70.82
2001	7244.4	1423.6	1401.3	1096.5	1648.3	2957.9	3165.0	1002.0	7689.6	6087.7	1469.2	2358.0	1735.1	39278.6	71.19
2002	7251.2	1510.2	1484.7	1150.7	1741.8	2983.9	3372.1	1111.8	8155.6	6548.2	1557.4	2498.1	1803.7	41169.4	71.07
2003	7764.5	1616.6	1542.3	1230.6	1807.7	3029.1	3544.7	1220.5	8336.7	6953.2	1661.8	2664.5	1891.1	43263.3	71.64
2004	8135.6	1772.3	1619.5	1319.8	1952.2	3052.5	3784.4	1465.2	8751.9	7521.1	1763.6	2923.9	2006.8	46068.8	71.95
2005	8487.2	1922.0	1918.1	1471.3	2234.0	3135.3	3983.8	1781.3	9199.3	7934.2	2057.4	3189.9	2181.7	49495.5	72.36
2006	8795.8	2065.6	1995.3	1572.3	2570.6	3278.5	4239.9	2137.1	9555.3	8309.1	2263.2	3437.1	2344.9	52564.7	72.48
2007	9134.5	2209.3	1941.7	1678.3	2785.3	3392.4	4535.3	2506.3	9917.8	8718.7	2551.1	3684.4	2523.1	55578.2	72.57
2008	9525.4	2779.4	2042.7	1800.0	3018.4	3630.9	4807.5	2946.4	10350.0	9429.3	2797.0	4021.0	2687.5	59835.5	72.80
2009	9861.1	2891.6	2142.9	2001.1	3401.3	3810.6	5108.9	3358.9	11080.7	9817.8	3057.2	4352.4	2952.7	63837.2	72.96
2010	10151.3	3033.6	2248.7	2145.0	3736.3	3937.3	5409.8	3805.0	11629.0	10195.9	3371.0	4651.5	3155.1	67469.5	72.72
2011	10349.2	3127.7	2399.9	2355.0	4097.8	4106.1	5657.1	4200.0	12098.3	10515.8	3571.2	4935.6	3426.1	70839.8	72.48
2012	10553.8	3280.6	2526.9	2544.7	4552.9	4214.6	5902.8	4599.7	12419.9	10872.7	3842.2	5189.2	3694.0	74194.0	72.34
2013	10762.7	3430.6	2632.0	2730.0	4849.3	4405.6	6140.3	2014.1	12739.8	11150.0	4081.1	5434.0	3953.1	74322.6	71.53
2014	10942.9	3632.6	2730.2	2919.1	5155.5	4650.0	6365.8	2118.4	13101.4	11476.8	4292.9	5672.1	4160.1	77217.8	71.46
2015	11102.8	3805.1	2813.9	3152.5	5442.3	4825.5	6581.0	2260.8	13353.0	11710.1	4468.1	5894.1	4404.5	79813.7	71.44

续表

年份	河北	内蒙古	辽宁	吉林	黑龙江	江苏	安徽	江西	山东	河南	湖北	湖南	四川	总动力	占比
2016	7402.0	3331.1	2168.5	3105.3	5634.3	4906.6	6867.5	2201.6	9797.6	9855.0	4187.8	6097.5	4267.3	69822.1	71.80
2017	7580.6	3483.6	2215.1	3284.7	5813.8	4991.4	6312.9	2309.6	10144.0	10038.3	4335.1	6254.8	4420.2	71184.2	72.06
2018	7706.2	3663.7	2243.7	3466.0	6084.7	5017.7	6543.8	2382.0	10415.2	10204.5	4424.6	6338.6	4603.9	73094.6	72.82
2019	7830.7	3886.4	2353.9	3653.7	6359.1	5112.0	6650.5	2470.7	10679.8	10357.0	4515.7	6471.8	4682.3	75023.6	73.01
2020	7975.7	4056.6	2471.3	3896.6	6775.1	5213.8	6799.5	2591.0	10964.7	10463.7	4626.1	6589.0	4754.0	77177.1	73.07

注：最后一列为粮食主产区农业机械总动力占全国农业机械总动力的比重。

资料来源：根据历年《中国统计年鉴》汇总整理。

附录 16　2000～2020 年我国国粮食主产区各省（区）有效灌溉面积

单位：千公顷，%

年份	河北	内蒙古	辽宁	吉林	黑龙江	江苏	安徽	江西	山东	河南	湖北	湖南	四川	总面积	占比
2000	4482.3	2371.7	1440.7	1315.1	2032.0	3900.9	3197.2	1903.4	4824.9	4725.3	2072.5	2677.5	2469.0	37412.5	69.51
2001	4485.4	2472.3	1482.8	1382.6	2090.4	3900.0	3228.7	1897.5	4836.1	4766.0	2027.9	2676.3	2533.9	37779.0	69.64
2002	4415.2	2537.6	1494.8	1499.2	2185.3	3886.0	3263.8	1894.2	4797.4	4802.4	2006.5	2675.6	2500.6	37958.6	69.83
2003	4404.0	2568.5	1512.8	1545.5	2111.5	3841.0	3285.4	1873.2	4760.8	4792.2	2043.7	2675.3	2503.2	37917.1	70.20
2004	4459.8	2635.9	1520.1	1595.2	2282.1	3839.0	3304.6	1841.6	4766.8	4829.1	2071.0	2683.3	2503.3	38331.8	70.36
2005	4547.8	2702.2	1527.1	1613.7	2394.1	3817.7	3330.9	1831.4	4790.0	4864.1	2064.6	2690.4	2508.3	38682.3	70.29
2007	4579.0	2816.6	1490.5	1640.6	2950.3	3835.2	3403.2	1839.9	4836.8	4955.8	2095.4	2696.6	2499.8	39639.7	70.14
2008	4559.2	2871.3	1492.9	1654.1	3122.5	3817.1	3453.7	1841.2	4857.5	4989.2	2330.2	2709.0	2506.7	40204.6	68.76

续表

年份	河北	内蒙古	辽宁	吉林	黑龙江	江苏	安徽	江西	山东	河南	湖北	湖南	四川	总面积	占比
2009	4553.0	2949.8	1509.6	1684.8	3405.9	3813.7	3484.1	1840.4	4896.9	5033.0	2350.1	2720.7	2523.7	40765.7	68.79
2010	4548.0	3027.5	1537.5	1726.8	3875.2	3819.7	3519.7	1852.4	4955.3	5081.0	2379.8	2739.0	2553.1	41615.0	68.96
2011	4596.6	3072.4	1588.4	1807.5	4332.7	3817.9	3547.7	1867.7	4986.9	5150.4	2455.7	2762.4	2600.8	42587.1	69.04
2012	4603.1	3125.2	1698.8	1851.9	4776.5	3939.7	3585.1	1907.1	5058.1	5205.6	2548.9	2715.8	2662.7	43678.5	69.29
2013	4349.0	2957.8	1407.8	1510.1	5342.1	3785.3	4305.5	1995.6	4729.0	4969.1	2791.4	3084.3	2616.6	43843.5	69.07
2014	4404.2	3011.9	1474.0	1628.2	5305.2	3890.5	4331.7	2001.6	4901.9	5101.1	2855.3	3101.7	2666.3	44673.8	69.22
2015	4448.0	3086.9	1520.3	1790.9	5530.8	3952.5	4400.3	2027.7	4964.4	5210.6	2899.1	3113.3	2735.1	45679.9	69.35
2016	4457.6	3131.5	1573.0	1832.2	5932.7	4054.1	4437.5	2036.8	5156.2	5242.9	2905.6	3132.4	2813.6	46706.1	69.56
2017	4474.7	3174.8	1610.6	1893.1	6031.0	4131.9	4504.1	2039.4	5191.1	5273.6	2919.2	3145.9	2873.1	47262.5	69.69
2018	4492.3	3196.5	1619.3	1893.1	6119.6	4179.8	4538.3	2032.0	5236.0	5288.7	2931.9	3164.0	2932.5	47624.0	69.76
2019	4482.2	3199.2	1629.2	1909.5	6177.6	4205.4	4580.8	2036.1	5271.4	5328.9	2696.0	3176.1	2954.1	47646.5	69.38
2020	4470.0	3199.1	1632.5	1905.4	6171.6	4224.7	4608.8	2038.5	5293.6	5463.1	3086.0	3192.9	2992.2	48278.4	69.81

注：最后一列为粮食主产区有效灌溉面积占全国有效灌溉面积的比重，2006年数据缺失。

资料来源：根据历年《中国统计年鉴》汇总整理。

附录17 2000~2020年我国粮食主产区三大区域农业TFP及其分解

年份	东北MGPA(TE)	东北MGPA(TC)	东北MGPA(TFP)	黄淮海MGPA(TE)	黄淮海MGPA(TC)	黄淮海MGPA(TFP)	长江流域MGPA(TE)	长江流域MGPA(TC)	长江流域MGPA(TFP)
2000~2001	1.005	1.036	1.041	1.040	0.992	1.030	1.007	0.983	0.989

续表

年份	东北 MGPA (TE)	东北 MGPA (TC)	东北 MGPA (TFP)	黄淮海 MGPA (TE)	黄淮海 MGPA (TC)	黄淮海 MGPA (TFP)	长江流域 MGPA (TE)	长江流域 MGPA (TC)	长江流域 MGPA (TFP)
2001~2002	0.987	1.036	1.023	0.940	1.088	1.022	0.959	1.046	1.003
2002~2003	1.066	0.998	1.063	1.024	1.053	1.079	0.983	1.006	0.989
2003~2004	1.004	1.110	1.114	1.026	1.156	1.185	1.023	1.116	1.140
2004~2005	1.008	0.961	0.968	1.004	1.051	1.055	0.974	0.985	0.960
2005~2006	0.990	1.023	1.013	0.977	1.075	1.051	0.961	1.007	0.967
2006~2007	1.015	1.073	1.089	0.975	1.094	1.066	1.001	1.086	1.085
2007~2008	0.973	1.123	1.097	0.958	1.144	1.094	1.014	1.069	1.083
2008~2009	1.015	1.007	1.031	1.021	1.030	1.051	0.968	1.000	0.967
2009~2010	0.976	1.062	1.036	1.023	1.083	1.108	1.019	1.052	1.071
2010~2011	1.027	1.086	1.115	0.970	1.089	1.057	1.016	1.089	1.106
2011~2012	1.033	1.058	1.093	0.995	1.059	1.053	0.993	1.057	1.050
2012~2013	1.046	1.043	1.091	0.996	1.077	1.069	1.001	1.037	1.037
2013~2014	0.999	1.009	1.008	1.023	1.007	1.030	1.011	1.004	1.015
2014~2015	0.969	1.042	1.009	0.988	1.030	1.016	1.003	1.038	1.041
2015~2016	0.992	1.003	0.995	1.057	0.970	1.024	1.069	0.998	1.065
2016~2017	1.001	0.940	0.944	1.066	0.910	0.968	1.053	0.917	0.964
2017~2018	1.013	1.015	1.028	1.029	1.017	1.047	1.000	1.012	1.012
2018~2019	1.029	1.050	1.081	1.022	1.052	1.075	1.053	1.045	1.101
2019~2020	1.029	1.050	1.081	1.067	1.058	1.130	1.017	1.086	1.105

注：本表中以英文 Main Grain Production Area 首字母"MGPA"代表粮食主产区；TE 省技术效率；TC 省技术进步。

图书在版编目(CIP)数据

粮食主产区农业全要素生产率研究 / 吴乐著. -- 北
京 : 社会科学文献出版社,2023.6
ISBN 978 - 7 - 5228 - 1955 - 6

Ⅰ.①粮… Ⅱ.①吴… Ⅲ.①粮食产区 - 农业生产 -
全要素生产率 - 研究 - 中国 Ⅳ.①F326.11

中国国家版本馆 CIP 数据核字(2023)第 102365 号

粮食主产区农业全要素生产率研究

著　　者 / 吴　乐

出 版 人 / 王利民
组稿编辑 / 恽　薇
责任编辑 / 胡　楠
文稿编辑 / 陈丽丽
责任印制 / 王京美

出　　版 / 社会科学文献出版社·经济与管理分社 (010) 59367226
　　　　　　地址:北京市北三环中路甲 29 号院华龙大厦　邮编:100029
　　　　　　网址:www.ssap.com.cn
发　　行 / 社会科学文献出版社 (010) 59367028
印　　装 / 三河市龙林印务有限公司

规　　格 / 开本:787mm × 1092mm　1/16
　　　　　　印张:14　字数:195 千字
版　　次 / 2023 年 6 月第 1 版　2023 年 6 月第 1 次印刷
书　　号 / ISBN 978 - 7 - 5228 - 1955 - 6
定　　价 / 98.00 元

读者服务电话:4008918866

▲ 版权所有 翻印必究